慢行系统

步道与自行车道设计

（意）保罗·塞克恩
（意）劳拉·詹皮莉 / 编
贺艳飞 / 译

慢行系统

步道与自行车道设计

广西师范大学出版社
·桂林·
images
Publishing

前言

诺埃尔·科克里

科克里监理公司

诺埃尔·科克里是科克里咨询公司总经理。科克里咨询公司是一家优秀的城市设计和景观建筑工作室，总部位于悉尼，致力于公共空间和交通基础设施规划和设计事业。诺埃尔参与设计的项目遍及澳大利亚和中国。他拥有康奈尔大学景观建筑硕士学位、新南威尔士大学工商管理学硕士学位以及跨学科艺术和设计硕士学位、澳大利亚国立大学林业学士学位。诺埃尔是澳大利亚景观设计协会成员，并曾担任协会主席。他因对澳大利亚景观建筑行业做出了杰出贡献而荣获艾拉总统奖。

城市的发展是一个不断建设和改造的过程。城市基础设施建设是其发展过程中的关键元素之一。随着城市人口密度的增加，人们对公共空间基础设施也越来越关注。尽管机动车道仍然占据城市交通基础设施的主导地位，但这一事实却正在改变。研究表明，人们越来越认识到，步行和骑自行车能给人类健康和幸福带来巨大利益。

城市公共空间基础设施包括公园、街道、市民广场、市场、运动设施、观景台、河岸和海滩。公共空间基础设施的物理形式不仅关乎其本身的功能，对人们在这些空间如何互动也能产生巨大影响。本书展示了设计师们如何利用步道和自行车道系统将众多公共空间连接起来，减少隔离和中断，鼓励和促进人们之间的互动和沟通。步道和自行车道系统的规划和设计对创造具有安全性、参与性和平等社会关系的公共空间具有重要意义。

城市改建逐渐开始包括把旧工业区改造成新的社区。这些区域的街道系统很少有步行和骑行设施。因此，有必要修建步道和自行车道系统，建立社区和公共空间、学校、娱乐以及文化设施、商业中心和工作地点之间的联系。在很多老城区，现有基础设施已经进入使用期限的末期，对这些基础设施的改建为把步道和自行车道系统作为新的主要构成部分融入城市基础设施提供了机会。这种综合性基础设施建设方案可以创造性的将建成环境和自然环境紧密联系起来。

公共空间基础设施的建设极为复杂，要求多个专业的合作，往往包括工程师（结构、建筑、水力学、交通以及声学）、环境和可持续发展专家、设计师、规划师（战略、法律、社会）、社区咨询服务机构、文物专家、考古学家、公共艺术家、园艺师以及造价师之间合作。良好的公共空间基础设施通常涉及多个专业的设计过程，是众多人们努力、创新和合作的结果。而景观设计师逐渐成为协调多专业团队设计新公共空间基础设施的领导者。

跨专业设计团队需要面对的主要挑战之一便是为人们在各种公共空间和建筑之间的通行提供尽可能多的便利。一座城市中的步道以及自行车道的密度决定了出行的便利性或者渗透性。人们日渐认识到，高渗透性城市为社交、互动以及城市弹性提供了更多机会。在那些鼓励步行和使用自行车的城市，街道上的机动车更少，二氧化碳排放量更低，空气更加新鲜。以步行和骑行慢行方式穿越城市可让人们更加直接地感受景观以及城市生活。

人们居住、工作和娱乐的地点之间的联系不仅应该具有功能性，还应符合时间和空间的运动哲学。良好设计的基础设施建设需要考虑视觉、听觉、触觉、味觉等感官体验以及对平衡和运动的动感知觉。此外，设计时还需考虑到空间的特征会随着一天内的时间和季节的变化而变化。

如本书所选项目案例所示，各种文化和地理环境都存在连接性和城市公共空间相关的问题。这些案例展现了世界各国各种类型的步道和自行车道，方便了不同城市空间和自然环境的连通与交互。这些创新性解决方案成功解决了因人口密度增加和人口需求变化而修建步道与自行车道网络系统过程中所面临的困难，为其他设计师和社区创建更高质量的步道与自行车道基础设施提供灵感。但是，每个项目都是考虑物理、社会、经济、文化和政治等因素的共同影响而产生的设计结果，所提出的方案也因各个项目以及所在城市和自然景观背景的不同特征而有所不同。设计师们应综合理解并考虑这些复杂的因素。

目录

4 前言

8 引言
9 1 公共基础设施和公共空间
14 2 步道和自行车道系统的规划
18 3 步道和自行车道的类型和位置
25 4 道路使用者要求
29 5 步道的设计标准
36 6 自行车道的设计标准
42 7 与公路的交叉路口
44 8 临时停车设施
46 9 维护和管理
47 参考文献

案例分析

滨水步道及自行车道

48 斯彼克瑞广场和道加瓦河滨水路重建工程
56 马波丘 42K 滨河路
64 奥斯特利茨港码头滨河步道改建工程
72 科瑞姆斯卡亚堤岸自行车道
78 西港散步道
84 拉贝鲁兹海角滨海步道和环路
92 卡尔维博德沿海栈道

城市街道中的步道及自行车道

100 郎斯代尔中央街道改建
106 帕多瓦火车站广场步道及自行车道
114 南贝尔广场步道及自行车道
120 阿道夫号角大道步道及自行车道
126 伯克街自行车道
132 乔治街自行车道
140 女王码头散步道及自行车道
146 阿贝克罗姆比街道改建工程

公园中及郊区的步道及自行车道

152 马德里·里约公园的步道与自行车道
160 总督岛公园散步道与自行车道
166 埃森大学区新公园的散步道
174 托雷夫兰卡植物园中的步道
180 埃尔布单赞提公园中的步道
186 波尔图—勒罗内自行车道
190 阿肯色州拉泽巴区域绿道
198 特阿拉－亚历山德拉河自行车道

步道桥及自行车道桥

204 露茨辛格尔步道桥
210 哈勒姆地下自行车通道
214 艾尔瓦列·特扎多步道桥
220 冰川空中步道
226 能源山观景步道
234 霍温环形自行车桥
240 王宫大桥
248 沃洛特自行车桥
254 拉萨拉兹步行桥
258 阿兰扎地公园的步道桥
264 蛇形自行车道

270 索引

引言

本书尝试探索改善步行和骑行环境的可能性，希望帮助人们了解步行者和骑行者需要哪种基础设施。

通过搜集有关步行和骑行环境的各种国际法律和规范，本书分析了最先进的世界标准，特别研究了欧盟（主要指英国、荷兰、意大利和瑞士）、美国、新西兰以及澳大利亚的社会、环境指标及相应的几何结构数据 / 材料标准。本书改编并节选了主要国际法律和规范中的概念，并对其进行了精心修正和编辑。从这个角度看，不应将所引用的几何结构数据视为绝对标准，而应视为一般方法，需结合本国法律，根据本地具体环境（社会制度、国家和地方政策、经济形势、环境和地理、气候等），因地制宜。通过讨论步行和骑行环境的实体元素，本书还阐述了可持续交通和绿色基础设施作为新城市空间主要趋势这一事实。设计导则与相关案例表明，步道和自行车道系统应被视为一个社会组成部分，通过单独的技术规范加以描述是不够的，应该从更为宽泛的通行性概念层次来理解。

本书旨在帮助那些参与步道和自行车道规划的人，鼓励那些负责规划城市步道和自行车道及交通网络的设计师重新认识步行和自行车运动，将其视为在街区及城市内部以及周围地区出行的可行交通模式，让他们了解将步道及自行车与主要公共交通系统结合的重要性，并看到其潜在的旅游价值。

本书不仅仅是一本规划设计指南理论，也尝试应用这些理论解读一些按照最先进管理规则和设计准则设计的优秀案例。通过提供建议和援引标准，本书希望推行一种规划、设计、运行和维护步道及自行车道基础设施的“世界优秀实践方案”。从这种意义上来看，步行和骑行主要发生在需要服务于众多道路使用者的交通系统中。因此，道路交通系统需要进行有效整合：一方面，应确保步行和骑行环境的安全和便利；另一方面，还需提供与公路并行和横穿公路的基础设施，并在主干道旁修建人行道，以保证通行网络的连续性。本书设计导则适用于所有“慢行”基础设施的设计，不管是与主路的并行或交叉，还是穿过公园、公共花园、运动和娱乐区，亦或是在有可能有公众使用的私有土地范围内。它还同时适用于新开发区域、基础设施转换和已建成环境。

最后应当提请注意的是，本文从大量指导文件、规范以及最先进的设计实例中总结出来的规划和设计相关主要标准只是参考性的，而不是强制性的。本书只是一般指南，并没有规定一种具体的方法或干预手段，只是展示了已完工项目及其优势、不足和限制条件，以作为有用的规划和设计工具。步道和自行车道规划方法、施工设计以及所采用的干预方法将因每个地方的情形而异。资金、技术、地方规范、国家法律等都有可能影响某地某时期能够取得的成果。

1 公共基础设施和公共空间

重新思考交通基础设施概念中的可持续性不仅包括具体的步道和自行车道，还涉及整个复杂的城市基础设施系统以及灰色、蓝色和绿色公共空间及私人空间。考虑到现代生活的流动性，这种重新思考不应囿于某条道路的设计，而应该着眼于全局。

具有可持续性交通网络的公共空间是一种逐步的重构，需要联系人类和环境价值，以大、小型城市和地区基础设施为基础形成的一个复杂系统。步道和自行车道、公共交通系统、能源和垃圾管理，以及具有雨洪调节功能的植物都是影响其城市景观改造的元素。

对城市的改建将带来利用棕地、封闭空间的间隙空间以及其他剩余空间的机会，而使交通空间、原有基础设施和公共空间紧密相连。

图 1 威尼斯道路总平面图：慢行系统

1.1 公共基础设施

1.1.1 人类基础设施建设面临那些挑战

基础设施是所有国家发展经济和促进城市化进展的基础。城市系统在提供合适的综合基础设施方面面临各种挑战，其中包括：

- 交通和物流服务；
- 能源供应，以满足增加的生产需求；
- 提供安全饮用水、良好的卫生设备以及灌溉用水；
- 降低信息和通讯技术的使用成本；
- 提供气象服务，为有效规划和管理水资源、能源生产、交通服务和其他易受气候影响的部门提供便利，例如应急管理。

对当前城市基础设施状况的分析让大家意识到有必要采用全面创新的规划方法，积极应对未来更加复杂的挑战，尤其是日益激烈的国际化竞争带来的挑战。

气候变化对城市产生的影响使人们认识到加快绿色经济投资和可持续发展的重要性，以求取得环境保护与城市建设的协同发展。高效的基础设施是产生综合成本效益的前提条件，其建设应该跟上全球经济的发展步伐。（如图 1）

1.1.2 基础设施建设需要一种全局性规划方法

每种新的基础设施，尤其是交通基础设施，都是实现可持续发展的机会。缩小已有差距，消除瓶颈，对制定符合绿色发展战略的基础设施政策极为重要。采用可持续发展措施应该优化交通、垃圾处理、水资源、卫生，甚至某种程度上包括能源方面的表现。

开发城市潜能需要在进行基础设施建设时采用一种生态取向措施。制定以生态为取向的政策能促使人们以一种更加综合的方法处理环境、社会和经济问题。在进行基础设施规划时应采用生态保护措施，强调气候、土壤与基质、有机物等的作用。人口的社会组织形式是城市这一综合体的有机组成部分。生态措施反映了城市人群据以划分的主要行为方式和此类差别对环境相关活动的影响。

在基础设施建设中，保护其生态系统价值和生态功能将带来更广范围的经济、社会和环境效益。对生态和文化价值的保护不仅能够提高景观的欣赏和娱乐潜能，还能对旅游相关活动产生积极的经济影响。游客会对正在游览的地区或正在使用的产品产生社会、文化 / 遗产、环境责任感。

最后，城市生态系统作为一种基础设施服务于本地居民，给城市生活质量带来巨大影响，应在土地和气候变化适应性规划时予以关注。气候变化适应性规划通常包括空气净化、微气候调节、噪音消减、雨水排放、污水处理等。

由此而论，一种全局性规划方法可提供增益性和改变性的调整机会，通过采用有效的多级城市风险控制系统，调整政策和激励措施，加强当地政府和社区适应能力，与私有部门进行合作，给予合理的资金和组织支持，恢复城市对气候的适应弹性和可持续发展。基于生态系统的适应措施是恢复弹性城市的重要方法。

1.1.3 景观基础设施

基础设施规划需要利用城市和地方景观走廊。根据地形划分的自然区域、公共空间以及缓冲地带通过绿色廊道（公路、步道、自行车道、停车场以及公共花园、河岸、码头等）相互连通成为一个网络。这些绿色廊道通常是城区和非城市区域之间的游乐休闲中心。

由于基础设施的建设对社会发展、经济复苏和环境改善带来积极影响，景观走廊通常可以形成稳定的

图 2 交通基础设施成为绿化区的连接元素：连接威尼斯西部森林的马图格里工程

生态社区环境，有助于落实有效城市政策、土地使用规划政策和可持续城市化发展中交通网络的铺设。

大型绿色廊道网络的优势在于：

- 为保护生物多样性以及改善当地气候和环境创造条件；
- 为大量户外活动提供有利条件，为居民提供娱乐放松、游玩、亲近自然、接受自然教育和陶冶情操的机会；
- 保护文化和历史特色，发展城市旅游。

1.1.4 生态基础设施

将普通基础设施升级为生态基础设施非常重要，需要克服许多问题，尤其是技术、政府政策以及融资方面的问题。无论升级的目的是为了改善当前环境的能源利用情况，建立低碳城市交通，还是调节现有网络，甚至是保证垃圾回收和处理，都需要对整个现有基础设施进行翻新、改建并使之现代化。因此，绿色城市不仅与城市发展中新建的基础设施有关，还与现存基础设施及其维护的升级有关。

生态基础设施的战略性规划是指通过明确基础设施要求创建一个有利环境，促进可持续社会经济的发展和整合。建设生态基础设施应采用“由下至上”和“由上至下”的双重方法。这种方法力求通过采用本地咨询和参与环节兼顾所有相关方的利益，同时为有效的战略实施过程创造合法的调控环境。（如图 2，图 3）

1.2 公共空间

移动和空间之间存在一种相互作用和制约的关系。公共空间可以容纳各种移动形式，但同时也影响移动的方式。步行和自行车所受的限制可能较少，但它们同样也反映了人们的意愿。自行车或步行空间的创造能够影响人们的行动，限制个人行为，保证使用该空间的行人安全。自行车和步行空间是根据规范和法律建立的实际区域，规范了个人行为的无序状态。但是，公共空间是无法控制的，在其中会发生各种可预见的或出人意料的移动。公共空间有三种主要功能与步道及自行车道问题紧密相关。这些功能包括环境和生态功能，社交和人力资源管理功能，以及结构和象征功能。

环境和生态功能包括许多所谓的“生态系统服务功能”，如：

- 改善气候；
- 防噪；
- 水循环和雨水管理；
- 支持生物多样性。

社交和人力资源管理功能与公共空间的直接使用相关，包括：

- 提供娱乐和休闲空间及设施；
- 促进人与人之间的接触和社会交流，包括文化和商业活动；
- 允许亲近和直接体验自然；
- 给人类健康和幸福带来积极影响。

结构和象征功能与实体性 / 功能性开放空间以及一些非实体特点相关，包括：

- 在不同区域的“城市组织”之间实现衔接、隔离和关联；
- 加深对城市空间的了解；
- 形成对某个特定地点的整体印象和归属感；
- 传达特性、价值观和意义。

值得注意的是，大多数城市都普遍缺乏公共空间，这意味着同一空间同时具备多种上述功能——尽管有时候不易区分。因此，公共空间的设计颇具挑战性，需要对所有用于建设步行和自行车基础设施的公共空间进行仔细规划，以提供尽可能多的步行和骑行机会，避免空间冗余和拥挤，保护其开放而灵活的潜在使用价值。

图 3 与自然系统相关的综合交通基础设施：马图格里公共基础设施开发工程的标准剖面图

1.2.1 环境问题和生态价值

通过限制人类对公共空间的干预活动取得的环境和生态价值是一种“低成本”社会组成，有益于社区居民，同时也让使用慢行系统的行人获得极大的舒适感。在炎热的夏季平衡湿热效应，在冬天做好防风保护措施，或减少日常噪音，所有这些举动都能鼓励人们选择步行或自行车出行。

这种公共空间构成了一级城市基础设施，结构不太紧密，但具有高度灵活的潜能，且对环境的影响很小。与价值随着时间流逝而降低的传统基础设施不一样的是，从长期来看它们具有增值的可能性。步道和自行车道基础设施的优点包括：改善气候、防噪、水循环和雨水管理、野生植物生长和动物栖息地。

• 改善气候

公共空间在很多方面有利于改善城区气候：

- 有大量植被的公共区域有利于保持空气和土壤中的合理湿度值；
- 阴凉区域和日照区域相间有利于产生微气流，能够改善炎热气候条件下的城市舒适度；
- 池塘和喷泉对降低气温具有重要作用；
- 根据主风风向布置公共空间能够促进城区气流循环；
- 植被、树木和灌木能够有效清除悬浮粒子污染，并起到防风作用。

• 防噪

在公共空间增建路堤和种植林木以及增加竖直元素可有效减少噪音污染（尤其是车辆交通噪音）。

• 水循环和雨水管理

经过合理规划和建设的公共空间能够为城区水循环带来极其有益的影响：

- 它们能为城区提供暂时性雨水储存结构，截留径流，减轻排水系统和管道的压力；
- 它们可最大程度地减少洪水，允许雨水渗进土壤，减轻传统排水系统负担，通过采用渗透性材料代替防水材料，保证水汽蒸发和舒适温度之间的合理平衡。

• 野生植物生长地和动物栖息地

容纳野生动植物生态系统的公共空间显得日渐重要，尤其是在那些人口压力巨大、因密集型和工业化农耕而导致生物种类减少的地区。荒地和棕地可视为动物的潜在栖息地和先锋植物的潜在生长地。公共空间和交通空间将这些地区连通起来，为恢复复杂的生物多样性提供了真正的机会，也有效提高了人类的环保意识。

1.2.2 社会和健康价值

对人类来说，使用公共空间（除了交通设施以外）的主要条件关系到人际互动，也关系到从公共空间中获得的个人和集体幸福感及舒适感。个人和集体体验通常通过休闲活动、游戏、运动、社交、精神和身体锻炼，以及商业交流等活动获得。

• 休闲娱乐空间和设施

城市空间可用于各种正式或非正式、主动或被动性游戏、运动和休闲活动目的。它能提供：

- 适用于不同年龄阶段的儿童的游戏场地；
- 运动机会；
- 无需特定设施的娱乐机会。

重要的是，所有这些设施都可用且能够吸引社区中各种人群。

• 接触和社会交流

公共空间是管理公共生活的关键所在，可为具有不同社会、文化和地理背景的人们提供聚会和相互接触的重要地点。因此，任何旨在加深社会凝聚力的政策应以公共空间管理为重要内容。在考虑公共空间的社会互动性时，以下三个主要因素应予以考虑（Gehl, 1987）：

- 人们对公共空间日渐增长的需求；
- 人们在该空间度过休闲时间的选择；
- 在前两个步骤完成后达成社会互动的可能性。

• 人类的心理和身体健康以及幸福感

就心理幸福感和生活质量方面而言，公共空间功能上的突破将对人类健康产生直接影响。事实上，健康是一种在人类和其本身及环境之间保持平衡的能力，如此才能享受“完全的生理、心理和社会健康”。

1.2.3 象征和关联功能

这些功能是居民感知城市性的关键，但在大多数情况下，与实际使用公共空间没有必然直接的联系。

• 城市组织的节点、分支和连接区域

城区公共空间具有提供结构和组织的综合性功能。城市景观不能和其周边地区分离开来。尽管公共空间内的元素可以互相区分开来，但它们都是整体的一部分。城市公共空间包括绿色带状与环状地带、绿色走廊与片区，以及面积更小的绿色连接地块，也可能只是绿树成行的大街，或人流较少的马路。如果把城市看做一个具有动态入口的整体，那么其他非结构性空间则是诸如绿色基础设施、过渡地带、中间地带、混合空间等公共空间系统的一部分。其中，混合空间是指构成了独立公共空间的结构和组织并与周围城市组织建立了联系的空间。所有这些空间都已经被人们自然利用，但我们可以从中找到可用资源，增加非机动道路网络。

• 提高城市可读性

轻松的导航和明确的方向感对保证效率和人类幸福感来说很重要。这种深层的心理需求是技术设计和解读城市空间的基础。另外，差异导致不确定性，而不确定性刺激多样性的产生。这些一般性原则可用于组织和规划城市空间元素，如用于铺贴地面、摆放家具、种植草木、安装灯饰和水景等，以便观察者能够凭直觉自如直接地解读这些空间的意义。

• 认同感和归属感

公共空间和城市景观是培养地方归属感，加强个人和社会认同感的重要手段。公共空间的暗含语义和解读公共空间的复杂性及不同现有数据的相互交叉相关，就像在一个重写本上画上不同的标志然后再抹除一样。这些标志包括地理和地形、生态、水文和气候、社会和人文、文化和经济、象征和比喻符号。公共空间和城市景观的价值来源于人类与地方之间的互动，取决于个人、小组或团体在不同的时期如何解读或解释它们的构成元素。（如图 4）

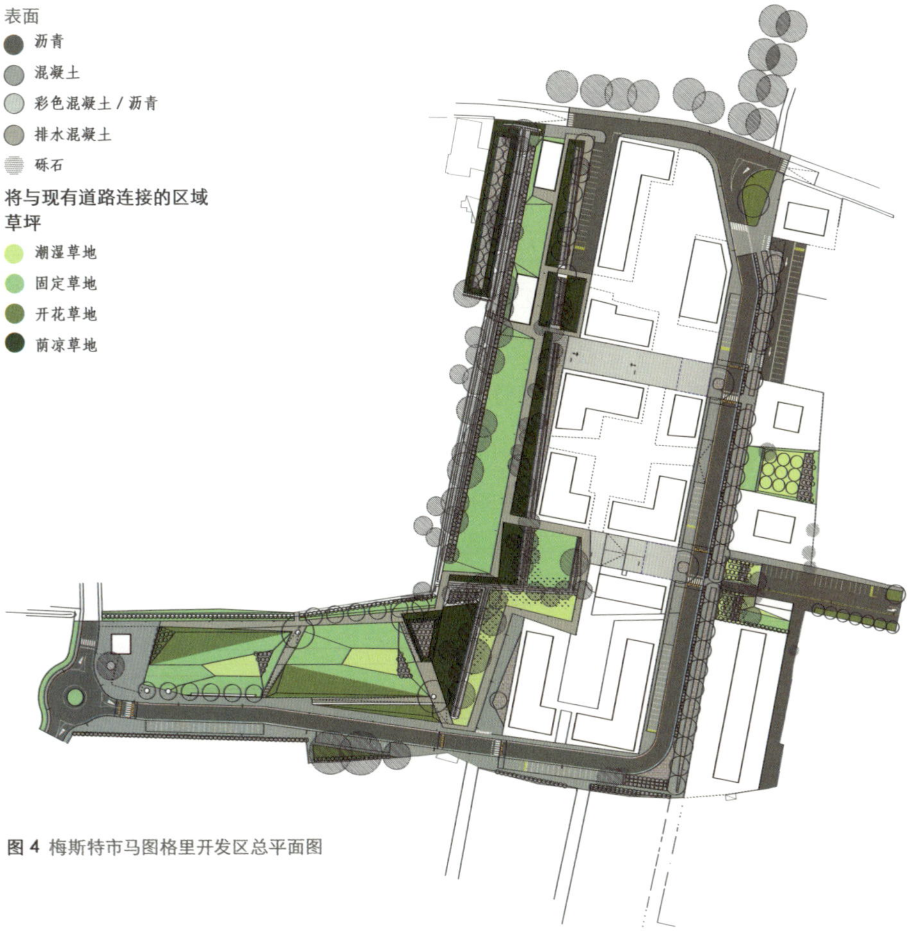

图 4 梅斯特市马图格里开发区总平面图

2 步道和自行车道系统的规划

2.1 可持续性交通

1999 年，欧盟交通和环境联合专家组将可持续性交通系统做了如下定义：

- 满足个人、企业和社会团体发展的基本交通需求和安全要求，符合人类和生态系统健康标准，促进年代内和年代间的平等；
- 价格合理，运行有效，提供多种可选交通模式并促进经济和地区的发展；
- 限制废气排放和垃圾产生，消耗可再生能源的速度不高于能源再生速度，消耗不可再生能源的速度不高于可再生替代能源的研发速度，最大程度地减少土地使用和噪音。

步道和自行车道交通（也可称为慢行系统、非机动交通、主动交通和人力交通）包括步行和自行车、小轮式交通（溜冰鞋、滑板、滑板车和手推车）以及轮椅交通。这些工具既是交通工具也是娱乐工具，属于可持续交通系统的一部分。

它们代表一种更加独立的状态，意味着行为自由度、经济责任和一种边际成本的集体效应(根据“低预算”政策，与机动交通系统所需的工作相比较，建设和维修基础设施的成本极小）。

可持续性交通的概念主要包括三个方面：

- 应该最大程度增加可达性并实现资源分配的公正性；可持续性交通是获得可达性的工具。
- 交通工具是产生温室效应的最主要经济因素，且影响越来越大。同时，交通方式也是影响当地环境质量和居民公共健康的最主要因素。
- 所面对的挑战是在各个城市级别以及地方系统中创造可持续性交通，并尽可能对全球可持续性交通发展做出必要的贡献。

2.1.1 环境影响

总体而言，可持续性交通试图减少城市温室气体，采用绿色城市规划、低排放交通工具以及聚集式住宅来创造更具环境责任感和社会平等性的城市条件。

为了减少交通对城区造成的环境影响，创造低碳生活方式和健康城市环境，应遵守以下四条原则：

- 拥有更多步行区域的无车城市；
- 强调邻近原则，减少交通时间；
- 增加交通方式,提倡步行与自行车的都市生活方式；
- 增加使用公共交通工具的可达性。

2.1.2 公共交通政策

推广可持续性交通是一项复杂的行动，必须符合全面、整合和协调的战略，并优先采取全面措施，解决几个方面的问题，如：

- 改善公共交通的舒适度、可靠性以及准时性，优先连通公园，允许有效的交通模式改变；
- 制定更多减少交通拥堵状况的措施，如拼车服务、无车日或收费公路、存车换乘、交通灯顺序；
- 建立信息系统，提供有关不同交通系统（城市、郊区、地铁和火车）的特点、运行时间和服务的信息；
- 建立限速区、受限交通区和安全道路；
- 制定停车场收费政策，增加车辆使用成本，比如距离拥堵点越近，停车费越高。

2.1.3 城市交通和健康

推行可持续性交通政策意味着采取满足综合交通系统供需的措施，保证人类通行和货物运输的同时，减少有害气体的排放、噪音的产生和能源的消耗，以及社会和经济的成本。选择步行和自行车，尤其是在城市，对实现可持续性交通具有重要意义。在城市以及人口密度更高的地区，交通系统产生的健康危害包括：
- 交通事故；
- 由粉尘导致的呼吸系统疾病；
- 因久坐生活方式产生的心脏病以及新陈代谢问题；
- 由具侵略性和危险性的城市空间（尤其是对没有行动自由权的老年群体和儿童）所产生的压力和抑郁。

2.2 步道和自行车道系统的规划

2.2.1 交通策略

国家交通策略表明了政府在交通方面的立场，是规划步道和自行车道系统的首要问题。每个国家都需要一个经济、综合、安全、灵敏，以及可持续的交通系统。从更广的意义上来说，交通系统也通过以下手段在改善经济、社会和环境活动对社会的影响：
- 改善可达性和通行性（包括步行和骑行）；
- 保护和改善公共健康；
- 保证环境可持续性；
- 增加安全和保障人员；
- 促进经济发展。

交通策略的主要原则包括促进下列方面的发展：
- 综合性交通方式；
- 长期可持续措施；
- 健康、安全和保障的高标准；
- 满足交通工具使用者的不同需求。

2.2.2 综合交通规划

建立步道和自行车道系统的第二步骤是进行综合性交通规划，把历来分开处理的各个方面问题综合起来考虑。这些方面包括：
- 交通方式的种类（私人和公共的、机动和非机动的、不同交通工具的等）；
- 交通、城镇和乡村规划之间的联系；
- 交通策略对其他经济、社会、健康和环境问题的影响；
- 步行和骑行是综合交通规划的重要部分，也是政府对陆地交通进行规划的重要部分。

2.2.3 其他地方政府的责任

区域级别政府在步道与自行车道相关策略和规划方面，应考虑土地交通政策（包括旅游需求管理）、步行和自行车管理政策、道路安全规划、发展战略以及政策声明。除此之外，可持续性交通、规范和道路安全的地区规划，地区发展政策、法律和程序的规划文件，以及经济和金融管理也应予以考虑。

地方级政府也应采用相同策略和规划，但是还应包括毗邻区域可达性规划、区域和城市规划、长期市政社区规划、行为规范、设计导则和开放空间可达性规划。同时，地方级政府必须考虑到总体规划与细案、本地交通与可达性规划、本地可持续交通规划、法律法规和设计导则、“最佳方案”，以及行政、经济和财政计划与管理。

2.2.4 其他非机动交通政府策略

有关推广步行和自行车交通方式的策略对支持各种其他活动具有重要作用。鼓励步行和自行车的措施应考虑其他交通方式的战略和政策，并与之保持一致。

其他活动包括：
- 健康；
- 旅游；
- 文化遗产；
- 环境保护；
- 城市设计和景观；
- 规划和土地开发；
- 垃圾和水资源管理；
- 城市改建；
- 社会融合；
- 娱乐和休闲；
- 经济发展；
- 伤害预防。

2.2.5 地方步道与自行车道战略规划

地方步道和自行车道战略规划（不同行人和骑行者的需求不同，但任何综合战略都应考虑这些不同并制定共同战略计划）旨在增加采用步行和骑行的次数，同时减少交通事故率。这两个目标并不是相互独立的，通过降低机动车速度和交通量，可增加人类步行安全性并为步行基础设施提供新条件。因此，地方步道和自行车道系统的战略性规划应该得到有关交通、道路安全和运输方面的政策支持。通常，一个战略计划可以包括以下七个方面：

- **前提**
- 任务陈述和政策文件；
- 确认战略规划和其他国家及地方战略的一致性；
- 战略规划的优势；
- 现有步行和自行车骑行环境；
- 对城市背景相关知识的筛选；
- 对步行环境相关知识和数据的筛选；
- 分析重要问题和机会；
- 研究最佳方案。

- **展望** —— 能够克服紧迫问题的宏观的战略性展望。

- **目标** —— 清楚陈述战略规划的目标。

- **行动** —— 描述为达到目标需要实施的政策以及采取的行动。

- **融资** —— 经济和财政规划、资金来源及分配步骤、时间计划表（包括业务开发和维护）。

- **绩效追踪和目标**
- 对为达成目标而对计划进展状况进行追踪时应该使用的绩效指标进行描述；
- 有效追踪所需信息收集和上报的方法及截止日期。

- **合作和咨询** —— 采用报告、咨询和参与的方法获得其他地方机构、组织和团体的支持。

2.3 步道网络规划的一般原则

步道网络规划的主要原则是以单个行人的特点为基础，围绕单个行人建立空间。

2.3.1 术语定义

行人是指步行和借助不属于机动车的有轮设施行走的人们，包括推着婴儿车、使用滑板或滑轮、坐轮椅的行人等。简而言之，行人可分为带有简单特征的三种人群：

- **步行人群**
- 能够行走的人群，如跑步的人、未成年行人、成年行人；
- 行走能力受限的人群，如老年行人、导盲犬带领的行人；
- 感官有缺陷的行人。

- **借助轮式工具的人群**
- 使用溜冰鞋、滑板、滑板车的行人；
- 推婴儿车的行人。

- **残障人群**
- 使用轮椅的人群；
- 使用拐杖的人群。

2.3.2 所需实体空间

不同行人对实体空间有不同的需求。法律和规范必须随着科技发展和人群需求的变化不断更新，尤其是有关最小需求空间的法律和管理规范。举个例子，新式轮椅通常体积更大，明显会对设计需求产生影响，尤其是管理规范方面。因此对最低尺寸的考虑非常重要：
- 1 米宽的无障碍道路适用于行动有碍的人群，但只能允许 80% 的轮椅使用人群通行；
- 轮椅使用人群需要净宽为 1.2 米的无障碍道路；
- 宽 1.5 米的无障碍道路可允许轮椅和婴儿车同时通过；
- 如需让两辆轮椅同时轻松通行，则需要宽为 1.8 米的无障碍道路。

2.3.3 步行速度

步行速度受以下因素的影响：
- 个人特点，如年龄、性别和身体状况；

- 心理因素，如散步的目的、地点的熟悉程度、路程长度，以及障碍物；
- 道路的物理特征，如宽度、坡度、地面材料类型、遮阴处、景点、游客密度，以及可能发生的步行延误；
- 环境特点，如天气情况。

大多数人的步行速度在0.8米/秒到1.8米/秒之间。健康成年人的平均步行速度一般达1.5米/秒，而老年以及障碍人群的步行速度较慢，约为1.2米/秒。此外，还应考虑到现代电动代步车速度要快于大多数行人，但在高低不平的街道上行走以及绕行障碍物时速度可能减慢。（如图5，图6）

2.3.4 步行能力

步行能力不仅取决于个人的身高和年龄，还因身体状况和认知技能的差别而不同。此外，它还可能受到反应能力受损或速度减慢、老年行人的听力和视力衰弱，以及疲劳、饥饿和注意力分散等因素的影响。一些特定的空间和社会情形中会出现具有相似特征的步行人群，比如学校附近的孩童、公园中慢跑的人群等。

2.3.5 步行障碍

导致人们步行较少的原因各异，可从多个方面分析。最常见的原因是：
- 缺少步行环境；
- 缺乏步道或步道经常中断；
- 路面质量很差（老化、不平或易滑倒）；
- 道路障碍（包括未合理规划的街道设施和照明设施）；
- 缺乏维护和打扫（指道路上出现垃圾、动物粪便、落叶和野生植物）；
- 因道路规划、实际障碍、步道和地下通道造成路程延长；
- 缺乏对潜在目的地的清楚标识；
- 缺乏人行横道或人行横道标识不清；
- 照明不足；
- 交通速度过快；
- 缺乏停车区和座椅；
- 交通废气和噪音污染；
- 缺乏遮阴处；
- 缺乏遮雨棚；
- 沿途缺乏具有吸引力的景色。

图5 威尼斯梅斯特市某地区自行车道规划图

图6 威尼斯梅斯特市某地区步道规划图

不适于人类步行的环境是经济发展政策、结构性和行政性选择，以及社会机构标准等很多方面因素造成的。其中，最主要的问题是：

- 空间规划增加了出发地和目的地之间的距离；
- 更高级别的政治干预手段更关注其他交通方式；
- 优先考虑其他交通手段，在进行其他交通方式项目规划时很少考虑行人；
- 未能实施改善城市空间并提供更具吸引力的步行条件的项目和规划；
- 很难量化关注行人的可能性干预手段所能带来的利益；
- 很难通过传统经济指标来证明关注行人的干预手段的有效性；
- 未能给步道项目分配足够的资源；
- 监督管理行动的缺失以及对错误行为的容忍，导致通道或步行区域受阻现象，比如在人行道上停车。

所有这些因素之间都是相互作用的，但人们在处理这些问题时往往缺乏必要的协调，各自行事。事实上，很多初级程序都未能达到综合性考虑。因此，需要采用一个完整的方案来保证人类的最大利益。

2.4 自行车道网络规划的一般原则

自行车道规划的主要原则主要取决于影响骑行者选择的具体城市和地区条件。这些原则与规划和设计密切相关。道路网络规划的综合性将取决于网络区域的特点，以及基于相关服务和结构现状而加以实施的必要性。

自行车道网络规划的主要原则包括：

- 制定自行车道网络规划时应确保区域道路的连续性并提供通行设施，包括骑自行车人群的预期增长以及规划内的土地使用变化；
- 道路网络规划为预算、项目规划和实施优先顺序提供了基础，可利用土地开发、交通工程，以及日常道路维护产生的机会；
- 道路网络规划还具有鼓励自行车和为自行车提供方便的推广作用，尤其是在自行车道网络可达性提高且与驾车出行相比能节省大量时间的情况下；
- 道路网络应将所有重要目的地和景点，比如学校、零售区域、主要保健机构和医院、商业区、公交接驳点、休闲及旅游景点以及公共开放空间与住宅区连接起来；
- 大多数现存城区的自行车道网络将主要利用现有道路，在必要的路段对道路进行改建以减少交通量和交通速度，并采用自行车相关措施限制通行，提高安全性和使用者舒适度，尽可能减少骑行者的等待时间；
- 道路网络的实施应该优先关注高出行需求路线，包括从驾车出行转化为自行车和步行出行的潜在需求；
- 和当前自行车出行的人群以及其他相关人群的交流在道路网络规划和实施过程中非常重要，能够确认路线选择并方便后续的改进措施，有助于向潜在使用者推广道路网络。

3 步道和自行车道的类型和位置

3.1 步道

步道网络往往穿过具有不同条件的空间和建筑：

- 干路，大多数是公共的，允许行人行走并横穿街道；
- 公路系统之外的公共道路，比如滨海或滨河步道、公园内的道路、以及与其他交通工具和停车场连接的步道；
- 私人土地，比如毗邻私人建筑和停车场的空间。

在这些情况下，首先需要对步道网络的复杂性和问题性质进行深度分析。在制定建设新道路或改造现有道路的综合性规范方案时，从一开始就认识、了解并采取行动，以整合和平衡所有道路使用者的需求非常重要。

3.1.1 道路使用者等级秩序

多数道路应可以容纳各种类型的使用者。各种使用者的需求相互冲突，经常需要在服务水平、实体空间，以及实施限制方面取得必要的平衡。为了确保采用综合性方案，一些国家利用一种新方法划分道路等级。这种方法被称为“道路使用者等级秩序”（并非完全基于道路规模和交通数据），其目的在于：

- 在进行道路规划时考虑所有道路使用者，尤其确保在规划早期阶段充分考虑弱势群体；
- 确定每种交通手段的重要性并提出冲突解决方案；
- 了解地方需求并选择合适的交通手段。

在某些情况下，“道路使用者等级秩序”可能根据一天中的不同时段而改变（比如上学前后的时间段，或者白天与夜间）。采用这种方法需要认识到其影响，并对更广范围的交通网络进行预判，清楚了解不同交通手段之间的相互作用，分析并评估成本和效益，据此根据不同的道路使用人群做出适当的指导或制定不同的规划政策。

开发项目的第一个阶段是确认不同道路使用群体（以及他们在等级秩序中的位置）的重要性。必须根据“道路使用者等级秩序”中占有较高位置的使用者的相关成本和利益对已开发工程进行评估。在某些区域，道路使用者等级秩序按照从最重要到最次要的秩序排列：

- 步行人群和因使用轮式工具而行动力受限的人群；
- 残弱群体；
- 骑行者；
- 公交系统使用者；
- 商业人群（包括运输和应急车辆）；
- 产生交通的买者；
- 产生交通的游客；
- 产生交通的通勤者。

3.1.2. 干路之外的步道

所有私有区域都必须提供一个相当于或好过公共干路的步行环境。所有新建楼房以及城市改建工程都应建设高质量步行区域，且通常情况下，新建步行区域应比现有步行区条件好。

3.1.3 干路内的步道

改建基础设施总是好过重新修建，尤其在干路上已有步道但从行人角度来看步道仍有诸多缺陷的情况下。影响解决方案并应加以检查的因素包括：

- 相邻道路交通量的减少；
- 相邻道路车速的降低；
- 在干路上设置步行空间的可能性；
- 最佳的过马路方式；
- 在现存路线上步行的可能性；
- 改善现有空间的机会；
- 与现有城市质量元素的相互影响。

减少交通量和降低交通速度是必须优选满足的条件，因为这不仅能为行人带来便利，还有助于提高道路安全，改善空气质量，减少噪音污染，降低基础设施维修成本，同时改进一个区域的居住条件。

新的车道安排以及将车道和步道隔离的方法能改变行人惯常路线，以容纳和方便机动车辆通行。这种改建方案与根据“道路使用者等级秩序”提出的方案背道而驰，但如果所提议的隔离措施虽为机动车辆提供了更大便利但却给行人带来不便的话，则确定优先秩序时仍然应该综合考虑便利性和实际通行机会。事实上，任何提议都可能需要考虑一条以上的上述所列条件。此外，某些改建方案还可能会产生明显的矛盾（比如模态隔离不利于降低交通速度和减少交通量）。

3.1.4 步行环境

能够更好的解读步行空间条件的城市和道路基础设施包括以下可变因素：

- 居住街道；

- 步行区域;
- 共享区域。

• 居住街道

居住街道指严格根据居住在其中的社区以及社区居民的互动进行设计的道路。这种项目无需排除机动车的使用,但必须保证机动车使用者认识到他们位于一个行人和其他使用者具有优先路权的地方。“居住街道”旨在平衡居民和商业需求以及行人、骑行者和机动车辆的需求,从而改善生活质量并扩大社区活动范围。(如图 7)

居住街道的特点包括:

- 交通减速措施;
- 园景建筑和花草树木;
- 社交活动地点;
- 儿童游玩区;
- 座椅和酒吧或餐馆平台;
- 改善照明条件;
- 改善道路和建筑之间的连接处;
- 公共艺术。

居住街道的概念可用于任何城市道路,但必须按照具体条件循序开发。将这种概念应用在机动车不占主导地位的道路上要更加容易,因此这种概念更适用于城市二级道路。由于居住街道的设计没有单一的解决方案,所以在确认问题和评估解决方案过程中征询群众的意见非常重要。

考虑居住街道的设计方案总是可取的。这种概念尤其适用于所有新建道路的设计,可最大程度减少费用,也适用于需要进行重新规划或改建的现有道路。

居住街道的优点包括:

- 提高保障性和行人安全;
- 提高经济活力;
- 支持社区道路网络;
- 创造地方归属感和认同感;
- 促进文化活动;
- 增加环境可持续性;
- 为使用现场和服务设施提供方便;
- 改善空间形象;
- 增加社会互动。

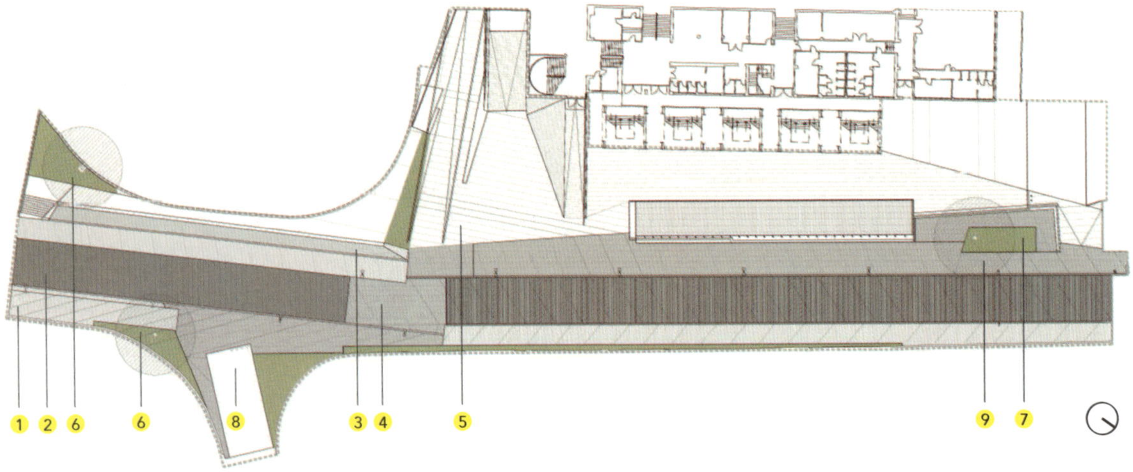

图 7 波代诺内工程的居住街道示例

图 8 帕多瓦市埃雷米特尼教堂广场改建工程的步道总平面图和实景图

居住街道的主要缺点有：

- 可能影响机动交通；
- 重新开发成本可能很高。

• 步行专区

大多数步行专区都会完全限制或禁止车辆进入。步行专区一般分为四种：

- 改建的步行专区——仅限步行的封闭街道；
- 广场——封闭的街区或城市区域，但穿过主要区域的道路仍然允许车辆通行；
- 连续道路——更加分散，且路口是封闭的；
- 异位人行道——人行道没有建立在常用路旁步道位置上，相反利用了小道和小巷。

步行区域在某些城市区域发挥了最佳作用。这些区域往往包括众多办公室和商店，使用机动车极为不方便，有时机动交通已经转移到毗邻道路，因此具有大量步行活动。步行区域允许应急车辆进入或货车进入装卸货物（经常限制在清晨）。区域内保留的低速干路可允许公共交通（不利于公共交通的功能发挥，增加运营成本）。通常，步行区允许自行车通行。此外，步行区周围可能需要增建停车空间来弥补被占用的机动车空间。（如图 8）

步行专区的优势有：

- 为自由步行活动和步行安全创造最佳条件；
- 为社会和人们的审美带来益处，减少步行拥堵，增加零售活动通道，改善空气质量，并减少噪音污染；
- 给商业区带来经济效益，帮助提高零售业的销售业绩及竞争力。

步行专区的主要缺点有：

- 产生交通问题；
- 尽管设立步行专区带来众多好处，但仍然很难说服零售商入驻；
- 需要改换公共交通路线，可能延长通勤时间，增加到商店的距离；
- 某些封闭路段禁止自行车通行；
- 商业活动结束后出现无人状态；
- 减少了可用停车空间。

• 共享区域

共享区域在大多数时候指居民区街道或居民和行人优先的零售商业活动区域，其中机动车辆的主导地位在很大程度上受到削弱。

机动车辆包括服务车辆可进入该区，但必须给行人让路。行人本身也不得阻挡车辆通行。人行道和车道之间没有界限。车道实际上受到很多因素的限制，比如树木、灌木和街道设施、道路宽度缩减、地面水平标高的变化、以及停车空间，因此机动车在这些区域通行时速度较慢，且转弯半径缩小。因此，这种区域不便于机动车辆通行，且在必要的时候只允许特定车辆进入。这些因素极大地减少了车辆数量，确保驾驶人更加专心地驾驶。

共享区域改善了环境条件和道路安全，为居民和光顾商业活动区的顾客带来了便利，还提供了用于步行和游玩的开放空间。

共享区域适用于驾车通行需求较少的街道和区域。其成功需要获得群体的一致认可和积极参与。其规模受限于确保应急车辆通行的必要性，同时区域内的道路结构也要求不同道路使用者降低通行速度。（如图 9）

共享区域的优势是：

- 通过改善空气质量、减少噪音和提高景观的视觉效果来改良环境；
- 降低交通事故率和事故严重程度；
- 增加社交互动和加强群体认同感；
- 提高个人安全。

共享区域的缺点是：

- 导致邻近街道机动车交通拥堵；
- 所需干预手段的成本可能很高；
- 维护成本高于车道。

3.2 自行车道

自行车道网络由相互连通的道路以及服务设施构成。该章将讲述能够容纳自行车道的潜在地点并陈述其优缺点。自行车道的潜在地点包括：

图 9 帕多瓦市帕多瓦火车站广场和凉亭工程中多种交通共用区域

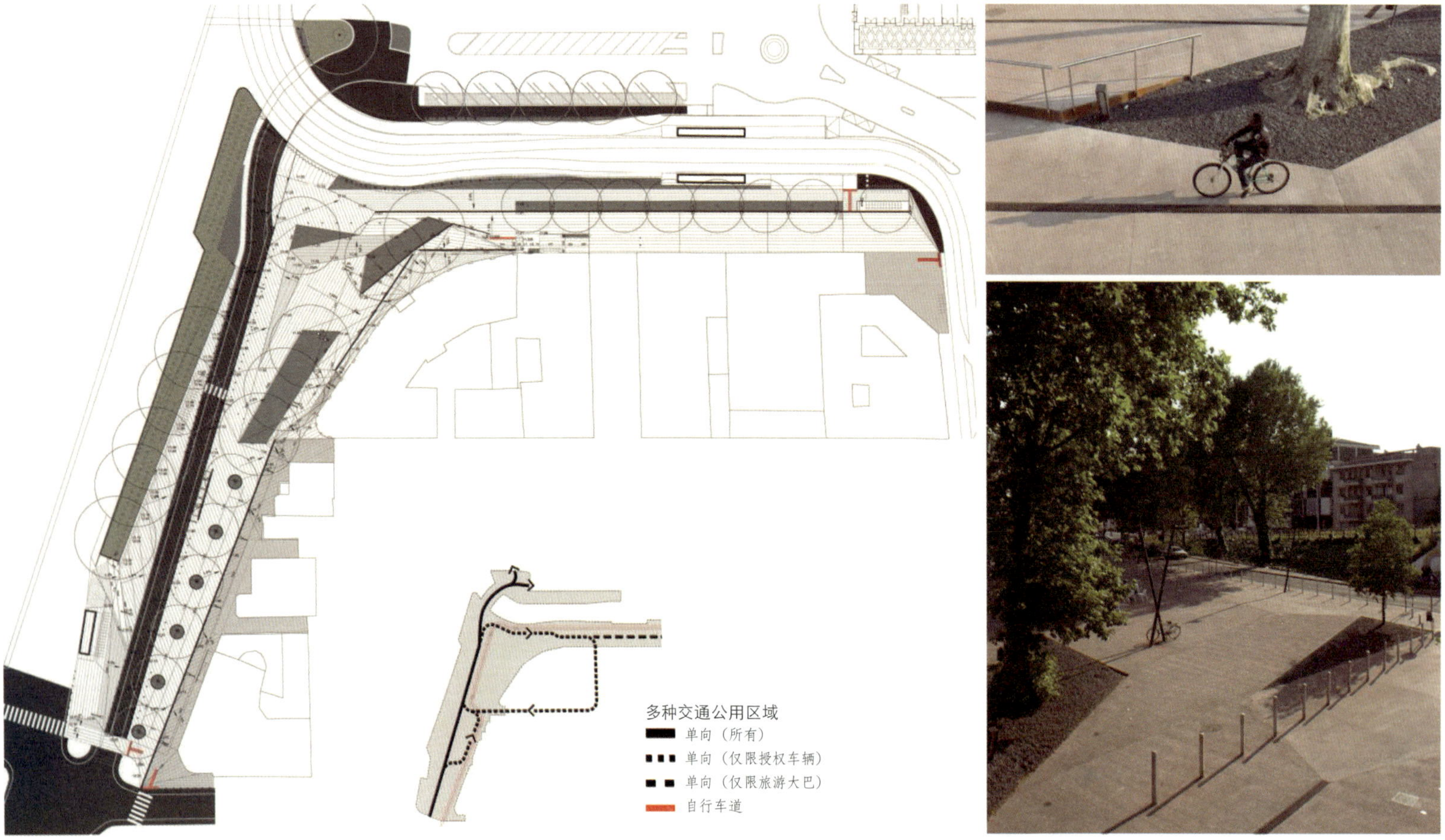

- 城市主干道；
- 城市后街；
- 城市支路；
- 乡村二级道路；
- 废弃的铁路；
- 滨水道路；
- 海岸和沙滩；
- 自然保护区和公园；
- 其他目的地；
- 公共交通网络

3.2.1 城市主干道

城市主干道指一个区域的主要道路。它们主要用于过境交通，而不是作为连接相邻建筑的通道。这些道路沿线有很多重要目的地。

小型干道交通量较少，车速较慢，一般每个方向只有一个车道，路口之间的路段（称为中间路段）以及路口位置均适用于具有基本技能的骑行者。

主要街道的交通更加繁忙，车速也更快，一般具有多条车道。它们一般不适用于自行车初学者，除非设置了专用车道和像“钩转”这样更加有效的左转结构。为了方便大多数骑行者使用，这些道路应该提供具备基本骑车技能的骑行者所需的设施和服务。

城市主干道的优点有：
- 它们大多为骑行者使用，且方便并行和调头。它们的设计应该尽可能保证安全。
- 大多数主干道常与邻近的地方道路保持较大程度的水平度，同时其表面状况及维修标准也更高，路线更直。路口通常设有信号灯，其设计也利于车辆更流畅地通行。它们因为拥有较少的支路和车道而能更好的保证专业骑行者的安全。

城市主干道的缺点有：
- 这些道路交通量大、车速快，不适用于只具有基本技能的骑行者和骑行娱乐的使用者；
- 骑行者更易受汽车尾气和空气污染的影响；
- 即便设置了自行车道，这些高速道路仍然不适于儿童和初学者。

在城市主干道线上设置自行车道的主要限制包括：
- 交叉口位置空间不足；
- 需要保持路边停车位的标准数量；
- 与邻近商业区存在潜在矛盾。

3.2.2 城市后街

许多骑行者在城市和郊区之间通行时喜欢选择安静的路线，尤其是希望避免交通繁忙路段。城市后街如果比较统一且连续就能够满足这种需求。只有当城市后街和大多数直通街道一样便利时，自行车通勤者才会选用前者。所以，城市后街的修建必须基于与主干道并行车道一样的便利和安全标准，同时还应考虑采用交通减速措施以及良好的标识。

城市后街的优点有：
- 它们是道路网络的基础，尤其是在老城市中，适于修建自行车道。
- 后街数量比支路数量更多，除非存在阻碍直通街道的缺失路段，否则后街不会占用额外土地。一般来说，骑行者通过这些后街几乎可以到达所有目的地，并且避开拥挤或危险的主干道，享受轻松愉快的旅程，因此后街也可以作为休闲或旅游道路。

城市后街的局限性是，如果要吸引大量骑行者，需要提高安全性的同时使修筑成本低于主干道路，然而这点很难做到。和主干道相比，这些小路通常拥有更多路口，而且边道、车道和停放车辆也给其带来更多危险，因此需要采取专门防护措施，在较拥挤的街道路口还需设置信号灯。

3.2.3 城市支路

城市支路完全与街道隔离，一般位于公园内或其他内部区域中。

城市支路的优点有：
- 因为没有与机动车之间的冲突，所以城市支路似乎更加安全，这意味着它们对自行车初学者更具吸引力，而且也相对安全；
- 这些道路一般位于景观空间内，旨在提高城市环境质量，同时方便行人和运动爱好者。它们更适用于游客步行或骑行进行休闲娱乐。

城市支路的缺点是：
- 这些道路仍然存在夜间以及人流较少时段安全性较差的问题。它们应该配备良好的照明系统，且具

有良好的标识以方便非常住人口的使用;
- 与后街相似，支路的路口也存在安全问题，需要采取专门的安全措施，并在繁忙街道（甚至步行专用道）的连接路口设置信号灯;
- 因为支路的安全性不如与公路并行的步道，所以设计要求很高。

3.2.4 乡村二级道路

与交通拥挤的乡村干路和国道（最好不要在国道上骑行）相比，乡村二级道路是能够提供更加安全的骑行体验的地方道路。这些乡村道路连接不同城市或连接城市与乡村，有些路面经过铺装，但更多的是未经过铺装的自然路面。乡村自行车道可能弯曲迂回，因此需要更多更明确的道路标识，以便非当地居民也能轻松辨别方向。乡村二级道路同时也是低速通行欣赏风景的好地方。这些道路受到步行者和骑行者的喜爱，其中限制机动车车速的道路尤受欢迎。

3.2.5 废弃铁路

废弃铁路大多位于乡村地区，为以旅游和休闲为目的的骑行者和步行者提供了宝贵的乡村体验机会。在理想条件下，废弃铁路的长度应该能供骑行者实现至少数日的骑行体验。废弃铁路将公共交通系统的主要站点连接起来，沿途通常具有旅行设施，如遮雨棚、厕所、休息区和饮水机、维修以及支援服务点。因为铁路通常具有精确的目的地，这些路线往往笔直而平坦。这些废弃铁路能为驾车旅行不经常抵达的乡村地区带来经济效益，因为路经当地的骑行者需要使用当地服务设施。

3.2.6 滨河道路

距离城市水系较近的滨河道路能够提供一种愉悦舒适的空间体验。它们相对平坦，可作为休闲自行车道，位于城区的滨水路尤为如此。它们同时也连接着附近居民区、商业区以及文化设施，有时候还能作为通勤路线。滨河道路的设计应注意避免自行车和行人之间的冲突。

3.2.7 沿海道路

沿海城镇的海滨沿岸或城市湖泊及港口沿岸能够提供在景观中畅行的独特体验，因此聚集了大量以旅游和休闲为目的的骑行者和步行者。在很多情况下，沿海道路因天气原因而不便通行，所以在进行道路规划时，沿途需设置防范和服务设施。

3.2.8 自然保护区和公园

自然保护区和公园既受经验丰富的骑行者喜欢又受骑行新手欢迎。这些地方的自行车道通常长达几公里，且配备服务设施，能够提供良好的骑行体验。

3.2.9 其他位置

其他可能具有自行车道和步道的位置包括公交车道、供水管、煤气管、污水管以及电线管道的专用路线、受保护区域、和废弃街道。

3.2.10 公共交通网络

公共交通网络增加了自行车旅行的机会。公共汽车、火车、渡船，以及飞机可被视为自行车道网络的一部分，而公交车站也应在对自行车道网络进行规划时得到考虑。

公共交通在下列情形下对骑行者尤为有用:
- 保证长途旅行的经济可行性，尤其对骑行者而言;
- 在丘陵地带或山区旅行时;
- 在危险路段或没有道路的地区通行时;
- 禁止自行车（公路隧道和通车天桥）的地点;
- 作为娱乐的一部分。

公共交通的成功还取决于:
- 公共交通出发地和目的地是否允许自行车进入;
- 选用公共交通出行期间公共交通工具上存放自行车的可能性;
- 公共交通的出发地和目的地是否有自行车存放点（如果不能通过公共交通运载自行车的话），或者目的地是否靠近公共交通接驳点;
- 运载和存放自行车的费用。

4 道路使用者要求

本章将阐述一个综合性方案，以期增加步行或自行车的可达地点，改善步行和自行车环境，向人们展示这些交通方式怎样才能有效地满足个人需求。当人们发现步行和自行车不仅便利、安全、令人愉快，而且还能缩短行程，他们会更加倾向于选择步行或自行车。

4.1 步行者

4.1.1 可步行区域的特征

“可步行性”指建成环境实际便于步行的程度。它是评估一个区域或一条路线的有用标准，尽管它完全取决于个人的主观认识。人们判断可步行区域最关键的标准包括以下几个方面。

• **连接性**

该通行网络必须能保证行人可以直接到达目的地。这些道路必须通畅地连接到公交线路和周围的道路系统。

• **易辨认**

通行网络必须标识清楚，能够在本地地图或智能手机应用程序上查找得到，以便非常住访客也能通过导航轻松旅行。

• **舒适性**

道路不应受到过量噪音或交通尾气的污染。它们应该宽阔、平坦且坡度较小，如能提供遮雨棚或休息场所则更好。

• **方便性**

这些道路必须保持连续、路况良好、畅通无阻，例如，使用者不会因其他使用者或交通事故耽搁时间。

• **愉悦性**

步行空间应该令人愉快、有趣、有序，且非常干净，具有吸引人们再次使用和促进社交的特点。

• **安全性**

道路横道以及机动车道上的自行车道应保证通行安全。路面材料及表面处理需加以设计，避免行人滑倒。

• **保障性**

步行环境应遵循罪行防范原则采用开放空间设计，预防反社会和犯罪行为。

• **普遍性**

道路应该配备方便残障人士通行的设施，通过缓坡、视觉反差、声音及特别的触觉特征来为他们提供便利。

• **易达性**

最常见的公共目的地应在一定的可步行距离内。

4.1.2 城市形态的重要性

城市形态指住宅区如何设计和构成、允许何种建设，以及不同区域在何处和以何方式相互连接。一个地方的形状能够影响人们的出行选择和步行的吸引力。有三个元素会影响城市形态，且可以根据它们与行人的关系进行评估。这三个因素是：

- 步行渗透度；
- 连接性；
- 战略规划性。

• **步行渗透度**

步行渗透度可以衡量一个环境的步行易达性、通畅度和因众多而舒适的内在连接而形成的可行性。一个具有良好步行渗透度的区域应该考虑到：

- 交通信号灯以及人行横道处行人优先；
- 支路入口处行人优先；
- 使用封闭路线的可能性；
- 交通减速措施、慢行区和行人公共区域。

• **连接性**

连接性描述了步道网络是如何与可能的通行路线的

起点和终点连接起来（包括公交网络）的，包括以下方面：

- 步道网络连接更加常用和重要的目的地，如学校、商店、超市、公园、公共空间以及社群服务设施；
- 应特别关注城市景点和步道网络的连接处，如可提供遮蔽所，在荫凉处设置座椅及竖立步道标识；
- 应加大公共交通和交通枢纽周边环境的建设力度，创造更好的步行环境。

• **战略规划性**

战略规划性描述了政策以及地方策略如何将步行视为一种交通手段并加以推广，包括以下方面：

- 协调土地使用规划和交通规划；
- 确保地方制定政策提倡可步行设施；
- 确保城市制定政策鼓励增加交通枢纽周围的人口密度；
- 实施对步行交通进行常规监控的计划；
- 在路线规划、照明和标识方面协调整合公共空间、公园及道路的管理。

因为步行属于慢行形式，如偏离最直接的路线，则会比其他出行形式引起更多不便。步行者比其他人更能受益于更加细密的道路网络形成的渗透性。步道网络的构成部分之间的合理距离可通过对不同出行方式的平均速度进行比较来判断：步行 5.4 公里 / 小时，每分钟 90 米；自行车，20 公里 / 小时，每分钟 330 米；驾车 54 公里 / 小时，每分钟 900 米。

紧凑的城市模式更能促进步行，因为这样的城市内道路网络相互连接程度更高，人口更密集，拥有高度的社交活性，以及便利的生活环境。城市居民的住所往往靠近零售商店和服务设施，邻近交通枢纽，还可能靠近公共空间和公园。在这些地方，步行是一种很好的出行选择，因为出发地和目的地之间的距离较短。步行至工作地、商店、教育机构、休闲和服务设施也更加安全和方便。

公路网络的渗透性不必像步道网络的渗透性一样。在高度连通的公路网络的路口位置，安全问题尤为重要，因此需要采用交通减速措施。细致的城市规划能够改变驾驶人、骑行者和行人的行为，降低机动车交通的主导地位。在新开发区，规划师创造一个多功能空间，甚至能够避免在公路网络中采用交通减速设施，因为这些交通减速设施往往与周围环境缺乏协调性和相关性。

在所有公共空间工程中，步行者都应比机动车受到优先关注。城市景观的质量显然与步行体验更加相关，因此应同时注重局部景观和整体印象。故而在车流量较小的情况下，设计师可减少交通工程设施，注意运用建筑和景观工具实现城市设计。

道路规划对交通工程而言既有实用性又有响应性。道路和公共空间应该令人愉快、具有吸引力和激励性。形成一个只在绝对必要的时候才对步行进行公开限制的环境非常重要。

4.1.3 影响可步行区域的政策

城市与地区规划和步行基础设施对可步行性具有重大影响。

• **土地使用规划（现有区域）**

城市中心、当地社区和郊区的可步行范围内集聚了大量重要目的地。

- 城市中心聚集了各种商店、办公室、服务机构、娱乐设施以及公共空间；
- 当地社区的目的地包括各种商业机构、社区和公民服务机构、学校，以及医疗卫生机构；
- 所有住宅都能借助公共空间和紧密的公交网络，位于可步行距离内。

这里所说的步行距离应根据地方级别和受城市规模影响的交通时间确定。

• **土地使用规划（新开发土地）**

- 政策和地方规划必须制定可渗透道路网络相关规范，路线图中不能只有蜿蜒小路，也不能出现没有出口的死胡同；
- 出发地位置应该靠近各种服务机构和相关目的地，以发挥多种功能，尤其在公交路线集中的道路；
- 所有新干预手段都应按照环境设计原则采用犯罪预防措施；
- 应关注停车需求和停车位置。

• **步行基础设施**

- 步行者应该在进行交通基础设施规划的最初阶段就被优先列入考虑范围。设计师应该通过“道路使用者等级秩序”确定合理的步行设施级别，并通过实际的道路网络满足出行要求；
- 整个道路网络都配备方便步行和认知障碍人群使用的设施；
- 机动交通的速度受到以行人为主导的设计和规范的限制。在非常重要或行人密度很高的地段或毗邻区域，交通速度取决于步行者，或者设计专门的步道也可以保证更好的安全性和便利性；
- 步行者通常位于“道路使用者等级秩序”的最高位置，因为他们的需求必须得到满足，确保高级别安全性和易达性。

4.1.4 人身安全问题

有关人身安全方面的问题可能成为创造“步行社区”的主要障碍，尤其是在夜间和发展落后区域。人们意识到危险时，可能改变出行方式，避免夜间外出，避开惯常路线，甚至不再单独出行。安全问题甚至可能对人们步行去公交车站都产生阻碍。

在对可能影响人身安全的主要问题进行考虑时，应注意以下三种一般条件：
- 地点必须具备可读性，步行者应能够了解和看到周围环境和走在前面的人们；
- 步行者应对其他人可见，尤其是其他行人；
- 应提供其他路线选择，避免潜在的危险情况，以保证可步行性。

尤其重要的是：
- 提供适当的照明；
- 避免采用可能形成隐蔽区域的规划方案；
- 为行人提供尽可能多的路线选择；
- 实现最大程度的“自然监督”，关注进入住宅区、街道或娱乐场所的人群数量；
- 提供合理的标识；
- 提供干净和受到良好维护的空间。

如要更好地解决人身安全问题，设计师需考虑：
- 步行战略计划；
- 当地步行可达区域规划；
- 步行可行性调查；
- 安全上学路线；
- 步道照明设施；
- 绿植的种植和维护；
- 步道和毗邻区域的维护；
- 步行推广活动。

4.2 骑行者

4.2.1 自行车社区的特征

自行车社区表现了建成环境便于骑行的程度。尽管它完全取决于个人标准，但却是评估一个区域或一条道路的常用方法。

一个自行车社区应具有以下主要特征：

- **安全性**

安全的自行车道能保证人身安全，且能减少骑行者和其他人之间的冲突。安全骑行受到机动交通的速度和交通量的影响，因此将自行车道和公路隔离可能为人们带来更多便利。骑行者在骑行过程中应该一直和其他骑行者保持一定的距离，以保证较高程度的人身安全。同时，通过谨慎设计保证冲突地段尤其是道路交叉口位置的安全非常重要。此外，对公共照明以及标识的设计也有助于提高人身安全。

- **舒适度**

自行车道应平坦（且具有一定的粗糙度以防滑）、干净、畅通、坡度和缓、交通便利。在设计阶段，设计师应该考虑提供设施降低雨水、风和热量的影响，比如：
- 考虑在道旁修建墙体、堤岸或树篱（但不妨碍可视性和安全原则）；
- 修建有荫凉的道路；
- 易于维护重要路段的建筑。

- **直接性**

一般而言，自行车道应该直接不绕路，停车处位置方便，以节省时间和体力的特点吸引使用者。路程绕远、浪费时间和停车空间不足可能迫使使用者选择更加危险，更加直接的路线或干脆放弃自行车。

- **连续性**

自行车道应保持连续且标识清晰，能到达所有最受欢迎的出发地和目的地。道路标准也应该统一、连贯(通行速度方面也是如此)。

• **吸引力**

自行车道的修建可与环境形成相互影响，增加景观的吸引力。在城区，它们应该总是和公共空间的设计结合在一起。自行车道的设计应该符合城市景观的规划要求，能够提供信息服务(信息亭、二维码和无线网络)，从而让人产生愉快的自行车体验。

• **适应性**

在骑行者数量可能大量增加的区域，应该特别注意基础设施的适应性。

4.2.2 自行车出行的种类和要求

根据规划用途，自行车出行可分为以下几类:

- 邻近区域骑行;
- 通勤性骑行;
- 成年人骑行运动;
- 娱乐性骑行;
- 旅行性骑行。

• **邻近区域骑行**

邻近区域骑行主要指以当地学校和商店为目的地的自行车出行以及儿童自行车运动，因此骑行服务设施应特别关注初学者的需求。邻近区域的骑行速度一般低于 15 公里 / 小时。但是，骑行者在到达目的地之前可能需要穿过主街道和局部主要自行车道网络，应注意儿童和初学者在地方道路以及零售商店和学校周围骑行的安全。

这些骑行者偏爱:

- 较高的安全程度;
- 较好的舒适度;
- 车行速度和交通量较低的路段;
- 如果目的地位于繁忙街道，与机动车交通具有良好的隔离;
- 尽可能小的坡道;
- 繁忙路段的安全横道;
- 道路标识清晰明确;
- 目的地附近的安全停车场;
- 良好的照明;
- 防风遮雨设施俱全;
- 自行车道和周边景观的融合。

• **通勤性骑行**

大多数骑行通勤者为中学生或成年人。大多数自行车路线都和主干道或其他主要自行车道重叠。

一般通勤者的骑行速度在 20 公里 / 小时—30 公里 / 小时，骑行通勤距离一般约为 5 公里。作为自行车道的主要使用者，大多数骑行通勤者选择更加快捷的路线，而不是更加安全、舒适和更具吸引力的路线。

需要注意的是，根据有经验的骑行通勤者需求建造的道路往往对不太自信的初学者具有较少的吸引力。因此，自行车出行服务设施应该不仅能够满足专业车手的需求，还应更多地考虑骑行通勤者的需求。

这些骑行者偏爱:

- 高质量的路面;
- 直接和连续的路线;
- 用时最少;
- 具有专用基础设施;
- 路口处应尽可能减少和其他交通形式的冲突;
- 良好的照明;
- 目的地附近具有监控的停车场。
- 储物和洗浴设施。

• **成年人骑行运动**

成年自行车运动爱好者的骑行速度一般超过 30 公里 / 小时。他们具有丰富的骑行经验，随时准备占用道路空间且不愿意让道。他们通常骑行很长的距离，尤其喜欢沿着公路或乡村道路骑行，且喜欢探索地势崎岖的地带。他们通常组成两三人的团体出行，且喜欢并肩骑行。

这些骑行者偏爱:

- 高质量的路面;
- 用时最少;
- 道路宽阔;
- 具有挑战性坡度的道路。

• **娱乐性骑行**

娱乐性骑行者通常受到更少的时间限制。骑行者的技能和经验通常各异。最受欢迎的骑行目的地包括沿河沿海道路、位于自然保护区内的道路，以及交通量较低、交通速度较慢的具有吸引力的道路。

这些骑行者偏爱:
- 较高的舒适度;
- 良好的路面;
- 尽可能小的坡道;
- 较高的安全性和保障性;
- 令人愉快、具有吸引力和趣味性的路线;
- 防风遮雨设施俱全;
- 骑行沿线设置停车处，方便骑行者使用服务设施或访问景点。

- **旅行性骑行**

旅游骑行者一般穿越很长距离，携带露营设备和食品。一般来说，他们都是有经验的车手，通常成对或组团出行。

这些骑行者偏爱:
- 通往风景优美、令人愉快的景点路线;
- 沿线有适当宽阔的边道;
- 高质量路面，尽管有些人可能尝试在车辆较少的后街穿行;
- 具备休息区、饮水器、厕所和遮蔽所等服务设施。

5 步道的设计标准

步道的主要设计标准包括:
- 公共和私人空间及道路在需要的路段应该设置人行道;
- 人行道的规格以及几何形状应该保证所有人都可以使用;
- 选用建筑材料时应考虑安全性、外观和成本;
- 空间设计应综合考虑标识、街道设施和照明设施;
- 在设计城市空间前最好先确认车道，以实现更加综合的规划;
- 通过公共空间设计来解决共享空间内不同出行模式之间的冲突;
- 步道应与公交车站实现严格连接。

5.1 步道的组成区域

大多数步道都位于车道边缘、建筑前方或相邻私有土地之间的区域。步行区域由四个区域组成，了解各区域的宽度以及步道的宽度非常重要。当抬高后的人行道比公路高出 75 毫米以上时，车辆无法进入。人行道相对公路的标高不能超过 150 毫米。

5.1.1 步道的组成区域

步行者通常愿意选择步行通行区，此区域应该保持畅通无阻。他们不喜欢使用建筑前区，因为这个区域可能有挡土墙、篱笆、商铺相关物品和植物，同时也可能碰到很多从建筑里面出来的人群。而路缘区通常由预制混凝土（150 毫米）或钢板（10 毫米）铺设而成，以达到很多功能，包括:
- 界定步行空间;
- 避免公路上的水流进入边道;
- 防止车辆占用人行道;
- 对有视觉障碍的人群来说是一种重要的可触知元素;

街道设施区域具有很多功能，包括
- 安装交通信号灯、灯柱、护柱、广告牌和停车计时器;
- 展示植物;
- 在机动车辆和行人之间构成一条心理缓冲带;
- 避免通行车辆行驶带出的污水溅到行人身上;
- 为修建连接车道和街道的缓坡提供空间。

5.1.2 区域的宽度

步道的宽度取决于其所在的城市区域、行人流量和连接因素的重要程度。总体而言，需要较宽步行路面的区域包括:
- 靠近高速车辆以及 / 或高车流量的区域;
- 具有宽阔横道的区域;
- 步行人流量高以及 / 或人行道等待区域的人流量大。

表 1 标准步道组成区域的宽度

地点	最大步行人流量	构成区域				合计
		路缘	街道设施①	步行通行区	建筑前区	
步行区域的主干道	80 人 / 分钟	0.01 米 /0.15 米	1.2 米	≥ 2.4 米	0.75 米	4.36 米 /4.5 米
中心商业区						
公园和学校附近以及其他主要步行区域						
步行区域内的道路	60 人 / 分钟	0.01 米 /0.15 米	1.2 米	1.8 米	0.45 米	3.36 米 /3.6 米
中心商业区外围商业 / 工业区域						
次干路	60 人 / 分钟	0.01 米 /0.15 米	0.9 米	1.8 米	0.15 米	2.86 米 /3.0 米
居住区道路	50 人 / 分钟	0.01 米 /0.15 米	0.9 米	1.5 米	0.15 米	2.56 米 /2.7 米
绝对最小值②		0.01 米 /0.15 米	0	1.5 米	0	1.51 米 /1.65 米

①车速超过 50 公里 / 小时时应考虑增加宽度

②只适用于现有受限区域以及无法重新分配道路空间的地方

基于《新西兰步道规划指南》表 14.3 修改

表 2 让车道的修建

原因	让车道规格	位置和间隔
轮椅使用者	最小宽度 1.8 米，最小长度 2.0 米	步道宽度少于 1.5 米时，至少每 50 米设置一处让车道
过路行人	最小宽度 1.8 米，最小长度 2.0 米	如要求，在行人等待区设置

基于《新西兰步道规划指南》表 14.4 修改

如果每分钟步行人流量超过表 1 中所列最大步行人流量，则应考虑表中所列相应的区域宽度。

5.2 让车道

道路净宽度小于 1.5 米时应设置让车道。让车道通常位于道路扩展位置上，如果道路在相当长一段距离内不可能拓宽，应设置让车道。但是不能因让车道修建成本较低而以之取代更宽的道路（见表 2）。让车道的优势有：

- 可同时通过两辆轮椅；
- 步行者可避开暂停等待横穿马路或公交车的其他行人。

图 10 不同类型路面

5.3 净空高度

为避免行人头部受伤，必须保证步道上方无障碍物。从地面到步道上方空间的一定高度内及相应宽度内应无任何障碍物体（街道设施、草木、标识以及建筑附属物）。理想净空高度为 2.4 米，绝对最低高度为 2.1 米。

5.4 横斜度

横斜度是步道上与通行方向垂直的斜坡。步道应保持一定的横斜度，以方便排水。横斜度的最大坡度应在 1%—2% 之间，一般面向街道。

5.5 路面

所有步道的路面都应坚固防滑，即便在潮湿状态下也应如此。平整路面的突然高度变化不应超过 5 毫米，以尽可能减少行人绊倒危险，同时路面的起伏高度应少于 12 毫米。（图 10）

当道路 6 米直线长度内的最大高度变化少于 5 毫米时，路面质量应满足以上几点要求。满足该路面质量要求还能避免坑洼的产生。此外，路面上不应设置弧形排水沟，也不能出现急骤的高度变化，比如突然出现一级台阶，以防行人摔倒。

5.5.1 路面的优缺点

不同类型的路面具有不同的优点和缺点（见表 3）。

5.5.2 材料：性能

人们一般认为人行道最好采用混凝土和沥青铺面，不过也可采用石材或砖块。木材需要大量维护工作，

表 3 路表优点和缺点

路面	优点	缺点	设计问题
混凝土和沥青	需要极少的后期维护；维修成本低；路面拆除后容易恢复；使用期限最长	美观可能有所不足；因为沥青常用于公路路面，因此容易给行人造成混淆；沥青可能沉降，产生凸出物，路缘区位置尤其如此	进行扫面处理（与通行方向垂直）以增加摩擦，改善排水；混凝土可能包含彩色氧化物；不同部分之间的接缝宽度不超过 15 毫米
铺路石和未上釉砖	具有很好的装饰作用；损坏后很容易更换；如铺块移位，很容易恢复	铺块可能单独移动，产生使行人绊倒的危险；横斜度维护难度较高；可能给使用者造成颠簸；一些铺块或接缝容易长苔藓	考虑使用模压混凝土或彩色混凝土，铺块之间的接缝应少于 15 毫米；路基应坚实（最好是混凝土板）；确保正确施工和定期维护，避免铺块生长苔藓，尽可能减少 / 恢复移位铺块
碎石、鹅卵石	具有很好的装饰作用	给行动障碍者或穿高跟鞋的人群造成不便；容易长苔藓和杂草	避免在直通区上使用；可用于界定步行区域和步道的其他区域
松散材料，如裸露的骨料、砾石和木材	施工成本低；外表美观；非常适用于乡村环境	路面如未经压实，可能给行动障碍者造成巨大困难；需要大量维护工作；很容易长野草	除非对外观具有较高的要求，否则应避免在直通区使用；仅用于限制绿植和街道树木（且需采取措施防止松散材料进入直通区）
可触知路面	为视觉障碍者提供了一条有效的可触知寻路线索	外观可能有所不足	仅适用于特定地点

基于《新西兰步道规划指南》中的表 14.8

但可用于大面积路面。选用路面材料时应特别仔细，材料应坚固耐用且具有以下几种或所有特性：

- 经得起冷冻—解冻的抗屈强度；
- 经得起冷冻—解冻的抗压强度；
- 防滑性；
- 常压条件下的吸水性；
- 耐磨性。

路面应综合采用不同材料，旨在安全性、施工和维修成本、环境舒适度方面取得最佳效果。预想取得的效果包括：

- 方便修建、清理和维护；
- 便于排水；
- 减少热吸收。

5.5.3 材料：城市舒适度

城市人口的增加对能源、环境与公共健康资源的分配产生了巨大影响。其影响之一便是城市热岛效应的加剧。热岛效应还受到气候变化的叠加影响。城市热岛的具体表现是城市气温高于乡村地区。这是人类活动造成的，人类用人造地表取代了植被和渗透性地表，而人造地表具有很高的热量吸收性和高抗渗性，并且能够增加热量储存的热力性能。人类的其他活动也能加剧热岛效应，其中包括公共及私人交通工具和建筑采暖系统产生的废气、冷凝系统释放的高热空气等。多项研究工作对这种现象进行了量化，研究数据表明热岛效应能使城市温度升高 12 摄氏度以上。

城市热岛对建筑性能和能源成本以及二氧化碳排放带来了严重影响。此外，因雾霾和污染物的影响，城市热岛在热浪时期还能引起人类健康问题。

建筑材料的表面温度最高可达 30 摄氏度，高于空气温度。这是一个巨大问题，对步行和自行车社区更是如此。建筑材料所储存的热能之后又释放到周围环境中，导致气温升高。街道、步道、停车场、步行区域以及自行车道在热量平衡中发挥着重要作用，因为它们覆盖了 30%—45% 的城市活动区域。城市建筑常用材料的日光反射率分别为：新铺沥青 5%（沥青均匀铺于地表）、陈年沥青 15%、混凝土 25%。

冷料是一种特殊材料和成分，具有高日光反射率，受阳光照射时只会引起表面温度小幅度升高。这种材料因具有极高的热反射率而激起了人们降低城市温度的兴趣。冷料的这种特征可使建筑材料在夜间释放其日间储存的热能，从而降低整个城区的温度。

冷铺材料可应用于城区，但需要考虑三个因素：

- 不同的城市条件或者说冷料在修建步行者/骑行者和机动车并行的道路中大量应用意味着需要对材料耐磨性、热传递性、表面荫凉变化，以及空间形状进行更广泛的热物理性能研究，所有这些增加了建模难度；
- 沥青和混凝土铺面的表面温度受到辐射和热性能的影响；
- 冷铺路面应满足城区各种使用要求，它们既可用于步道和自行车道，也可用于机动车道。

图 11　不同类型的格栅和井盖

图 12　阿道夫号角大道的永久性绿植

Adolf B. Horn Avenue—AGRAZ Arquitectos

采用冷铺路面最初是为了控制雨水，因为冷铺路面具有渗水结构。如今，冷铺路面却成为了一种有潜力的冷材料。冷铺路面的空隙可储存气体、水分和水蒸气。它被定义为渗透性路面，分为多孔隙沥青路面、排水混凝土路面和某些步道专用材料路面。因不同交通类型对路面渗透性和结构具有不同的要求，必须对铺面材料进行有效的设计，路面施工也应采用正确的方法。

在特定的气候条件下，冷铺材料能够通过蒸发作用限制受阳光照射而引起的温度升高。事实上，铺面材料的结构孔洞及空隙在降雨时储存的水分可储存热能。热能最终通过材料表面的辐射作用得以释放。这种现象和植物的蒸发蒸腾作用非常相似。

冷铺材料的表面结构也能影响周围温度。大量孔洞将增加更广范围的表面阴凉区域。这种条件通过使表面受日光照射吸热而限制传递到基层的热量，但却减少了热量积累及之后在夜间的热量释放。大面积表面还有助于发挥更加有效的综合作用，加强对流传热过程。

5.6 格栅和井盖

必要时，检修孔井盖以及格栅应尽可能设置在街道设施区域。如果不可能，则应设置在步行通行区的边缘，且与周围地表齐平，具有即便在潮湿条件下也防滑的特性。为减少通行危险，格栅的槽孔宽度应少于15 毫米，且在安装格栅时应使槽孔方向与行人的主要通行方向垂直。（如图 11）

5.7 景观

景观因不同的气候条件而迥异，能在步道和机动车道之间创造一个具有视觉吸引力的空间和缓冲地带。植物一方面可给驾驶者一种位于“限速区域”的感觉，从而让他们自觉降低车速，另一方面还能为行人提供挡风遮阳的遮蔽物和庇护所。

城区应该设置永久性植物，包括树木、花、灌木和地被植物、草，以及草本植物。植物种类的选用应该谨慎，确定符合城市景观形象，且容易适应环境（如图12）。此外，还应特别注意以下几点：

- 植物根系不能损坏埋地线路或增加步行区域高度；
- 植物藤架不能妨碍上空照明；
- 植物栽种后，在任何季节和时间都不能妨碍行人和骑行者视线，还要避免种植树枝高于 2 米的树木和高于 0.5 米的灌木；
- 植物应具有很强的生命力，仅需极少的维护（较干旱区域），最好在种植初期（至少两年）以后无需浇水；
- 对绿化元素进行规划时，应避免构成方便进行犯罪或反社会活动的隐蔽处。

最好确认景观项目是否遵守道路安全相关政策，比如景观元素的形状和位置不得危及道路车辆。如道路两边还有阻止车辆攀越的路缘，最好在适度交通区域之外的道路区域上设置折叠式或可拆卸式城市街道设施和景观。不过街道设施和景观应与最近的交通车道的边缘保持 4 米的距离。

5.8 缓坡和台阶

步道的平均坡度如大于 8%，则应视为缓坡。当城区车道的平均坡度超过 3% 时，应设置休息区。台阶和坡道应尽可能笔直（表 4，表 5）。建议避免采用曲线坡道和台阶，理由如下：

- 会给残障人群的使用带来更大不便；
- 对坡道而言，内边和外边的坡度是不同的；
- 对台阶而言，内边长度总是小于外边长度；
- 很难提供合适规格的休息区。

表 4 坡道设计特征

参数	范围 / 数值
路面	应达到适用于其他步道路面的最高标准
宽度	1.2 米 -1.8 米（扶手之间）；如超过 2 米，中间位置最好设置扶手
最大长度	50 米 -130 米
最大高度	绝对最大值 3.5 米
最大横斜度	2%（但一般不需要横向坡）
平均坡度	不超过 8%
最大坡度	一般不超过 8%，在较高限制条件下，可允许更高坡度，但仅限于短距离： • 1.5 米长度内可允许 10% 的坡度； • 0.5 米长度内可允许 15% 的坡度

基于《新西兰步道规划指南》中的表 14.11

表 5 坡道和台阶的共同设计特征

特点	目的	位置	设计问题
缓坡台	允许在上升或下降过程完成后改变方向；确保从坡道或台阶上来的人群清楚可见	每段坡道或台阶的顶端或底端	至少 1.2 米长，最好 1.8 米；宽度和坡道以及台阶的宽度一致
对比鲜明或不同的路面材料	让人们看到坡道或台阶的顶端和底端	缓坡台边缘，坡道或台阶边缘；每级台阶边缘	每级台阶的边缘；应覆盖台阶 / 坡道的整个宽度；用于台阶时，深度应为 55 毫米
可触知路面	帮助有视觉障碍的人群感知台阶或陡峭坡道的顶端或底端	缓坡台边缘、坡道或台阶边缘	安装可触知地面指示牌
标识	告知行人道路具有高度变化；在有其他路线选择的情况下，指示其他路线的方向	每段坡道或台阶的顶端或底端	只需普通步道标识。
扶手	作为支撑体重、维持平衡和指引路线的工具；作为鼓励某类行人前行的手段	整条路线及道路两边都安装扶手	扶手直径应在 30 毫米—50 毫米，与其他表面至少保持 50 毫米的距离；扶手在延伸到顶部或底部缓坡台后继续延长 0.3 米、最终连接地面或墙面，或降低为 0.1 米高；高出台阶或缓坡表面 1 米—1.1 米；二级扶手高度可在 0.75 米—0.85 米之间。
休息区	方便行人休息；便于改变方向	休息区数量根据高度变化程度而定；为方便轮椅使用者使用，坡道高度每增加或降低 0.75 米需要设置一处休息区（详情参考表 6）	至少 1.2 米长，最好 1.5 米；覆盖坡道或台阶整个宽度；坡度应少于 2%

基于《新西兰步道规划指南》中的表 14.10

表 6 休息区和坡道

坡度	>5%	5%	6%	7%	8%
休息区设置频率	150 米	15 米	12.5 米	10.71 米	9.38 米

* 基于《新西兰步道规划指南》中的表 14.10

表 7 横道类型和交通量

交通量		行人（高峰时段）		
		<100 人 / 小时	100—300 人 / 小时	>300 人 / 小时
车辆（高峰时段）	<200 辆 / 小时	3	3，2	3，2
	200 辆 / 小时—600 辆 / 小时	3，2	2	2
	> 600 辆 / 小时	2，1*	2，1*	2，1*
(*) 交通信号灯变化周期少于 120 秒时使用				

* 《人行横道设计准则》中的表 3—1

对坡道而言，休息区是必要的。（表 6）

5.9 横道

横道主要可分为三种：

1. “立体交叉式”人行横道（参考 7.3 过街天桥和地下通道）；
2. “交通信号灯”横道；
3. “斑马线”横道。

采用何种人行横道类型主要取决于交通量和道路地形。（表 7）

1 类的结构具有与步道和自行车道交叉口相似的特征。3 类是最常见同时也是最具潜在危险性的类型，需要采用专门解决方案加以保护。

5.9.1 行人安全岛

行人安全岛是在道路上划分出来并受到保护的部分，为横穿道路的行人提供一处停靠站。安全岛的功能在于划分和隔离道路部分，增加通行安全性和保护行人。当行人和车辆发生冲突时，安全岛可减少行人花费在道路上的时间，同时确保冲突只发生在一个通行方向上。

安全岛还有助于确定信号灯周期。比如在信号灯周期较长（超过 120 秒）时，设置安全岛后，尽管行人横穿马路需等待两次，但可减少绿灯信号时间，因而缩短了整个信号灯周期。安全岛还可引导交通流，减少车辆的通行速度，能带来更好的安全性。

车道超过三条时建议设置安全岛，车道超过五条时必须设置安全岛。安全岛的大小应与行人流量成正比。在设计时需要对横向以及竖向标识进行精准标识。良好的能见性可采用以下方式实现：

- 安全岛前部之前的道路路面应该标出长度足够且设计合理的连续白线；
- 安全岛两头应合理地突出于路面；
- 安全岛尾端应标出黄黑相间的竖条；
- 设置黄色灯具，与安全岛两头的颜色一致。

建议使步行区域和道路平齐。当直径超过 3.5 米时，安全岛才可高出路面，此时需要为婴儿推车和轮椅合理设置两个坡道入口。分段横道方案尤其有趣，因为行人需要横穿的两个部分的长度相当。这种人行横道可设置较宽的等待区域，建议在人流量较高地段采用。此外，如车流量和人流量都很高，安全岛上最好设置高度至少为 1 米的扶手，以保护行人安全。

5.9.2 路缘坡道

路缘坡道用于连接人行道和车道，宽度不得小于 1.5 米，以保证一辆轮椅和一个行人同时通行。如果有特定限制条件，最小宽度为 1 米。坡道的坡度不得超过 8%。如果有特定的几何形状限制，坡度可增加，但最大坡度为 15%（最大高度差为 15 厘米）。（表 8）

坡道可分为两种：

- **战略性规划**

根据人行道的规格，可采用两种施工方案：

- 降低步道的整体高度；
- 只降低靠近人行横道的人行道区域，坡道宽度至少1.5米。

- **与车辆通行方向垂直的坡道**

在这种情况下，坡道高度应与道路交叉口高度一致。

5.9.3 能见距离

人行道两边的能见距离内应无障碍物。每天超过200人次的高人流量和车流量区域应具有至少5米x2米的扇形能见区域。如某些路段不能确保能见扇形区域，需在匝道安装凸面镜以及行人视觉和声音标识。

表8 路缘坡道的设计元素

元素	主要问题	其他信息
缓坡	正常最大坡度8%（1:12），最大坡度12%（1:8）	10%的坡度只在竖向高度变化少于150毫米的限制条件下才能考虑； 12%的坡度只在竖向高度变化少于75毫米的限制条件下才能考虑； 坡度大于12%时有碍行动残障人群使用
	最大横斜度2%（1:50）	在整条缓坡上保持一致
	最小宽度1米	建议1.5米
	最大宽度：和相连步道的宽度一致	更宽的坡道不便于视觉障碍人群触知
	可触知铺面	有必要采用可触知铺面，以方便失明或弱视人群使用；如需更多建议，请查阅《失明或弱视群体设施指南》
排水沟	排水沟和坡道之间的过渡	应平整且无垂直面；道路重铺时可能修建
缓坡台	最大坡度2%（1:50）	避免轮椅使用者悬空或不小心滚动以及提供休息区域
	最大横斜度2%（1:50）	
	宽度：与坡道宽度一致	
	最小纵深1.2米（顶部缓坡台）	纵深最好为1.5米

基于《新西兰步道规划指南》中的表15.2

5.10 道路交叉口

步道、自行车道与共享道路之间的连接可能相对简单，无需像公路交叉口那样考虑众多因素。道路交叉口设计应考虑以下因素：

- 合理的能见距离、和缓的坡度和无障碍的相邻区域；
- 高交通量交叉口实施限速和行人优先原则；
- 避免产生冲突的十字交叉口；
- 人流量较高的交叉口应设置护栏和扶手。

5.11 道路终端

终端设施一般设置在自行车道或公用步道与公路衔接的交叉口一端。设置终端设施旨在限制车辆进入步道和自行车道，以及提示骑行者即将进入机动车道。

5.12 公共交通站点

设计公交车站时，应遵守最佳修建方案中衍生的标准：

- 良好的能见性；
- 站点名称容易被当地人识别并记住；
- 确保良好的照明；
- 确保车站无障碍；
- 确保上车位置与行车路线垂直，设置可见和可触知路标；
- 确保所有上车位置处无街道设施和标识；
- 尽可能减少候车区和上车区的高度差别；
- 车站提供路线图、公交时间表和实时信息。

对公交车站遮蔽物进行设计时应确保：

- 驶入车辆能清楚看见候车人群；
- 具有合理照明；
- 配备座椅；
- 安装防风遮雨设施；
- 不易破坏。

本书总结了一套步道设计快速指南，如表 9。

表 9 设施设计快速指南：步道

主题	需求或建议
残障人群通道	一般而言，可达性设计方案要求清除通行路线上的障碍；通行路线宽度最小为 1 米；通行道路宽度少于 1.5 米时，每 60 米设置一处 1.5 米宽让车区，最大坡度 5%；坡度较高但少于 5% 的道路可设置缓坡，坡度为 8% 的坡道高度每变化 0.8 米可设置一处 1.5 米长缓坡台
人行横道	人行横道标识可采用路面标线以及信号或信号灯；人行横道不仅能用路面标线标识，还应辅以信号；配备全套行人或车辆信号系统的位置无需设置人行横道信号；用以标示人行横道的停止线或双线仅适用于通过信号或停止信号控制交通的地方；建议在没有信号控制的地方设置斑马线，因为它们更易为司机看见；斑马线条的长度根据交通速度而定（最短 2.5 米，此时车速在 50 公里 / 小时或以下，速度超过 50 公里 / 小时时，长度应增加）
特殊人行横道	特殊人行横道包括路面标线、内发光高架信号、人行横道的下射式照明、按钮、计时器和上空闪光灯，可综合采用这些设施确保人行横道更加安全和有效；在车流量和人流量均很高的路段，分段横道能为行人提供最佳防护和最大便利
路缘和边缘标线	路缘有助于在行人和车流之间形成一个实际隔离；它们能够阻止车辆越过路缘占用人行道，而排水沟则是雨水排泄通道；在乡村地区，路缘可能看起来太城市化，因而以沟渠或低洼地取代；建议设置了自行车道的道路最好不采用突出路缘，因为路缘可能影响排水
排水格栅	排水格栅最好设置在步道之外，如不可能，格栅槽孔宽度最好小于 13 毫米，安装时应与周围步道路面平齐
扶手	在陡峭区域，应安装高度为 1 米的扶手，避免行人滑倒
坡度	易达通行路线的坡度不应超过 5%；如果坡度必须超过该最高值，应设置坡度小于 8% 的坡道；坡道的高度每变化 0.75 米应设置一处长为 1.5 米的缓坡台且应安装扶手和护栏；坡道距离很短时可视为特殊情况，但坡度超过 12% 时有碍众多使用者使用
人行道	地方街道的人行道的最低可接受宽度为 1.5 米，其他人行横道为 1.8 米，行人数量较多时应加宽；步道宽度少于 1.5 米时，必须设置让车区；让车区纵深至少 2 米，建议保持至少 2.4 米。横坡坡度不得超过 2%，但坡度应足以排水；人行道不得在支路与街道的交叉处倾斜，因为会增加残障人群的步行难度；将人行道水平延伸至支路的设计方案是可以接受的，但在与支路交叉的位置降低整个人行道的高度可能产生排水问题，增加人行道通行难度
人行道坡道（路缘坡道）	坡道适用于所有人群、婴儿推车、轮式行李、轮滑、骑行者和轮椅使用者；它们在交叉口、建筑入口及其他以路缘为界的抬高步道处提供易达通道；建议在路缘坡道处设置视觉障碍人群可触知的警示路面；过渡坡道也需采用警示路面；道路两边均应设置坡道，指示行人前往另一条道路；坡道宽度应为 1 米，最大坡度为 15%；多功能道路的路缘坡道的宽度应与道路的宽度一致
街道设施	街道设施标识、垃圾箱及多用箱可能为视觉障碍人群带来危险；一般而言，建议集中设置街道设施，这样比单独设置更加易见，占用空间也更少；增加对比度、保持步道净空高度，将设施集中放置在铺面不同的区域，且 / 或设置可触知条
街道树木	绿化带的最小宽度约为 2 米，包括路缘到人行道边缘之间的空间；这为树木生长提供了足够的空间，不过宽度为 1.2 米也可；为获得最佳效果，应仔细选用树木种类
树根	为控制树根带来的潜在危险，可在树根上方和混凝土步道下方铺设一层碎石，防止树根生长引起路面开裂；可能给行人带来危险的树根可涂上黄色作为警示标志
路面	水泥、混凝土和沥青路面平整，坚硬且稳定。足够承受轮椅、拐杖尖头以及其他辅助设备的重量；筛选后的光滑砾石可用于娱乐区域，但松散砾石以及木片一般来说都是不可接受的路面材料

基于《步道和自行车道规划：最佳方案指南》中附件 2《设施设计快速指南》修改

6 自行车道的设计标准

6.1 设计速度

自行车道的预期速度是工程的首要制约因素。地方道路和通往主要建筑 / 区域且人流量较高的道路的合理设计速度为 20 公里 / 小时。对其他主要道路来说，设计师的目标是满足速度超过 30 公里 / 小时的骑行要求。

6.2 骑行者所需的宽度和净空间

必须考虑骑行者通行所需的空间：
- 骑行者的“动态宽度”（1 米）；
- 与固定物体保持的安全距离；
- 和其他交通方式保持的距离（骑行者和机动车辆）；
- 高自行车流量和人流量、陡峭坡道、弯道。

所需最小宽度可用以下公式计算得出：最低宽度 =a+b+c+d。a 指动态宽度，b 指和其他使用者保持的最低过身宽度（见表 10），c 指边缘限制宽度（见表 11），d 指自行车流量和人流量较高路段、陡峭坡道与弯道所需的额外宽度。

6.3 坡度

基础设施应满足宽度、坡度和表面质量的设计标准，迎合各种使用者的需求，包括儿童和残疾人群。维护良好且定期清扫的永久性路面能够为步行者和骑行者提供便利。这里的坡度指沿着通行方向的纵向斜度。陡峭坡道会有碍骑行，但如果增加坡道长度从而降低骑行难度，则会吸引骑行者。
- 最大理想坡度为 3%；
- 最大正常坡度为 5%，坡长可达 100 米；
- 极限坡度为 7%，坡长可达 30 米；
- 短距离坡道的坡度可 > 7%。

表 10 和其他使用者之间的最小过身宽度

速度	最小过身宽度
与机动车错车所需的过身宽度	
30 公里 / 小时	1 米
50 公里 / 小时	1.5 米
与出入二级骑行位置的骑行者错车所需的过身宽度	
轿车过身速度 30 公里 / 小时	4.3 米
轿车过身速度 50 公里 / 小时	4.8 米
客车 / 重型货车过身速度 30 公里 / 小时	5.1 米
客车 / 重型货车过身速度 50 公里 / 小时	5.6 米

基于《苏斯坦斯设计手册：自行车环境设计手册》表 H.1 修改

表 11 保持骑行者有效宽度所需的额外空间

边缘限制类型	所需额外宽度
与路面平齐或几乎平齐（包括边角平滑路缘）	—
高度在 150 毫米以下的路缘	增加 200 毫米
竖向特征的高度为 150 毫米—600 毫米	增加 250 毫米
竖向特征的高度超过 600 毫米	增加 500 毫米

基于《苏斯坦斯设计手册：自行车环境设计手册》表 H.1 修改

6.4 排水

自行车道应设置坡度为 2% 的排水横坡。保持路面平整对防止积水和结冰非常重要。当自行车道和未铺斜面连接或旁边有一处大小合适的能见坑洼时，应将斜面和坑洼视为排水设施。此外，设置水池也有利于自行车道毗邻区的排水，同时还能保护现有植物。排水格栅和检修孔井盖都应设置在自行车道以外的位置。

6.5 城市自行车道设施

可在道路交叉口之间修建的专用自行车道如下：
- 路缘自行车道；
- 与停车区相邻的自行车道；
- 反向自行车道；
- 公交车和自行车混用车道；
- 独立自行车道。

骑行者并不总是需要特殊或专用设施，他们需要能够满足他们需求的解决方案。比如，主干路的路缘自行车道对骑行者而言具有与独立自行车道类似的作用。不过，如果可能，骑行者更喜欢使用独立自行车道。

在缺少专用车道的情况下，根据具体情形，骑行者可通过以下方式找到合理解决方案：
- 宽阔的路缘车道；
- 封闭的路肩；
- 共用道路；
- 慢速混用车道；
- 宽度合适、车流量较少的街道；
- 未封闭的公路和小路；
- 信号和标线允许骑行者双向骑行的单行道。

尽管各路段道路条件有所不同，但整条自行车道应确保连续统一。

6.5.1 路缘自行车道

路缘自行车道位于人行道边，仅供骑行者使用。一般而言，其标志由一条虚线和按规律间隔出现的自行车图案组成。

道路上无需设置停车位时，沿路设置自行车道是不错的方案且该方案应该长期保持，因为自行车道最好设置在路缘边而不是停放车辆旁。

路缘自行车道的优势有：
- 所有道路使用者很容易辨认出自行车道；
- 它很好地隔离了机动车流和骑行者；
- 实施成本较低。

路缘自行车道的主要缺点有：
- 限制了停车区域；
- 需要定期清扫，避免垃圾和残屑堆积；
- 未为经验不足的骑行者提供足够的保护。

6.5.2 与停车区相邻的自行车道

自行车道可设置在停车区旁边。一般来说，其标志由一条或两条虚线以及按规律间隔出现的自行车图案构成。

停车区旁边的自行车道的优势包括：
- 无需设置停车界限，为其他道路使用者提供便利；
- 提高停车便利性，增加了通向停放车辆的出入口；
- 减少了行人在公路上行走的距离；
- 有利于形成更加有序和可预见的车流。

与停车区相邻的自行车道的缺点包括：
- 需要很宽的路面；
- 骑行者可能撞上打开的车门；
- 机动车停放时可能给骑行者造成不便并可能产生冲突。

6.5.3 反向自行车道

反向自行车道允许骑行方向和单行线的法定通行方向相反。它们与传统自行车道具有相同的特征，允许骑行者在道路右边常规位置（右侧驾驶的国家则在道路左边）逆车流行驶。反向自行车道的路面应采用与主路路面不同的材料或与车道路面形成鲜明对比，且以清晰的标线标示骑行方向与车流相反。所有新设置的反向自行车道都应进行充分宣告。

反向自行车道提高了自行车道网络的直接性和连续性，允许骑行者选择最直接的路线，避免绕路。反向自行车道的缺点是其他道路使用者包括行人都认为骑行者不能逆车流行驶，并且设置反向车道一般意味着路旁街道上彻底不允许停放机动车辆。

6.5.4 公交车道

公交车道用作自行车道是指自行车有权使用的公交车专用车道。一般来说，只要公交车道没有明确标明自行车禁止使用，自行车可使用公交车道。

公交车道用作自行车道的优势是公交车多在高峰时段使用这些车道，而自行车可在一天中其余的大部分时段使用它们，因此这些车道可得到充分使用。公交车道的缺点是如果车道太窄，公交车将阻挡后面自行车的前行，迫使他们规律地在公交站点停下。同时，公交车可能因为在其前面骑行的自行车团队而减速。这种车道的宽度应足够允许公交车在车道内赶超自行车。（表 12）

表 12 公交车道的宽度

绝对最小值	最小值	建议值
3.25 米	3.5 米	4 米—4.5 米

基于《苏斯坦斯设计手册：自行车环境设计手册》修改

表 13 专用自行车道的宽度

	单向	双向
道路最小宽度	1.5 米	2.5 米
绝对最小宽度	1 米	2 米

6.6 自行车道的类型和宽度

自行车道可分为三种类型：专用自行车道、未隔离共用车道、隔离共用车道。每种都可以独立修建或沿着街道修建。

6.6.1 专用自行车道

专用自行车道仅限自行车使用，尤其是在骑行通勤者众多的路段。它可分为两种：单向自行车道和双向自行车道。专用自行车道的优势有：

- 在专用自行车道上，自行车可正常行驶，不会因与其他使用者发生冲突而耽搁时间；
- 这种方案为骑行者提供了更高安全性和更好的骑行体验。

专用自行车道的缺点是散步者有时候会占用专用自行车道。

6.6.2 未隔离的共用车道

共用车道同时为自行车和行人使用。未隔离的共用车道适用于自行车和行人都需要道路但两种类型使用人群数量都不多的情况（如图 13）。对于未隔离共用车道，应特别注意：

- 在自行车进入共用车道的位置，应确保自行车可安全进入，不与行人发生冲突；
- 共用车道结束时，自行车不能再继续使用行人专用道路；
- 共用车道与其他步道、自行车道和共用车道的交叉处；
- 为速度超过行人的自行车提供合理的能见距离；
- 设置适当的标识，提示行人和自行车共用道路的事实。

关于未隔离共用车道，还应注意以下几点：

- 道路设计能够满足需求和使用要求；
- 当地政府对使用者的行为进行合理监控；
- 步道、公路和私家车道的连接处应得到谨慎的设计。

未隔离共用车道的优势有：

- 自行车和步行者都能使用，因此为“慢行”群体提供了最大便利；
- 所需干预手段的成本较低，可通过对现有道路进行改造和延长来实现。

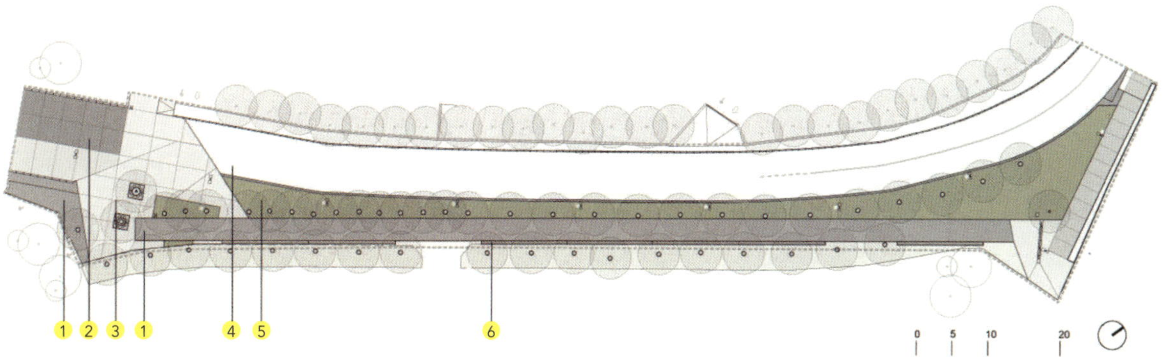

图 13 未隔离的共用道路

1 人行道
2 主路
3 人行横道
4 内街
5 缓冲区
6 线型座椅

表 14 未隔离共用道路的宽度

	仅限地方道路	休闲用或混用道路
最小道路宽度	2.5 米	4.0 米

表 15 隔离共用道路的宽度

	自行车区域	步行区域	合计
最低道路宽度（双向）	2.0 米	1.5 米	3.5 米
绝对最小宽度（单向）	1 米（单向）	1.5 米	2.5 米

未隔离共用车道的缺点有:

- 自行车和行人之间的冲突在某些情形下比较突出，比如当自行车和行人数量众多时，或行人与自行车的需求发生冲突时；
- 这种自行车道所提供的自行车行驶标准明显较低，因此允许的自行车行驶速度也较低。

6.6.3 隔离的共用车道

隔离的共用道路是指分别设置了自行车和行人使用区域的道路。这种方案适用于预计有大量使用者的路段。步行者和骑行者使用区域以不同材料和颜色加以区分（如图 14）。两条路之间的隔离还可通过以下手段实现:

- 难以越过的突出路缘；
- 水平热塑标识；
- 绿植隔离带；
- 步行区域比自行车行驶区域至少高出 75 毫米。

隔离的共用道路的优势有:

- 隔离的道路能避免自行车和行人之间的冲突；
- 自行车不会因为行人的出现而耽搁时间。

隔离的共用道路的缺点是:

- 技术上可实现较高速度，但行人可能越界进入自行车道，因此增加了事故危险；
- 隔离的道路比其他路线更宽，造价也更高。

6.7 信号和标识

合理的标识对自行车道而言非常重要，尤其可以提示骑行者车路上可能发生的冲突以及清楚标示十字路口使用规范。对未达到最低规格要求的设计元素（比如转弯半径、横向和竖向距离低于所规定的或建议的最小值）应上报。此外，上报程序根据规范标准或指南（比如方向、地点、距离、道路数量、街道交叉口名称）制定，与街道报告程序一致。在以下情况下采用信号和标识尤为有效:

- 车流量非常高的路线；
- 能见范围有限的弯道；
- 照明不足的道路和区域。

图 14 隔离的共用道路

表 16 设施设计快速指南: 自行车道

标题	需求和建议
自行车停放点	确保在所有目的地设置临时或长期自行车停放点；可以要求建立停放点；建议精心设计停车点布局
天桥和地上通道	应特别注意采取措施保护自行车和行人防止机动车伤害，确保合理的护栏高度并采用合适的材料，确保自行车和行人共用道路的宽度；应安装与车把等高的扶手以及与肩等高的两种扶手；应避免采用容易挂住车把、引发冲撞事故的立杆或铁丝网围栏
施工区域	进行工程施工时应重新规划自行车路线，应设置合理的标识和照明设施；在采用金属板作为临时路面时，金属板必须和道路以直角连接；沥青坡道应为自行车提供一条薄边边缘
突出路缘	不能采用突出路缘隔离自行车道与机动车道，因路缘可能影响自行车的安全操作，妨碍自行车左转，给清扫带来不便
排水 / 公共设施井盖	排水和公共设施格栅应与路面平齐，长条形开口应与车轮前进方向垂直；理想情况下，格栅和公共设施井盖应设置在自行车道外，可用路缘进水口取代

标题	需求和建议
交叉口	交叉口是最可能发生汽车和自行车相撞事故的地点；应对交叉口进行精心设计，减少冲突发生的可能；应具有合理的视准线，方便使用者观看道路交通情况；交叉口处的自行车道以及自行车道与街道的连接处都应进行仔细设计；自行车道与高速公路的交叉口应立体错开
照明设施	自行车道应设置合理的照明设施；一般来说，街道照明设施能够为宽阔的路缘道路以及自行车道提供足够的照明；预估夜间可能被使用的隔离道路以及自行车停放点，安装合理照明设施；自行车道和公路的交叉口应有充足的照明设施
维护	定期维护对确保设施的安全和便利使用非常重要；应定期清扫公路和路面，清除玻璃和其他杂物；因缺乏正常车辆通行产生的"清扫行动"，自行车道的维修标准应与机动车道维修标准相同或更高
道路设施：自行车道	所有道路都应被视为自行车道网络的一部分；在主要城市道路上，自行车道能提高安全性，减少与其他车辆的冲突；自行车道总是单向通车路线，与相邻机动车道的车流方向一致；单向自行车道的绝对最小宽度为1米，不包括路缘和排水沟，与停车道路相邻时宽1.5米；自行车道的末端应设置在与交叉口相距较远的地方，且以虚线与交叉口引道隔离，以引导车流在转弯前进入自行车道；自行车道应设置在道路的最右面或停车道路和通行道路的中间
自行车大道和地方街道	自行车大道是指通过交通减速设施鼓励自行车并限制机动车辆通行的街道；当地方街道成为自行车道网络的一部分时，可设置自行车道标识
街道停车	街道停车可能给路过的骑行者和下车的人群带来危险，因为车辆平行停放时，可在道路以及停放车辆之间设置一条自行车道，所以前提是自行车道足够宽且与停放的车辆保持了足够的距离，以避免车门打开时妨碍自行车道；自行车道永远不能设置在平行停车区的右侧；对角或垂直停放车辆非常危险，这些停车区应避免设置自行车车道
路面结构	自行车道的铺面材料可能为水泥、沥青或细砾石，但是，路面至少应该和机动车道路面一样平整，且应避免树根毁坏
铁路横道	铁路横道应与铁轨成直角，因为锐角会阻塞车轮，引起事故；如交角小于 45 度，应加宽道路，扩大交叉角度；横道前方应设置警告标志和路面标线；公路路面应与铁轨平齐；铁轨边缘加橡胶或拆除废弃轨道能减少骑行者的危险
联合运输连接	机场、铁路、公交车和渡轮允许骑行者抵达距离遥远的目的地，所有火车的设计应允许自行车托运或允许将自行车放在乘客车厢；联运路线终端应提供安全的自行车停放点，设置自行车装配点，提供自行车进站通道；公交车应配备可停放至少两辆自行车的车架
渡轮	渡轮有时候也是交通系统的重要环节，车辆和旅客渡轮应允许搭载自行车；渡轮码头和乘船区域应设置专用自行车道，码头和渡轮应提供安全的防护性停放点，防止自行车受损、被盗和受天气影响
独立车道	独立自行车道不能取代允许自行车通行的邻近道路；独立自行车道可被视为是街道系统的延伸，能满足一项重要的娱乐需求；需要特别注意双向自行车道与机动车道的交叉口；公路两边各设置双向自行车道能够提高道路安全，尤其是交叉口的安全；双向自行车道的最小宽度为 2.5 米，而中间有分界线的更为宽阔的道路可在交通量较大时能够最大程度地减少冲突；由铁路改建成的自行车道具有良好的视线和和缓的坡度；成功的独立自行车道能提供包括机动车停车位、水，卫生间、以及电话等便利设施
人行道和坡道	出于安全考虑，一般不建议在人行道上骑行，因为很有可能在交叉口处发生交通事故
交通控制设施	根据法律，自行车可在公路上通行，因此不需要安装专门交通控制设施；适用于街道标识和公路的标准也适用于自行车设施；路面应采用高阻防滑漆
交通控制护柱	应在车辆可能进入自行车道的位置设置钢护柱（或上漆钢柱和反光镜）；道路中间应设置一根护柱，同时两边也各设置护柱，护柱之间保持 1.5 米的空隙
交通标识	标准标识适用于大多数自行车设施；自行车专用标识应较普通街道标识小，且安装位置更低；标识的高度应在 1.2 米—3.0 米之间，并与自行车道边缘保持 1 米的距离，以为突然转向的骑行者提供适当空间；还应考虑设置合理的停车距离，以让骑行者注意标识上的警告或信息 自行车道沿线的交叉口处应设置"自行车道"标牌，上面还应标示目的地（包括距离）；"自行车道"标牌应成为综合道路系统的一部分；隔离车道和公路的交叉口应清晰标示道路名称，方便使用者识别
交通减速设施	交通减速措施通常通过禁止车辆通行或限速来为自行车提供便利，设计师需要精心设计一些措施来对骑行者人群进行调节，比如，在采用减速带或转向器的地方，应为骑行者设置旁路区；在有"窄点"标识的地方，使用弧形路缘可减少被挤压的危险；交通减速设施还能用作骑行者横穿双向繁忙路段的安全岛；安全岛应为 3 米宽，2 米长，并安装扶手和护柱
使用者冲突	通过不同的设计特点和使用者规范尽可能减少自行车和行人之间的冲突
绿化	对机动车道和步道附近的植物进行维护非常重要；道路两旁植物的高度超过 3 米时，应至少修剪到 1 米高；道路交叉口的植物也应进行合理修剪，为使用者提供良好的视线；树木和灌木的树根可能导致路面中断，所以应移除距离道路 1 米范围内的树木；采用阻止树根延伸的障碍物可以减少植物给路面带来的问题
工作地点设施	许多人说想尝试骑行通勤，但认为到达工作地点后需要冲澡和更衣，因此某些国家要求修建或改建楼房时应增设洗浴和更衣设施；在工作地可提供足够容纳一周换洗衣物的衣柜，还可改建卫生间，增加淋浴间

基于《步道和自行车道规划：最佳方案指南》中附件 2《设施设计快速指南》

7 与公路的交叉口

关于交叉口控制类型的选择以及合理空间的提供，应遵守以下主要规划原则：

- 在整个规划期间，交叉口应该能够在不同预期交通状况下有效运行，给行人和骑行者提供便利；
- 适用于具有基本能力的骑行者；
- 应允许进行各种正常驾驶操作，尤其是左转（包括钩转）；
- 应对直行自行车和右转车流（尤其是重型车辆）之间的冲突区域加以管理。

右转支路能使右转车流冲突点偏离交叉口并为钩转提供空间，以简化右转过程。右转支路还具有以下作用：

- 使冲突点容易识别；
- 让骑行者和驾驶人了解道路哪个区域可能出现骑行者和行人；
- 确保交叉口与出入引道的道口区间设施保持一致并达到相同标准。

7.1 边道上的优先顺序（与二级街道连接）

步道与自行车道和边道的连接处是至关重要的。与公路并行的步道和自行车道应尽可能保持连续。也就是说，在任何二级道路上，应优先保证步道和自行车道的连续性。

需要频繁停止会增加骑行难度。当道路是单向时（骑行方向和其他车流方向相同），自行车道优先原则能发挥最大作用。相邻边道应保证步道和自行车道的连续性，从而强调边道慢行系统使用者的优先性。为了强调这种优先顺序，横道可以通过红色路面进行突出显示。步道和自行车道横穿二级道路时需要改变高度。

交叉口最好设置小面积机动车等候区，避免即将占用横道的车辆阻碍骑行者。对混用自行车道而言，只需将车道延长通过交叉口即可，保留红色路面。

7.2 一级和二级街道的交叉口

道路交叉口更容易发生碰撞事故。通过尽可能减少冲突点，可以降低交叉口事故，提高交叉口安全感，增加步行者和骑行者的数量。

简单的交叉口适用于车流量较低的二级道路。创造安全、便利且简明的人行横道和自行车横道的基本要求包括：

- 在交叉口保持道路的隔离，减少与其他交通的冲突；
- 使用十字交叉点确保能见范围；
- 在繁忙街道上设置等候区；
- 避免较多停止点；
- 降低通过交叉口的车速。

7.2.1 交叉口保持车道隔离

步道和自行车专用车道应在交叉处保持连续性，避免和机动车产生冲突。相应的标线也应在交叉口保持连续，标示必要的行人和骑行者空间，减少和右转车辆相撞的危险。

7.2.2 能见范围

设计公共空间的重要原则是有效性和安全性，因为使用者无法同时关注几个方向。遵守这两大原则能为通过交叉口的行人提供最大安全保障。

交叉口的规划可综合采用以下措施提高能见性:

- 安全岛;
- 步道 / 自行车道的分界点;
- 十字路口。

图 15 自行车安全岛

Pottery Road bicycle and pedestrian crossing—PLANT Architects Inc, Photo by Peter Legris

7.2.3 在大型一级街道上设置安全岛

为保证最高安全性,除非交叉口设置了安全岛,自行车道应避免与一条以上的车道交叉。安全岛长度应至少达到 2.4 米。如果道路不能达到可接受的安全级别,则至少应设置标识标示自行车道与公路的隔离。(如图 15)

7.2.4 避免较多停止点

频繁的停止会增加骑行难度,减少其吸引力。即便在没法实施优先原则的地方,也可利用地下通道或过街天桥来维持道路的连续性。相比较而言,地下通道是更好的选择,但只有确保骑行者进入地下通道前就可看到隧洞终点才如此。天桥应尽可能笔直,桥体坡道也应平缓。在建设新工程时,建筑师应考虑抬高路面,降低地下通道的深度,或考虑降低路面,降低天桥的高度。

7.2.5 降低通过交叉口的车速

具有信号灯的交叉口应确保减少自行车等待时间,交通信号周期时间更短、信号转换更加频繁。等待时间超过 30 秒时会降低自行车通行效率,从而减少骑行的吸引力。自行车道上的骑行者穿过交叉口时应该可以有与机动车一样的行驶选择。

7.3 过街天桥和地下通道

为保证自行车道的连续性,可能需要修建天桥或地下通道。它们的最小净宽应与步道或自行车道的宽度一致,但建议宽度应在步道或自行车道两边各增加至少 60 厘米。按照道路结构增加通道净宽有两个优势:首先,可保持通道与栏杆或护柱的最小水平距离;其次,为避免行人和自行车的冲突提供必要的空间。例如,增加风景优美路段(河面或峡谷上方)的宽度,可以方便使用者停留欣赏风景。

行人专用天桥可设计成仅能够承担行人的重量。但一般而言,为了确保安全以及满足维护需要,天桥的设计结构应能承受更大的重量。天桥上的扶手和栏杆

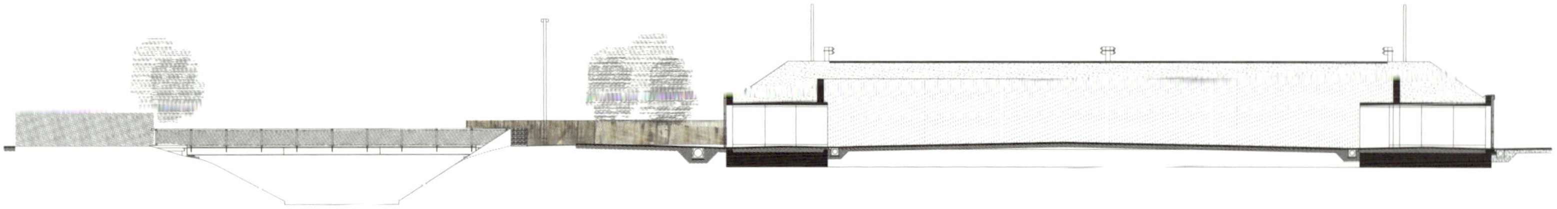

图 16 桥梁

的高度至少应达到 110 厘米。栏杆应不可翻越，且不能钻过，立柱直径应为 10 厘米。在偶尔受到水流的影响且受影响时间较短的地方，可考虑用漫水桥取代天桥。（如图 16）

地下通道的设计应满足先前决定的规格标准和空间需求，并对使用地下通道的其他车辆类型（比如应急车辆）进行初步了解。地下通道长度超过 30 米时，可通过扩大入口或确保较大的内部路段空间（至少 3 米高，4 米宽）来提高使用者的安全感。整个地下通道路段都应具备清晰的视野。在需要优先考虑安全的地方，可采用特殊照明设施（如可能，通过设置天窗保证通风）。立体道路的排水系统应合理布置，避免影响路面。

8 临时停车设施

自行车停放空间是多模式交通系统的重要组成部分。事实上，除了防止车辆被盗外，在合适的位置设置合理的停车点可使道路更加整洁和漂亮。在缺乏特别便利的自行车停放点或停车区域时，人们倾向于将自行车锁定在任何固定物体、标识、停车计时器、篱笆和树木上。自行车随意停放会妨碍行人或车辆通行，甚至残疾人群使用。综合停车点（轿车和摩托车同时停放）具有节省成本的优势，能增加整体车位供应量，产生停车利润。

出发地和目的地均应设置自行车停放点。停放点可分为临时停放点和永久停放点。两类停放点的设计标准以及所需达到的安全级别不同。在很多地方，可合理综合使用临时和永久性停车设施。（如图 17）

8.1 自行车停放点规划

自行车停放点的设计和安装方法有很多，但应主要设置在各种交通枢纽处的公共设施区域上。它应是地区发展和重建的重要方面。在规划自行车停放点时，征询当地自行车协会的意见是一个确定最佳停车空间的好办法。

城市新建和改建工程可以要求修建自行车停放点。在城市中设置自行车停放点是一项成本效益较高的举措。此外，规定总停车空间的比例也是个不错的举措，尽管该规定和减少机动车停放空间和增加步行与自行车共享空间的目标产生一定冲突。自行车停放空间的需求将随着时间的变化而增加，因此进行规划时需预估这种可能性。

骑行者总是选择在距离目的地尽可能近的地方停车。因此，停车点应很容易找到，且距离目的地的建筑入口尽可能近。

8.2 自行车停放点的指示标识

设置自行车停放点时应注意以下几点：

- 从街道可轻松进入停放点，但机动车辆不可进入停放点；
- 停放点非常醒目，容易为过路者识别，由此可推广自行车的使用，提高安全性；
- 停放点不能妨碍行人通行或维护活动；
- 停放点不会阻碍通向建筑、公交车和装卸区的通道；
- 停放点为打开停靠车辆的车门保留了合理空间；
- 如可能，停放点应具有顶棚。

8.3 自行车临时停放设施

自行车临时停放设施应设置在任何人们可能需要短时间停放自行车的地点。一般来说，凡是汽车停车场以及像城市中心这样的高密度空间均应考虑设置自行车停放点。

自行车停放点应易于发现和使用。它们应主要设置在商店、餐厅和酒吧、集体活动场所和公寓建筑、办公室，以及公交车站、学校、公园和图书馆等公共设施处。临时停车地点的两个主要构成部分是位置和通道。

图 17 停车设施

Park[e]ing—Stradivarie Architetti Associati, photo by Gina Omenetto

9 维护和管理

维护和管理对步道和自行车道基础设施的成功运行非常重要。受到良好维护的道路通常比那些缺乏维护的道路更受欢迎，因为这些道路能够提供更加安全和舒适的步行或骑行体验。定期维护有助于防止道路老化，减少未来高成本改建的必要。项目设计团队在开发初期就应考虑未来的维护计划，尤其是在维护资金需要被纳入现有预算的情况下，这一点很重要。优秀的设计意味着未来需要较少的持续维护工作和更好的空间质量。

图 18 标识和路灯

Adolf B.Horn Avenue-AGRAZ Arquitectos

合理的维护计划应至少包括以下方面：

- **路面维护** 行人和自行车对路面质量非常敏感。有必要定期检查道路以及路缘，关注路面的异常情况，如检修孔井盖、格栅、坑洼、路面接缝或路脊，发现问题，应尽快修缮。有些指南建议应着重维护道路中央 1.5 米到 2 米宽的部分，因为这部分自行车或行人使用频率最高。

- **清扫** 在制定街道清扫计划时，应首先关注步道和自行车道，因为沙土、砾石和秋天的落叶以及冬天的雪最容易在人行道或路缘处堆积。排水沟以及暗渠也应加以维护。暗渠如被堵塞可能导致严重的土壤水分饱和并引发滑坡。

- **标识和标线** 道路标识以及标线会随着时间变化而老化或损坏，因此也需定期检查。

- **绿植** 延伸到道路上的绿植一年中应至少修剪两次（春季和秋季各一次），避免枝叶妨碍视线，阻止树根破坏路面。

- **照明系统** 应定期检查路灯，及时维修损坏的路灯。

应培养本地使用者使用共用道路的文明行为，同时鼓励他们协助报告设施损坏以及受阻情况。

参考文献

ACI, *Guidelines for the Design of Pedestrian Crossings*, Automobile Club Italia, Rome, Italy (2011).

Austroads, *Austroads Guide to Road Design. Part 6A: Pedestrian and Cyclist Paths*, Austroads, Sydney, Australia (2009).

Austroads, *Cycling Aspects of Austroads Guides*, Austroads, Sydney, Australia (2011).

Benjamin, Walter, *Berlin Childhood around 1900*, translated by Howard Eiland, Harvard University Press, Cambridge, MA, United States (2006). The first book publication of Berliner Kindheit um Neunzehnhundert was arranged by Theodor W. Adorno in 1950.

Biton, Anna, David Daddio and James Andrew, *Statewide Pedestrian and Bicycle Planning Handbook*, U.S. Department of Transportation, Federal Highway Administration Office of Planning, Washington, DC, United States (2014).

Cambridge Cycling Campaign, *Making Space for Cycling: A Guide for New Developments and Street Renewals, 2nd edn*, Cyclenation, Cambridge, United Kingdom (2014).

Commission Expert Group on Transport and Environment, *Defining an Environmentally Sustainable Transport System*, Working Group I, Bruxelles, Belgium (2000), http://www.ocs.polito.it/biblioteca/mobilita/Defining.pdf.

Cozzi, Mauro, Silvia Ghiacci and Marco Passigato, *Cycle Paths: Manual and Guide for Traffic Calming*, Il Sole 24 Ore, Milano, Italy (1999).

DT, *Planning and Designing for Pedestrians: Guidelines*, Department of Transport, Perth, Australia (2010–14), http://www.transport.wa.gov.au/activetransport/24033.asp.

Dufour, Dirk, *PRESTO Cycling Policy Guide Infrastructure*, Ligtermoet & Partners (2010), http://www.presto-cycling.eu.

Federal Highway Administration, *Separated Bike Lane Planning and Design Guide*, United States (2015), http://www.fhwa.dot.gov/environment/bicycle_pedestrian/publications/separated_bikelane_pdf.

Federal Highway Administration, *Designing Sidewalks and Trails for Access*, United States (1999), http://www.fhwa.dot.gov/environment/bicycle_pedestrian/publications/sidewalks.

FIAB, *Cycling Networks in the Mediterranean Area: A Handbook of Cycling*, Federazione Italiana Amici Della Bicicletta, Italy (2008).

Gehl, Jan, *Life Between Buildings: Using Public Space*, translated by Jo Koch, Van Nostrand Reinhold, New York, NY, United States (1987).

IDT, *Bureau of Design and Environment Manual*, Illinois Department of Transportation, Division of Highway, Illinois, United States (October 2010).

Litman, Todd et al, *Pedestrian and Bicycle Planning. A Guide to Best Practices*, Victoria Transport Policy Institute, Victoria, Canada (2011).

LTSA, *Cycle Network and Route Planning Guide*, Land Transport Safety Authority, Wellington, New Zealand (2004), https://www.nzta.govt.nz/walking-cycling-and-public-transport/.

MoL, *London Cycling Design Standards*, Mayor of London, London, UK (2014), https://tfl.gov.uk/corporate/publications-and-reports/streets-toolkit.

MoT, *Cycling in the Netherlands*, Ministry of Transport, Public Works and Water Management, Directorate-General for Passenger Transport, Den Haag, The Netherlands (2009).

NATCO, *Urban Street Design Guide*, Island Press, Washington, DC, United States (2013), http://www.nacto.org/publication/urban-street-design-guide/.

NATCO, *Urban Bikeway Design Guide*, Island Press, Washington, DC, United States (2014), http://www.nacto.org/publication/urban-bikeway-design-guide/.

NTA, *National Cycle Manual*, National Transport Authority, Dublin, Ireland (2011), http://www.cyclemanual.ie.

NZTA, *Pedestrian Planning and Design Guide*, New Zealand Transport Agency, Wellington, New Zealand (2009), https://www.nzta.govt.nz/resources/pedestrian-planning-guide/.

NZTA, *Guidelines for Facilities for Blind and Vision Impaired Pedestrians*, Wellington, New Zealand (2015), http://www.nzta.govt.nz/assets/resources/road-traffic-standards/docs/rts-14.pdf

RTA, *NSW Bicycle Guidelines*, Roads and Traffic Authority, Sydney, Australia (2005), http://www.rms.nsw.gov.au/business-industry/partners-suppliers/documents/technical-manuals/nswbicyclev12aa_i.pdf, http://www.rms.nsw.gov.au/.

Sustrans, *Sustrans Design Manual: A Handbook for Cycle-Friendly Design*, Bristol, UK (April 2014), http://www.sustrans.org.uk/our-services/infrastructure/route-design-resources/documents-and-drawings/key-reference-documents.

Welch, Aaron, Kaid Benfield and Matt Raimi, *How to Tell if Development is Smart and Green*, U.S. Green Building Council, Washington, DC, United States (2011), http://www.usgbc.org.

斯彼克瑞广场和道加瓦河滨水路重建工程

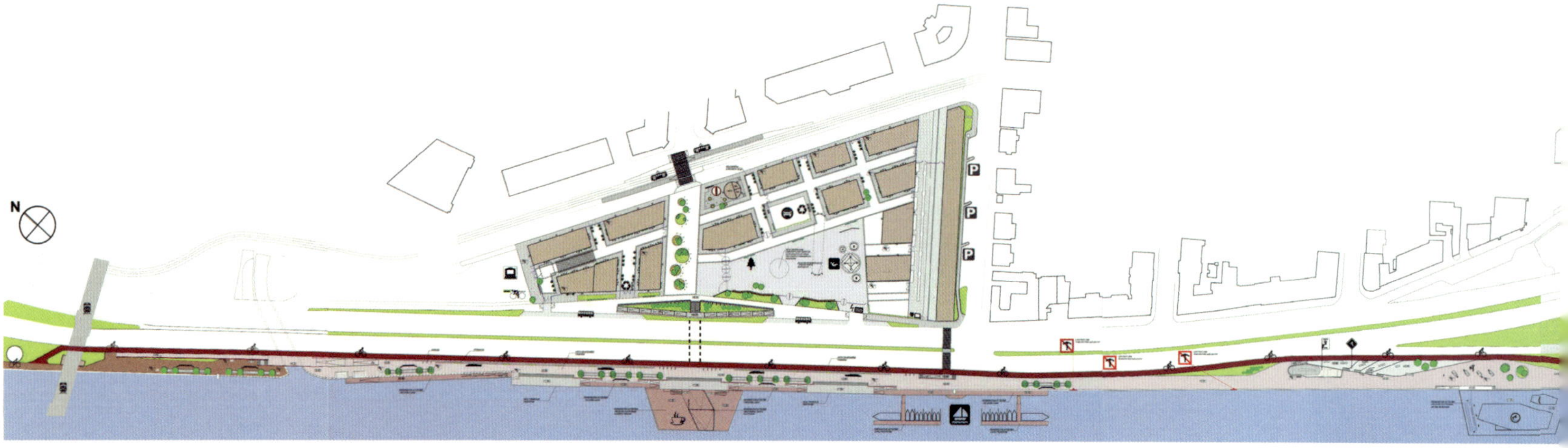

总平面图

● 地点 / 拉脱维亚，里加 ● 面积 / 5.7 公顷 ● 长度 / 1.6 公里 ● 竣工时间 / 2013 年 ● 景观设计 / Arplan 建筑设计公司，A+ 建筑事务所 ● 摄影师 / 爱瓦斯·席林斯，伊泽·丹尼索瓦 ● 客户 / 里加市政局城建部 ● 预算 / 7,831,152 欧元

由于地理位置靠近老城区，斯彼克瑞区的重建工程从根本上改善了城市基础设施和位于该区的创新工业、服务设施等。重建工程打造了一个新的现代公共空间，提供新的娱乐机会，改建了之前的地下步道，并通过步道、码头和一条新自行车道将新公共空间与城市连接起来。该区现在可以使用各种交通方式到达，吸引着各年龄段人群来此参加户外活动。

为隔离严重的交通噪音，项目沿着克拉斯塔街建立了多个绿化岛（取代之前的仓库）以及面向街道的绿化坡，还为前往斯彼克瑞广场的游客提供了座椅。斯彼克瑞区的主路将中央市场和道加瓦河岸连接了起来。人们沿着新坡道和台阶可从斯彼克瑞区前往重建后的地下步行通道。该通道将道加瓦河滨水路和城市连接起来，并为行动不便的人群提供了通道。重建后的道加瓦河岸区沿着克拉斯塔街和道加瓦河延伸了 1.6 公里，提供了一个新的娱乐活动区域，有水上游玩设施、码头、日光浴长凳、一条新的自行车道和一个滑板公园。

斯彼克瑞区的滨水路是老城区林荫大道的延伸，在室外城市空间中提供了众多公共活动设施。在这里还能欣赏里加大桥、老城区以及新拉脱维亚国家图书馆的独特风景。滨水区改建工程包括全面改建和加固后的全新河岸。该工程采用了当地材料和施工工艺，还采用了组装式长凳、绿墙和其他特别设计元素。新的滨水基础设施提供了雨水排泄系统和照明系统，且雨洪管理系统与城市污水管道系统相连接。此外，还建立了方便水上运输的新码头，新建了绿化带、装饰花圃并栽种了树木。

01 新滨水路用于骑自行车和散步等休闲运动
02 滨水路娱乐区和铁路桥

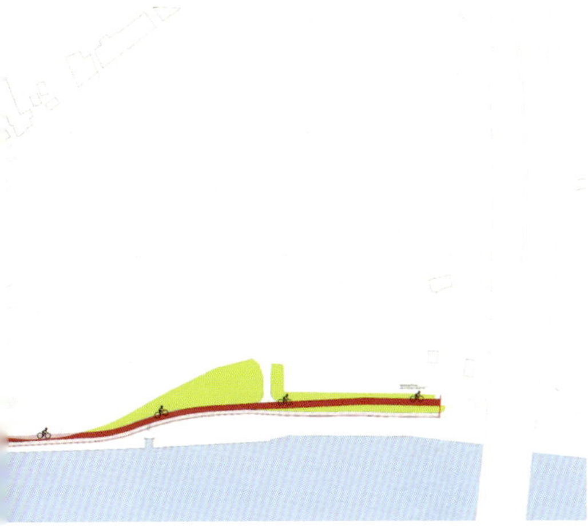

03 娱乐区的组装式长凳
04 滨水路和萨鲁大桥
05 娱乐区以及河对岸的风景
06 临近克拉斯塔街的滨水路

03

04

05

06

07

08

09

10

07 滑板公园、日光浴长凳以及东南向风景
08 阶梯式混凝土地面滑板公园
09 新种植的树都采用树木保护装置
10 悬空玻璃观景台
11 地下步道内观

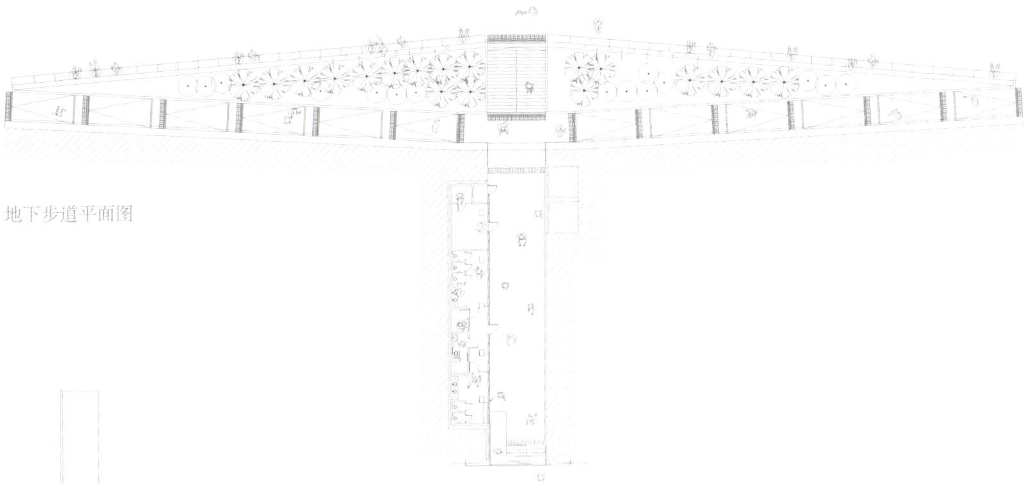
地下步道平面图

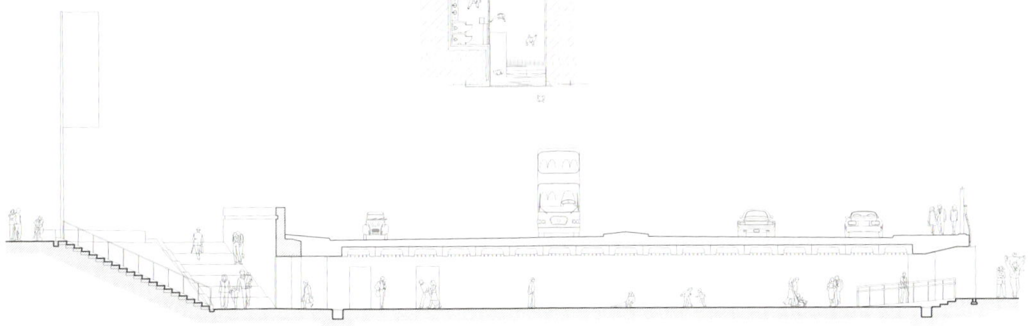
地下步道剖面图

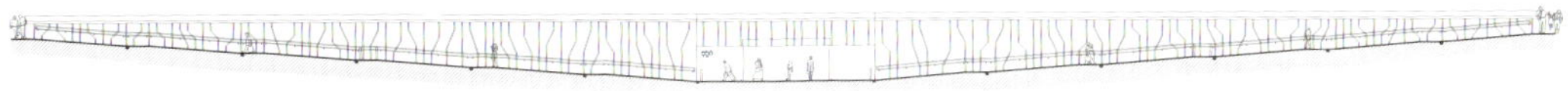

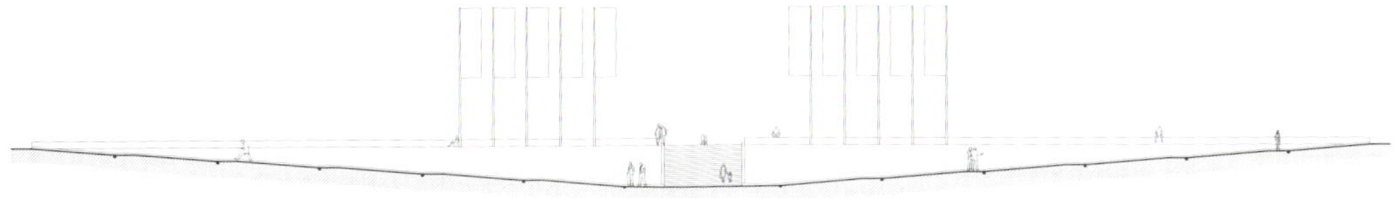
地下步道立面图

11

⑫ 斯彼克瑞广场方向的地下步道入口
⑬ 通向地下步道的绿化坡以及坡道
⑭ 斯彼克瑞广场的游乐场
⑮ 连接广场和中央市场的内街

12

13

14

广场铺面材料细节图

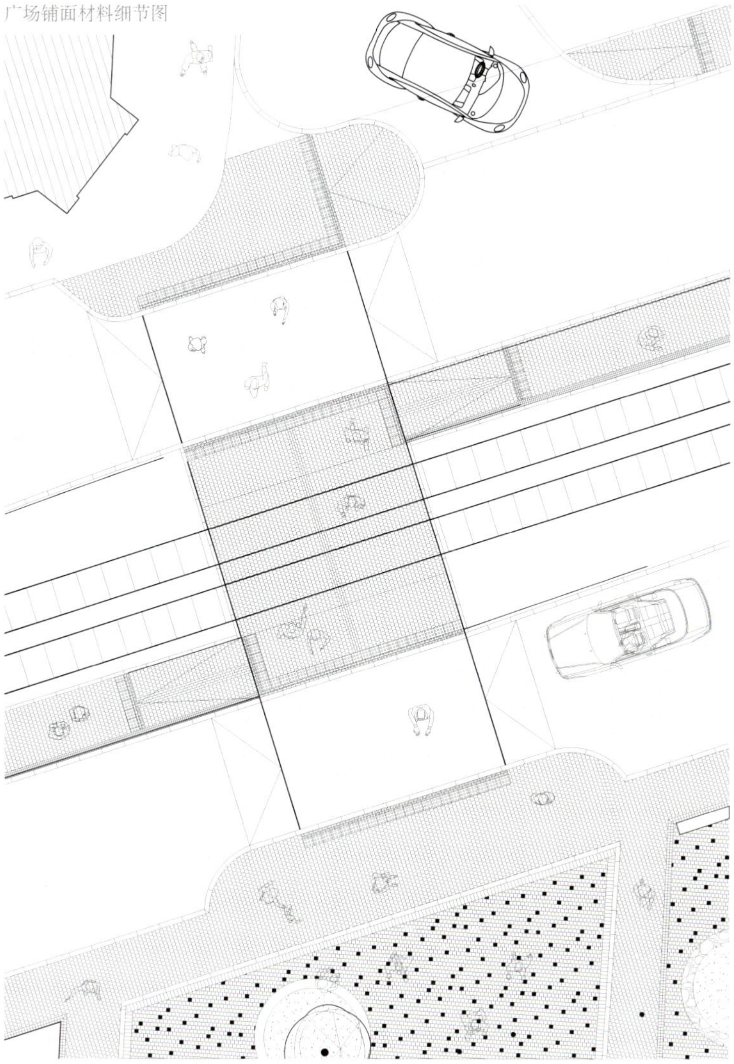

15

马波丘 42K 滨河路

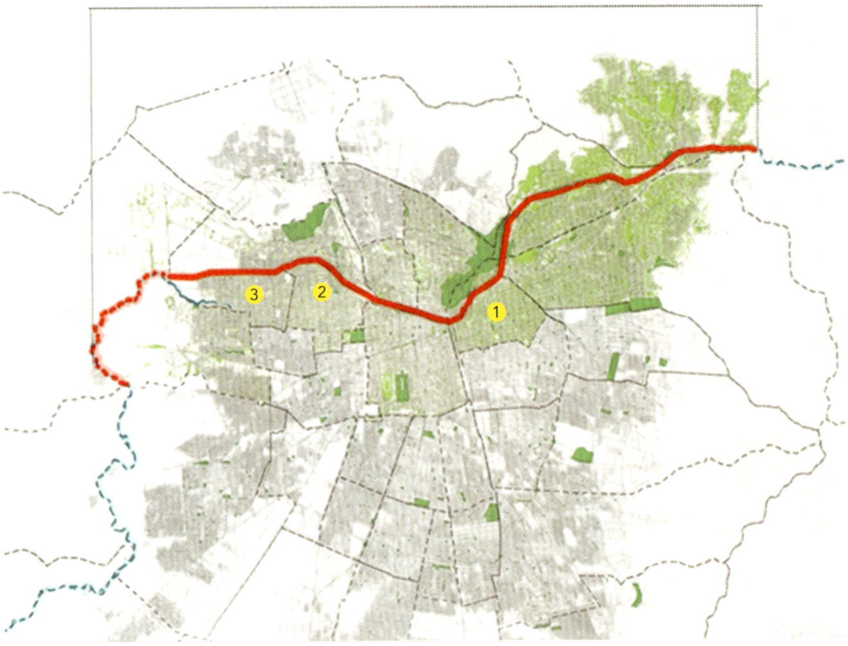

散步道贯穿 11 个不同社会及经济状况的区域
（这里只标注了三个区域）

● 地点 / 智利，圣地亚哥 ● 面积 / 71 公顷 ● 长度 / 42 公里 ● 竣工时间 / 2015 年（第一阶段）● 景观设计 / M42K 设计工作室 ● 摄影 / 弗朗西斯科·克罗克萨特 ● 客户 / 智利政府住房和城市建设部 ● 预算 / 6,500,000 美元

该工程旨在恢复和加固马波丘河河岸，打造一条长 42 公里的独特公共城市空间。这条贯通圣地亚哥东西部的“脊骨”连接了 11 个经济和地形各异的区域。长期以来，人们鲜少把该河视作一条有生命的城市景观，其中部分原因就是整条河流地处不同的行政区域，资源难以整合。因此，项目组提议马波丘 42K 工程，实现地理和社会的连贯性。通过修建一条兼具步道与自行车道功能的散步道，将所有现有公园和临近地区的绿化区连接起来，提高城市生活质量。

该项目的空间定义包括两个重要概念：将散步道整合成城市观景平台，同时形成一条绿色走廊——一条树木覆盖的“城市脊柱”。步道和自行车道就在这些树木的掩映下延伸开来。绿色走廊的植物和树木主要为能够适应当地半干旱气候条件的种类，比如皂荚树、漆椒树等，因为这些树木的需水量较低。道路边缘使用突出的材料纹理和颜色，增加绿色走廊的视觉吸引力。

01 滨河路主入口

1 乡村区（10 公里）
2 西区（11 公里）
3 中心区（8 公里）
4 东区（13 公里）

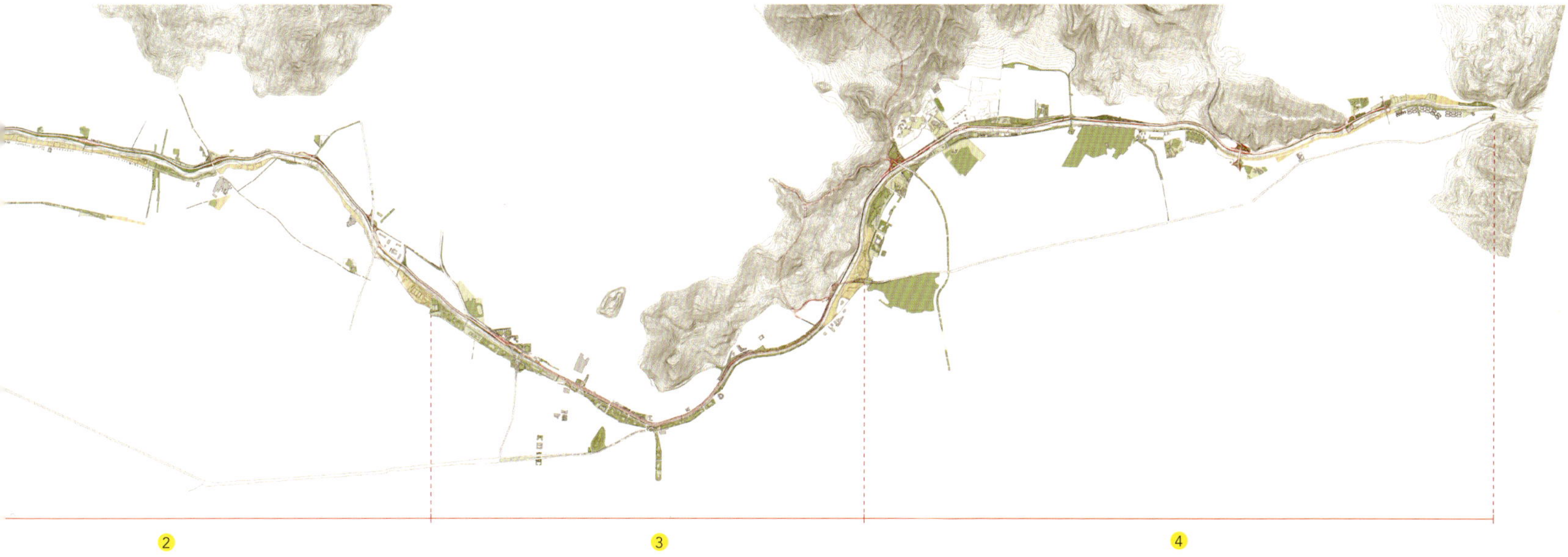

滨河走廊地图

项目西段作为沿岸城市观景

项目东段和河床

项目采用开放式设计：宽 15 米至 25 米的结构性走廊沿河岸延伸，具有各种休息区、游玩区以及广场，且随着时间的变迁可以延展到其他毗邻区域。该设计方案着眼于打造贯通整条走廊的共同特征，因此所采用的元素考虑到了 11 个区域的不同社会经济现状。设计策略包括诸多标准的统一，例如如何处理环境问题与破坏公物行为、怎样进行长期维护等。此外，该工程采用了彩色沥青、砾石、预制混凝土砖块等材料。标识系统突出公园环境下的自行车道为重点。

(02) 具有社会和地理连续性的散步道

塞罗纳维亚河岸平面图

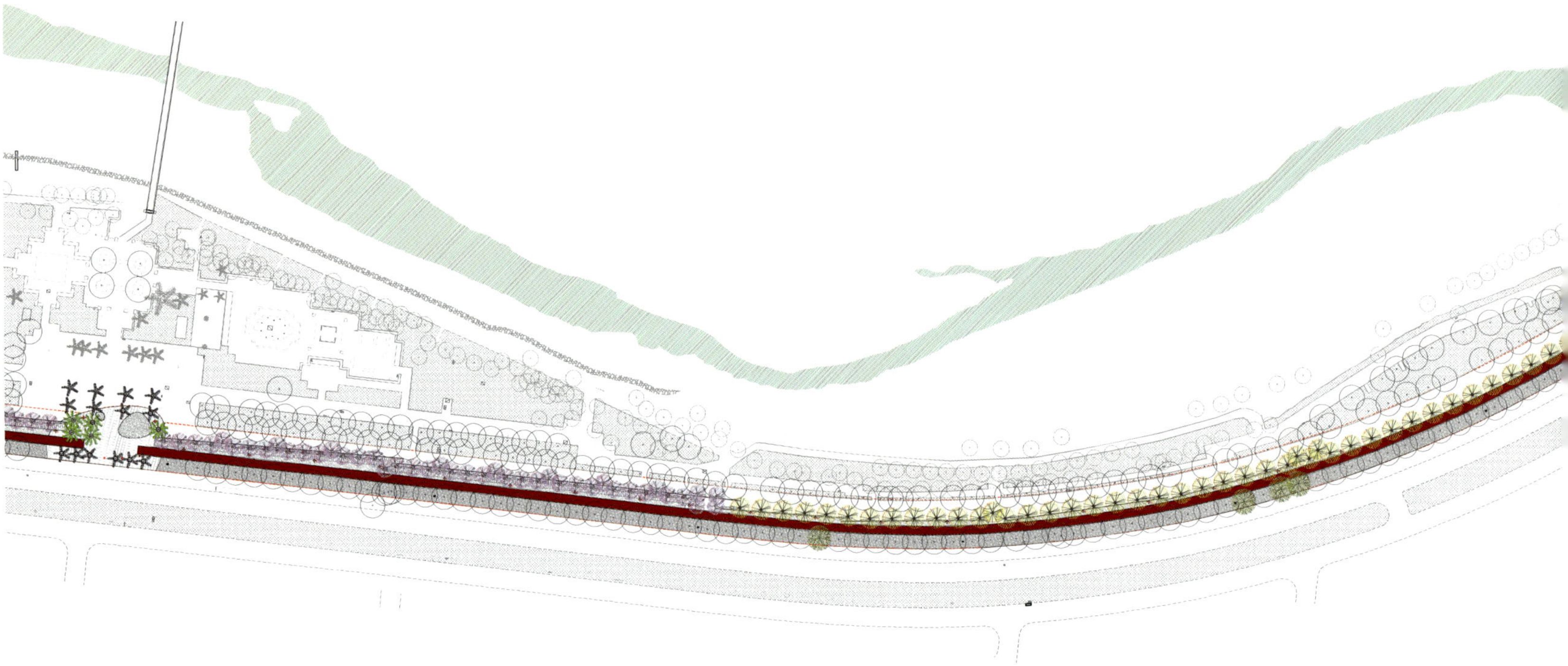

奎宁诺马尔河岸平面图

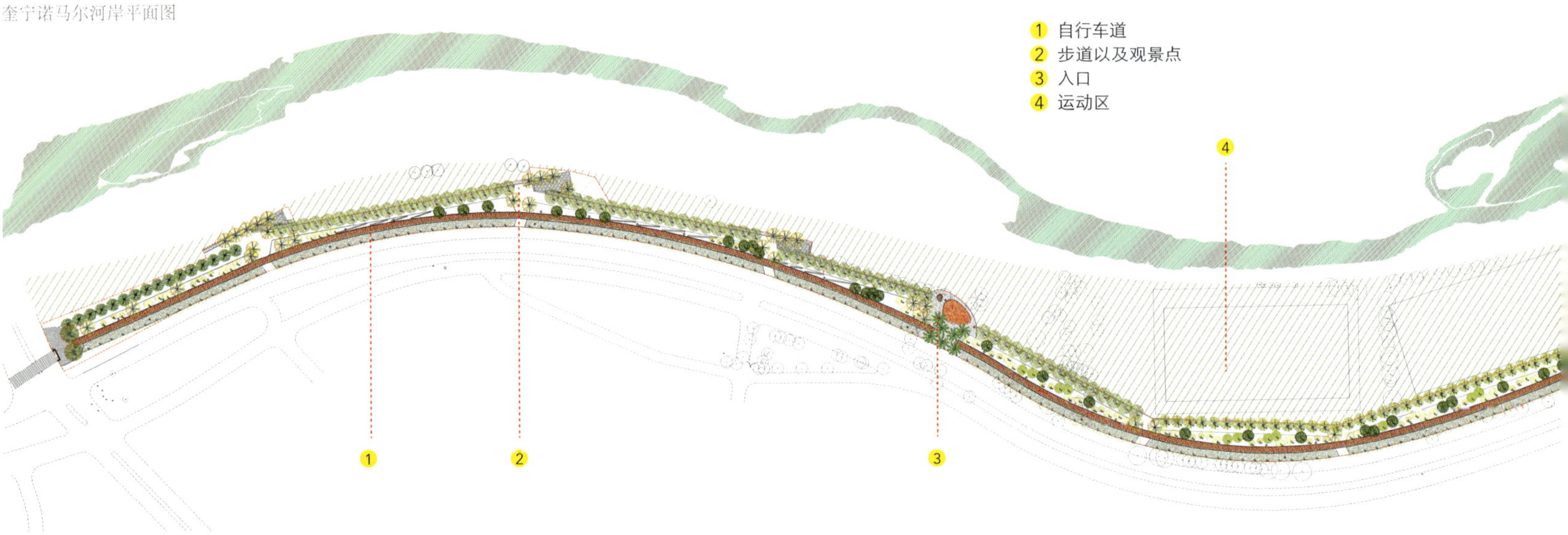

剖面图

03 自行车道和步道之间由河石以及灌木构成绿化带隔离
04 由自行车道连接的运动区
05 从安第斯山脉到西区的连续景观

普罗维登斯平面图

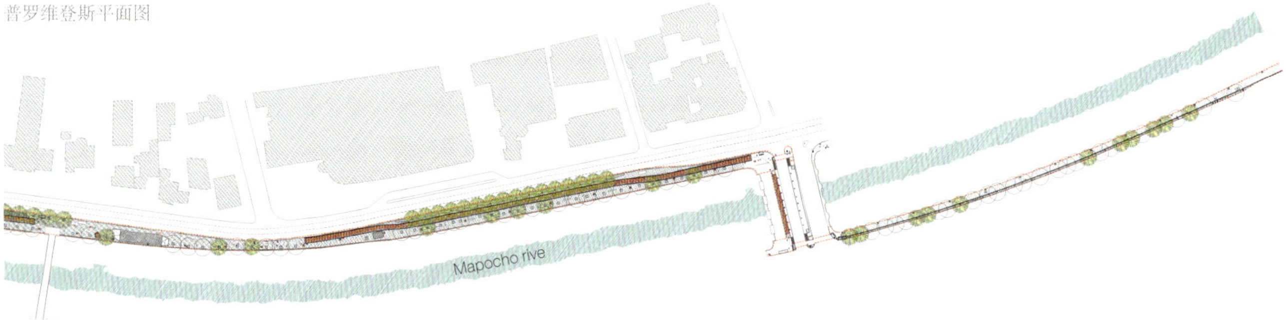

06 中心区散步道
07 沿岸步道、自行车道以及机动车道与河流的相邻顺序
08 绿色走廊是一条树木覆盖的城市脊柱，随季节变化而变化

1 公园
2 高速公路
3 马波丘 42K 滨河路

普罗维登斯剖面图

奥斯特利茨港码头滨河步道改建工程

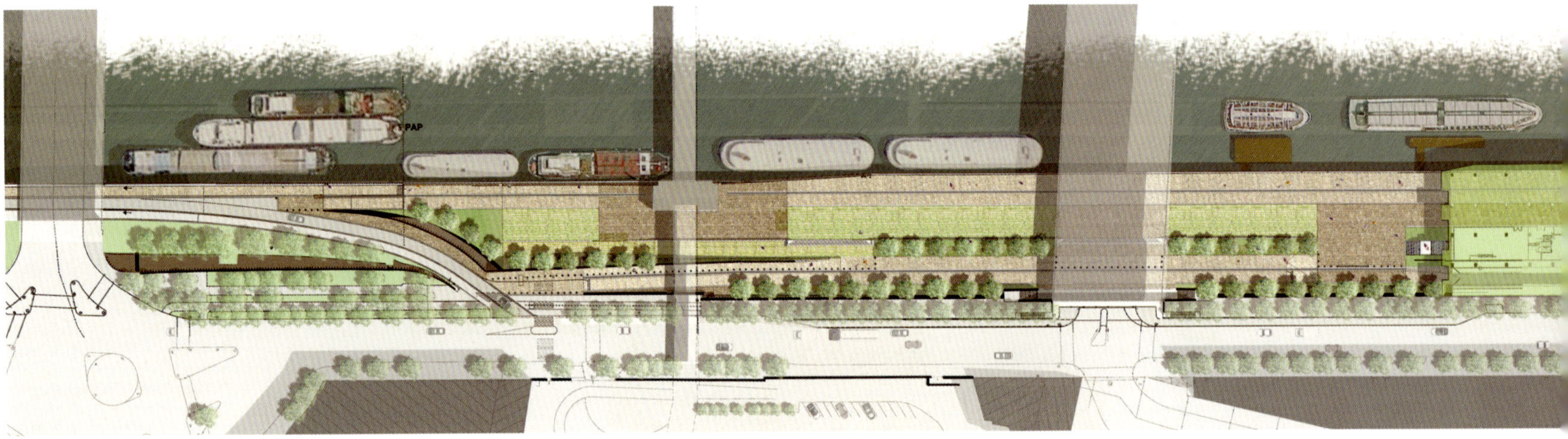

总平面图

● 地点 / 法国，巴黎 ● 面积 / 2 公顷 ● 竣工时间 / 2012 年 ● 景观设计 / 优比库斯事务所，让·马克·戈利耶 ● 摄影 / 查尔斯·戴乐谷 ● 客户 / 巴黎港口 ● 预算 / 4,700,000 欧元

法国塞纳河的码头区被联合国教科文组织列为世界遗产。客户决定回收码头区，改造其原来主要服务于交通的功能，使之成为具有休闲功能的活动区域。奥斯特利茨码头位于塞纳河左岸的奥斯特利茨港和贝尔西港之间。它是一处不负巴黎盛名的公共区域，属于塞纳河岸城市步道的一部分，连接植物园和贝尔西公园。该工程旨在修建一条联系河岸各区域的新通道，打造一条滨河步道。此外，此工程还将位于巴黎新时尚区域的一处广场囊括进来。

将码头区改建为步行区需要协调各种港口活动形成的制约条件，尤其是由于码头原本用于乘客和重型货物运输并且有很多船屋，这意味着该区大多数地方地面都是已铺设好的。奥斯特利茨码头非常宽阔，区域内附建了很多建筑物，且布局并不规范。布局规划以及地面材料的选用决定了各个区域的用途。砂岩是在巴黎公共空间广泛使用的地面材料，可以作为平台的地基。不同的路面铺装材料可以按照用途标记并划分不同的空间。这些空间由一条人流量和车流量都较少的宽阔植草地带连接了起来。夏天时，这里允许沿着码头安装流动餐厅，营造一种动感活跃的氛围。步道以石灰石铺成，勾画出了为建设奥斯特利茨车站以及里昂车站之间的戴高乐港口而拆除的老楼的轮廓。设计师在河边设计了一些台阶，使人们可以进一步接近塞纳河，同时又不妨碍塞纳河涨水时的水流。大型石灰石基脚能够标记河流水位变化。

该项目利用城市与河流的关系以及连接区的绿化，将自然因素融入城市。植草连接区有利于雨水的渗透，促进了生物多样性。车道两旁种植了双排法国梧桐树，融入标准的塞纳河畔风景。向码头区倾斜的墙体底部栽种了弗吉尼亚爬山虎。因为人类活动的影响，塞纳河岸城市环境中生物种类极为有限。而这些新举措都增加了塞纳河岸城市环境的生物多样性。通过这次投资、重建和开发，奥斯特利茨码头成为了颇受巴黎年轻人欢迎的休闲区域。

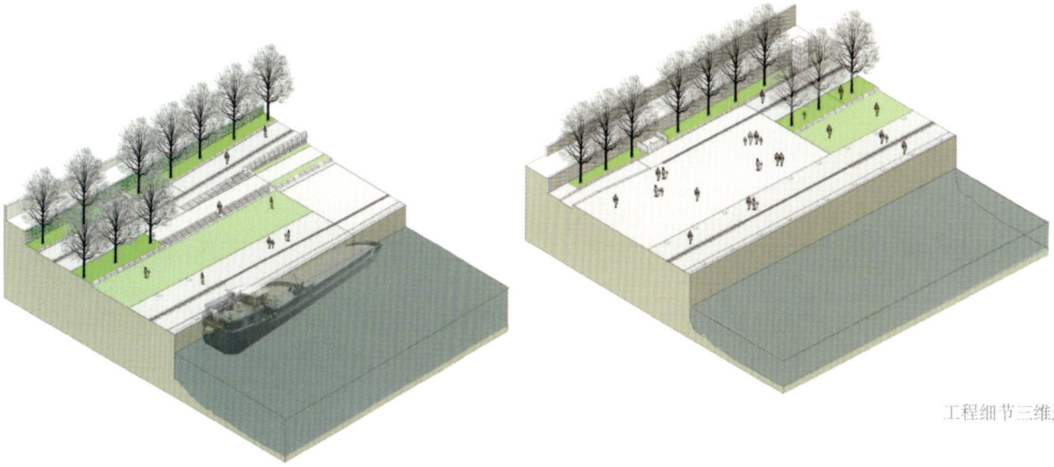

工程细节三维透视图

01 改建后的奥斯特利茨港码头成为连接河岸周围区域的新通道

02 塞纳河岸的步行与骑行共用空间
03 铺路石的铺设方式使该区变成一片特别的草地
04 砂岩石材路面的铺设布局界定了各种不同的空间

02

03

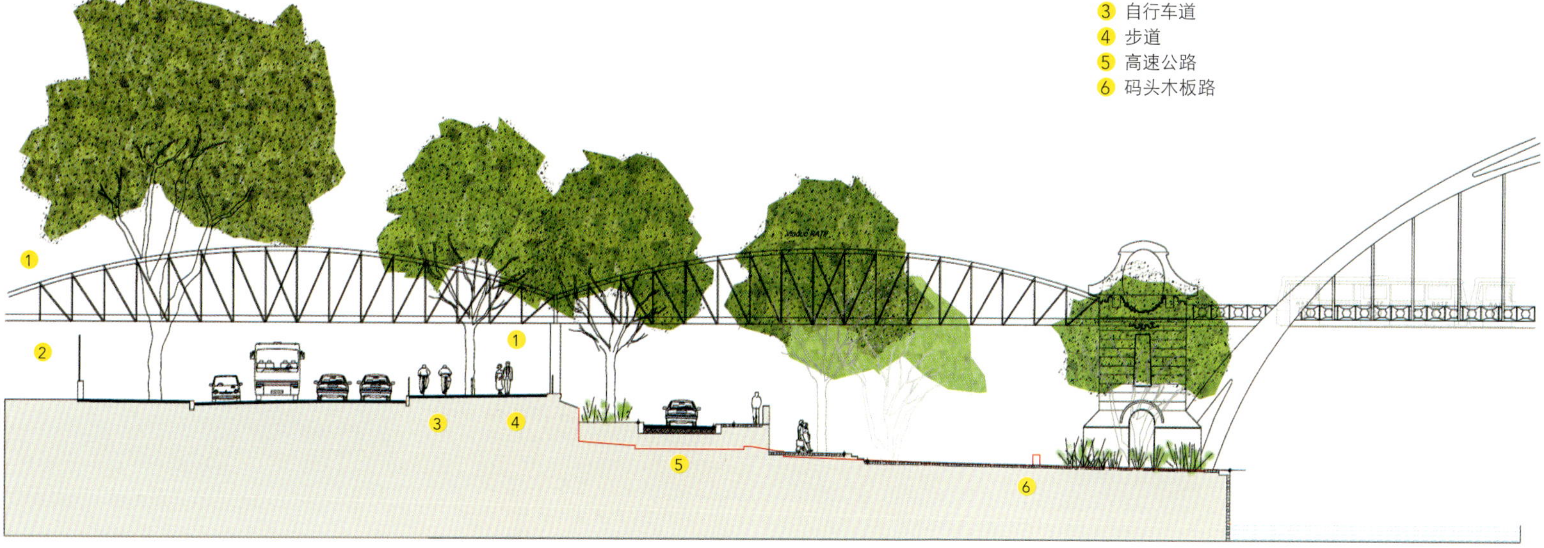

高低码头的连接工程

⑤ 码头成为了受人欢迎的步行区域
⑥ 扶手是专门为该工程设计的
⑦-⑨ 防护设施也可成为供行人休憩的长凳

05

06

07

08

09

⑩-⑪ 码头位于国防部对面
⑫-⑭ 滨水台阶通过阶梯、饰面和长凳作为标识

10

11

12

13

14

面向塞纳河的阶梯平台

1 花岗岩边缘
2 砂岩路面
3 混凝土结构和石材饰面
4 两条砂岩步道的连接处
5 旧砂岩路面

a 绿化带
b 过渡带
c 路面
d 平台和步道
e 栽种簇草和树木的地面
f 栽种簇草的地面
g 维护通道
h 步道

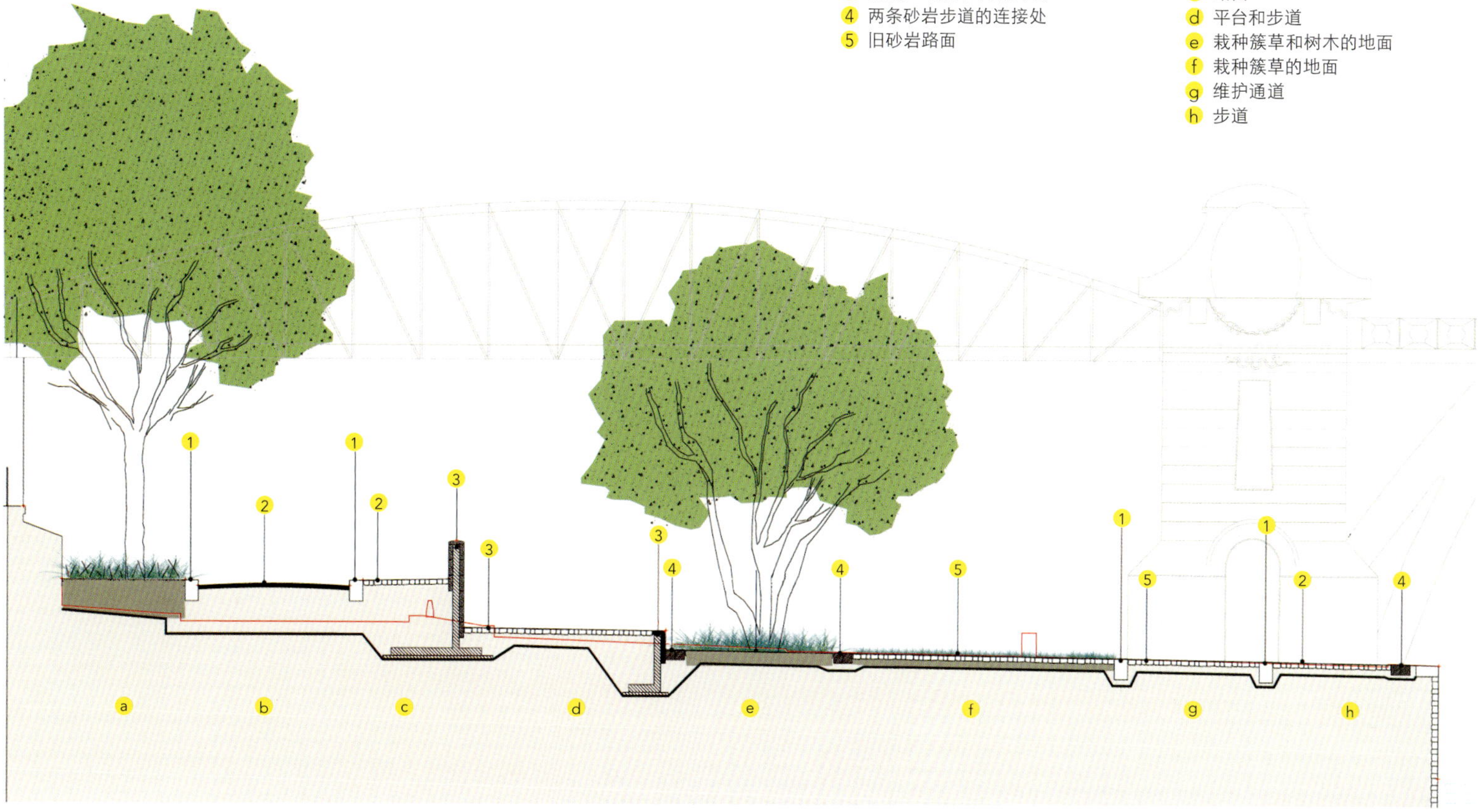

科瑞姆斯卡亚堤岸自行车道

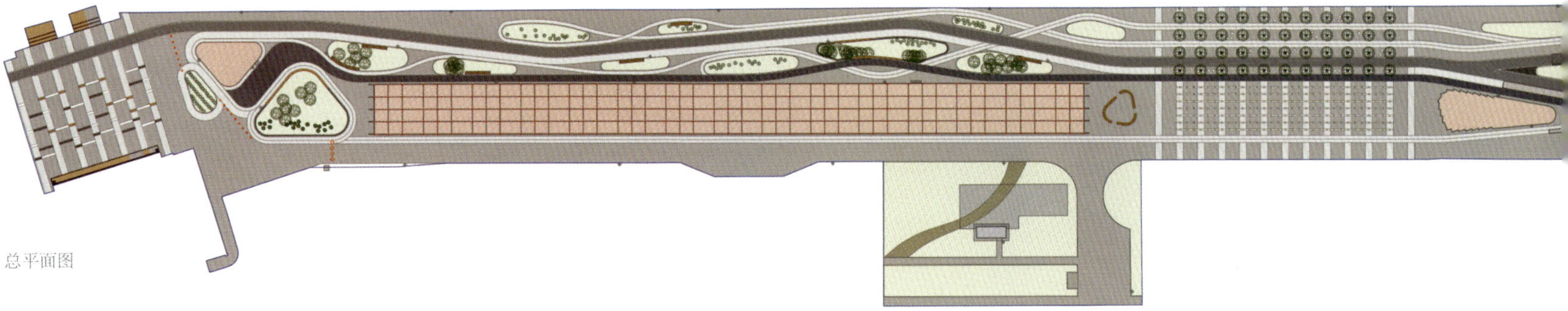

总平面图

● 地点 / 俄罗斯，莫斯科 ● 面积 / 4.5 公顷 ● 竣工时间 / 2014 年 ● 景观设计 / Wowhaus 建筑事务所 ● 摄影 / 奥尔加·阿列克谢延科，尤里·布拉日尼科夫，尼古拉·瓦西里耶夫，奥尔加·沃兹涅先斯卡娅，伊丽莎白·格拉乔娃，达里娅·奥斯玛诺娃，亚历山大·明琴科，达琳·德理维耶 ● 客户 / 慕泽昂公园，慕斯格尔公园，莫斯科文化部 ● 预算 / 2,700,000,000 卢布

科瑞姆斯卡亚路堤工程旨在将莫斯科的中心路堤改建成公共空间，将一条废弃的公路改造成步行与自行车公共娱乐过渡区。尽管该路堤位于中心地带，当地居民却避而不用，因为该道路几乎无人使用且还建有一个加油站。该路段已成为倾倒积雪的倾卸场。而改建后，科瑞姆斯卡亚路堤成为了莫斯科城市中心的第一处四季景观公园。多层波浪状布局的公园在夏天时可用于步行、骑行或溜旱冰，冬天时则成为乘雪橇、滑雪或滑冰的完美地点。

华豪斯事务所发现在环绕城市中心的漫长步道上，科瑞姆斯卡亚路堤正是其中缺失的一段。研究发现，将车道改换成步道只会小幅增加附近街道的车流量。华豪斯建议将路堤改建成步行区，串联起该城市的历史中心及一系列公园。因此，需要修建一条 10 公里长的步道和自行车道，连接多个公园，形成所谓的“绿环”。

路堤的东南部邻近慕泽昂公园。该公园位于一座现代建筑附近，是一个安静的散步地点。该项目面临的挑战就是创建一个能够容纳附近公园的游客（行人、溜冰者和骑行者）并且具有过渡能力的公园，同时还要考虑不打扰到慕泽昂公园一贯的安静氛围。设计师通过设计一个绿色休闲过渡区解决了该问题。

滨水公园道路的线性结构和靠近慕泽昂公园的一系列小山坡和波浪相辅相成，布局合理，既能容纳来自慕泽昂公园的游客也为普通过路者提供便利。路堤的中心设计元素是波浪：波浪状的长凳、步道和自行车道以及设施构建了一道人工景观。公园分为四个部分：大桥、“画展”亭周围的艺术区、喷泉广场以及“绿山”。在对每个区进行规划时，还考虑了从对岸看过来的风景。作为将格洛基公园和科瑞姆斯卡亚路堤连接起来的过渡区，大桥成为了一个受欢迎的地点，同时也提供了一个避雨处。这里如今已建立一个舞台以及两个木结构露天剧场。连接慕泽昂公园和格洛基公园的道路沿线设置二十八处内部照明人工石景以及很多金属长凳，为行人和骑行者提供便利。

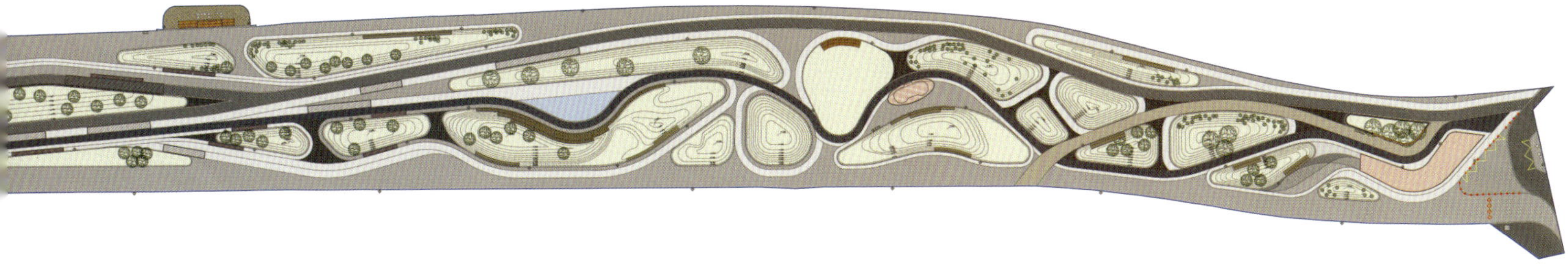

(01) 波浪形艺术展厅

01

自行车道以及步道的波浪细节

02

03

此外，之前的混乱展览区被一个特别的艺术展厅所取代。喷泉区是新公园的重要元素，与河流之间隔着一条菩提树林荫路。喷泉池长 60 米，宽 14 米，是一种所谓的“旱”喷泉，喷泉的边缘与地面平齐。这里可用作举行城市活动的广场。在对这段步道进行设计时，设计师特别关注了人工景观和绿植。用于步行和休息的小山坡主要栽种草原植物。山坡上栽植了带有装饰性树冠的树木和灌木，如菩提树、山楂树、山梨树，以及装饰苹果树。从山坡上可欣赏美丽的风景。人工浮雕被波状木制长凳以及从步道之间延伸到山坡的沙滩凸显了出来。为了使公园 24 小时可通行且对游客产生吸引力，设计师考虑了夜间照明，尤其是某些景观元素的点照明。成组安装在山坡上的装饰路灯既提供了照明，还营造了一种令人惊讶的视觉效果。所有道路都设置了照明设施，防止行人和骑行者迷路。

02 路堤上的展厅也是步道和自行车道的一部分
03 自行车道和步道的波浪状元素
04 日间的科瑞姆斯卡亚路堤

05 长凳
06 步道和自行车道
07 喷泉区
08 步道和“绿山”
09 科瑞姆斯卡亚路堤和格洛基公园之间的过渡带

07

08

09

西港散步道

总平面图

● 地点 / 新西兰，奥克兰 ● 长度 / 1.5 公里 ● 竣工时间 / 2015 年 ● 景观设计 / 澳派景观设计工作室、阿克泰克斯建筑设计工作室、大地实验建筑设计工作室 ● 摄影 / 乔尼·戴维斯 ● 客户 / 奥克兰海滨开发区 ● 预算 / 7,000,000 新西兰币（一期）

西港散步道是一条公共步行和自行车滨水散步道。这条 1.5 公里长的散步道位于奥克兰西港，穿越多个土地所有权不同的复杂区域，将西港码头和城市中心连接了起来。这条新散步道是奥克兰的一个重要公共区域。在奥克兰城和原来偏远的西港码头之间创造了一条连贯且安全的步道和自行车道，改善了城市中心的便利设施，增加了休闲机会。由抬高的露天平台、新公园以及滨水路构成的网络，很好地解读和叙述了西港码头的景观和故事。

西港散步道展现了海角和海湾的港口风景，贯穿了各有特色的区域，并提供了各种独特的体验。观景台以及聚会区设置在可以欣赏美丽风景且视野开阔的地点，尽可能增长行人在散步道上的行走距离。该项目隶属于一项影响范围更广的战略计划，是长达 40 公里的“威特玛塔港环港线”的一部分。环港线一旦竣工，将在当地发挥重要作用，并能吸引国外游客的目光。

新散步道改善了滨水区的安全性，设计师在特定目的地、公园和海滩之间建立了连续可达的公共通道，从而恢复了公共港口的可达性。该项目还开发了港口的休闲功能。改建后的海滩是前往城市滨水区的人们的重要目的地以及聚会地点。此外，项目还连接了改建后的“码头镇”，那里的新商业和零售区将提供一个邻近港口基础设施的公共活动地点。

01 码头散步道南面景观
02 行人在码头散步道南侧散步

03

04

03 码头散步道北面景观
04 码头散步道细节景观
05 跨越港口的散步道
06 散步道以及港口上的座椅

07 码头散步道北面
08 观景平台
09 圣玛丽港口散步道和景观工程
10 圣玛丽港口新建的刻字混凝土踏步座椅
11 踏步座椅

07

08

TĀMAKI HERENGA WAKA
THE RESTING PLACE OF MANY WAKA
09

TĀMAKI HERENGA WAKA
KOTAKEREHEA
THE SPLIT CANOE HULL
NZ marine
10

11

拉贝鲁兹海角滨海步道和环路

总平面图

● 地点 / 澳大利亚，悉尼 ● 长度 / 10.4 公顷 ● 竣工时间 / 2012 年 ●景观设计 / 科克里咨询顾问公司 ● 摄影 / 科克里咨询顾问公司，德恩利兹 ● 客户 / 兰德威克市政府 ● 预算 / 2,500,000 澳元

拉贝鲁兹海角位于博特尼湾的北海岸，具有面向太平洋的壮观崖顶景观。占地 10.4 公顷的海角保留着众多文化遗产，并通过一个国家公园对其进行保护。拉贝鲁兹海角交通繁忙，环路上混乱停车现象严重，环境质量受到极大影响。因此，兰德威克市政府决定开展一项重要的改建工程，包括新建一段滨海步道，为海角周围的行人提供安全舒适的通道，并连接地区滨海道路系统。该地区的滨海路将最终从邦迪海滩一直延伸到拉贝鲁兹海角，并将所提议的博特尼湾路连接起来，成为悉尼城市区域娱乐道路框架的一部分。

该工程所采用的设计改善了文化遗产和遗址在拉贝鲁兹海角的布局，同时避免视觉冲突。通过尽可能少的运用竖向元素确保了海角上的风景视线。同时，还用更加漂亮的防撞设施取代铁防撞护栏。新防撞设施足够牢固，能够阻挡失控车辆冲下悬崖，还为行人从停放的车辆前往滨海新路段提供了通道。设计师特别关注了国家公园毗邻区域内以及滨海步道上的通行状况。

视角分析

1 海角和外海之间的风景
2 受停放车辆部分
阻挡的海景
3 以贝尔岛为主体的风景
4 跨越港口到库梅尔的开阔风景
5 受停放车辆部分
阻挡的海景
6 海湾风光以及
开阔的草地
7 耶那湾风景以及远处的
博特尼湾
8 跨越耶那湾内风景
9 视线被东部建筑以及
西面山坡阻碍
10 视线受东面路堤
的限制
11 交叉口，可观看到
北面、西面和南面风景
12 视线受南面绿植的限制，北面受
停放公交车以及轿车的影响

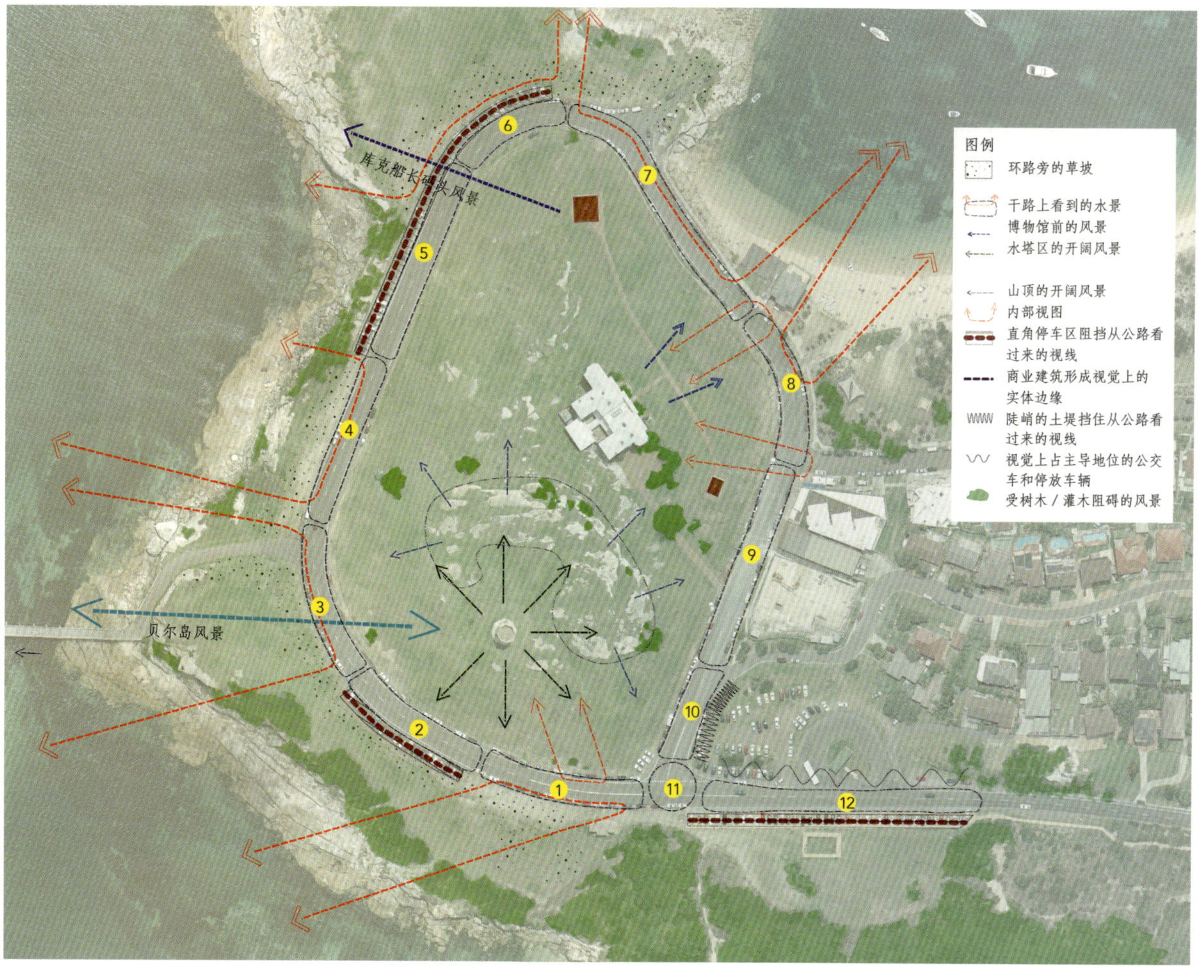

01 环路以及停车区临近的预制混凝土路桩和座椅

沿干路修建滨海路段时尽可能减少了通行妨碍物。原来的土路、锈蚀的铁制防撞护栏以及散乱的道边停车区域分别以彩色混凝土道路、预制路桩、座椅、附带有序停车位的单向路段、预制阻轮器以及路缘和植物取代。新停车平面布局既保证了停车位总量，又为行人和骑行者创造了一个更加高效和安全的环境。

在单向路段的两端修建环岛，为行人提供了更安全的交通条件，并为行人保留单独的滨海步道空间。245 根混凝土路桩不仅在环路车辆和滨海步道上的行人之间设置了一道实际分隔线，还提供了大量座椅，并免除了修建标准路缘和排水沟的必要。环岛和护柱还成为了独特的城市元素，保证了视野开阔的海景。

标准剖面图

02 滨海步道沿线的雨水花园中种植了当地植物

03 滨海步道沿线的预制混凝土阻轮设施以及路桩

04 预制混凝土路桩将停车区和滨海步道隔开

02

03

04

鉴于拉贝鲁兹海角的重要文化遗产价值，设计师对该地的历史和重要性进行了仔细研究，确保设计尊重并反映这些价值。该工程在环境和社会可持续发展方面都取得了优秀成果。在国家公园毗邻区域种植本土物种，导引相邻道路表面的雨水径流实现被动灌溉，采用这些措施不仅实现了对雨水的再次利用，而且改善了水质，丰富了海角以及与博特尼湾相邻区域的生物多样性。

拉贝鲁兹海角改建工程的重要性得到了当前研究的验证。越来越多的证据表明高质量城市区域对改善群体健康和增加幸福感具有重要作用。滨海步道是一项主要新步行设施，鼓励更多人选择改善健康和带来快乐的步行方式。改建环路路面能够允许更多骑行者安全地穿越该区域。如今，人们可在该区享受野餐，参加钓鱼和潜水活动，还能参观博物馆。此外，也可选择在环路北部的勤奋街上的两个新咖啡馆享用室外午餐。

(05) 邻近滨海步道的预制混凝土路桩 & 阳轮设备近景
(06) 拉贝鲁兹上尉纪念碑和人行横道处的路桩
(07) 停车区附近的砂岩石路缘和排水沟
(08) 滨海步道、预制混凝土路桩和座椅

标准平面图和剖面图

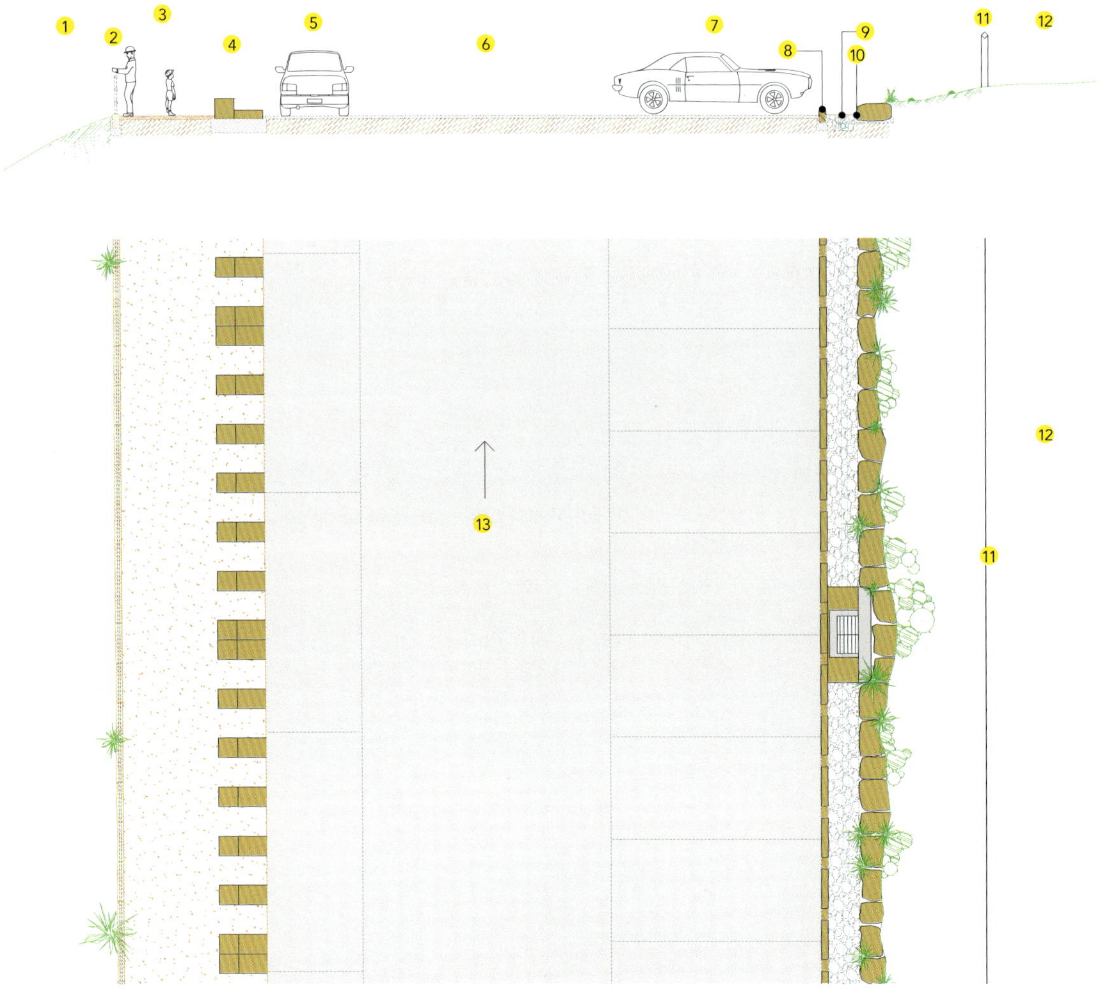

1 海岸边缘
2 路桩
3 滨海步道
4 隔离柱
5 平行停车区
6 公路
7 直角停车区
8 路缘
9 排水线
10 砂岩卵石
11 防撞杆
12 已有坡道
13 单行车道

05

06

07

08

(09) 环路和博物馆，地平线处为拉贝鲁兹纪念碑
(10) 从滨海步道看向瞭望塔的风景
(11) 骑行者进入拉贝鲁兹海角环路
(12) 滨海步道两旁种植的当地植物

09

10

11

卡尔维博德沿海栈道

上层结构平面图

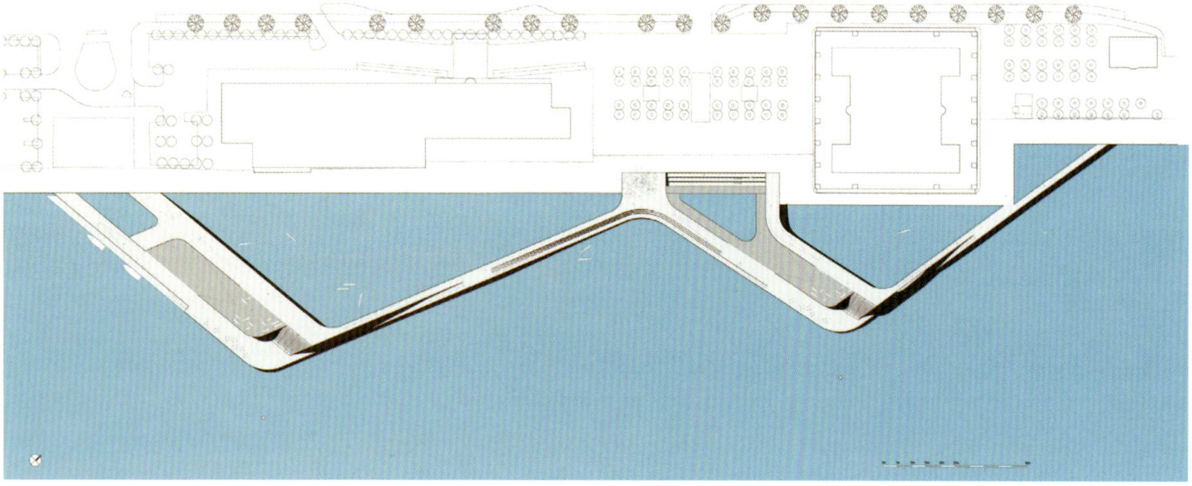

下层结构平面图

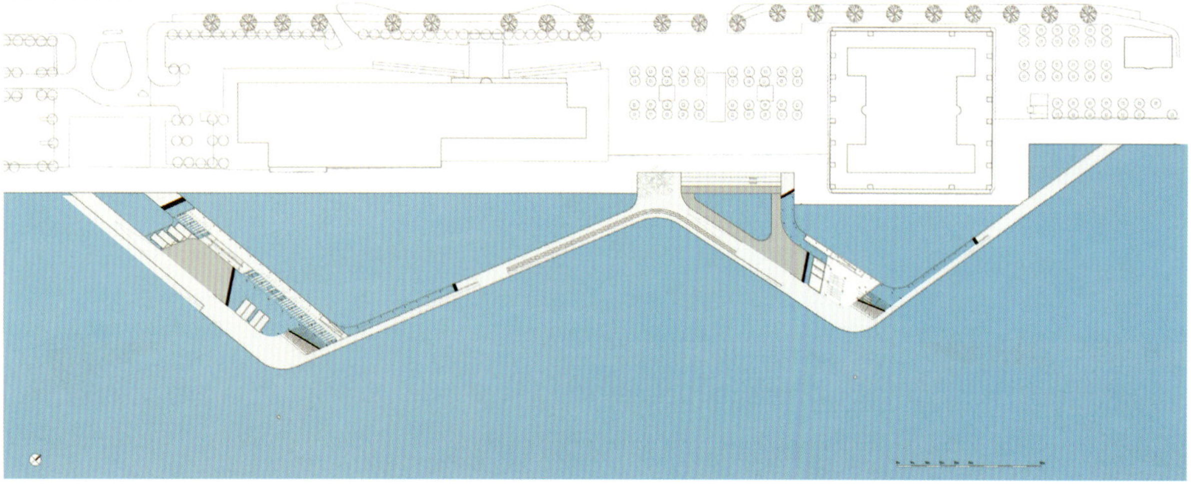

● 地点 / 丹麦，哥本哈根 ● Area / 0.42 公顷 ● 竣工时间 / 2013 年 ● 景观设计 / 城市景观设计所，JDS 景观设计公司 ● 摄影 / 城市景观设计所，佩妮莱·伊诺克，厄休拉·巴赫 ● 客户 / 哥本哈根市政府 ● 预算 / 7,000,000 欧元

卡尔维博德沿海栈道对外开放以后，哥本哈根港前区的内港中心区终于成为了可通行区域，并且吸引了公众的目光。卡尔维博德沿海栈道位于城市中心，成为了港口的一道新风景。该部分港口区域在历史上一直是工业区。二十世纪八九十年代，哥本哈根售卖了这块地。此后，该区被开发成了单一用途的港前区，城市规划和建筑布局都很混乱，码头也疏于管理，无人问津。

在解决该港口阴暗、废弃的问题时，设计师将注意力集中到了两个主要设计方面上，即创造城市连续性和将新结构设置在阳光充足的滨水区域。该码头朝向东南，在下午早些时间之前都有充足的阳光，但为了吸引公众在工作时间之后来此休闲，设计师需要研究大道边的高楼投影情况。在没有阴影的区域新建了两个主要码头，以作为水上活动枢纽。该工程重新将这些码头连接到城市网络中，使它们自然地融入城市基础设施中。两座桥将码头的尖端与老码头连接起来，构成了两个用于水上运动的水池。

01 鸟瞰图

如平面图所示，该项目设计构建了三维波浪状结构：在波状码头上，哥本哈根市民以及游客可从不同高度探索滨水区并欣赏美妙的风景。游客可靠近水面，将脚伸进水中或下水游泳，或者再往上走五米，体验乘帆远航的感觉。项目建成后吸引了人们到来到栈道上散步，感受激动人心、活跃热闹的公共空间。

该工程没有预先进行详细规划。设计师旨在为一些不确定的内容创造一个框架，提供一个让公共生活自由展开的地方。事实证明这是一个正确的战略。人们以自己的方式利用卡尔维博德栈道，他们发掘出的用途远远超出任何事前想象。

从所用材料看，该项目受到了工业港口的启发，采用牢固的材料，如取自当地橡树的木板、扫面处理的混凝土，以及生锈钢材都是众所周知的港口建筑材料。轻质高贵的不锈钢护栏与照明设施融合成一体，与帆船的小装饰相呼应。该项目从设计到建筑都符合“从摇篮到摇篮”的生态建筑理念。设计师充分考虑了材料的化学成分，材料对空气、土壤和水的影响以及材料生产过程中对人体健康的影响。该项目的设计和建设过程中借助了建筑信息建模，改善了建筑系统、产品和施工的质量，并减少了总材料消耗。该项目的所有建筑构件在很大程度上都是可拆卸并可再次利用的。

02

02 水上公共空间
03 垂直向波形结构
04 水平向波形结构

03

04

05 在新滨水栈道上可以骑自行车和散步
06 休闲活动
07 木甲板
08 在栈道上休闲的人们
09 从海上看沿海栈道

05

06

07

08

09

立面图

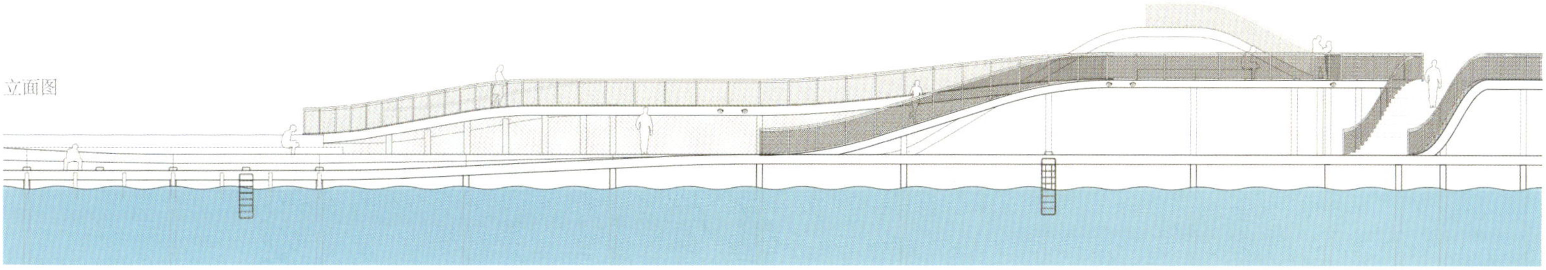

10

12

⑩–⑫ 波形元素细节
⑬ 栈道高低起伏让人们从不同角度探索海港风光
⑭ 栈道为人们提供了一个安全而又刺激的海滨骑行体验环境

13

14

朗斯代尔中央街道改建

总平面图

● 地点 / 澳大利亚，墨尔本 ● 面积 / 7公顷 ● 竣工时间 / 2011年 ● 景观设计 / BKK建筑事务所，TCL景观和城市设计 ● 摄影 / 约翰·格林斯 ● 客户 / 维多利亚房地产开发机构 ● 预算 / 200,000,000澳元

位于丹迪侬中央的朗斯代尔街是州政府丹迪侬复兴计划（RCD）的首个重要基础设施工程。RCD计划旨在将丹迪侬重建为墨尔本东南部的首府，给这个多元化的城市中心注入新能量和活力并提供便利设施。

丹迪侬中心区具有独特的文化多样性，还有活跃的物产市场、表演艺术区以及独特的零售区，然而该城市多年的经济衰落情形对整体城市外观以及公共领域体验造成了影响。朗斯代尔街在历史上是一个繁荣的零售商业中心，但近年来发展成了一条主干道，将作为“心脏”的零售中心分割开来，给城市造成了一个巨大的实际和心理障碍。BKK/TCL对该项目的设计方法具有治疗性。成功的城市设计不应仅限于一个固定的规划，相反应该提供从根本上促进变化的关键办法。这项工程再次扩展了对场所营造的现行调查，深化了以地方特征为基础的战略，提出了积极的解决方案，以赋予本地社区更多的权利。

朗斯代尔街工程得益于维多利亚房地产开发机构和丹迪侬城在长期咨询服务过程中提供的大量信息。这些信息有助于确认城市重要的实体和文化特征，为工程概述提供了重要线索。该研究借助了大量图纸以及城市总平面图，确保朗斯代尔街的城市设计具有变革性，但却以环境的独特性为基础。

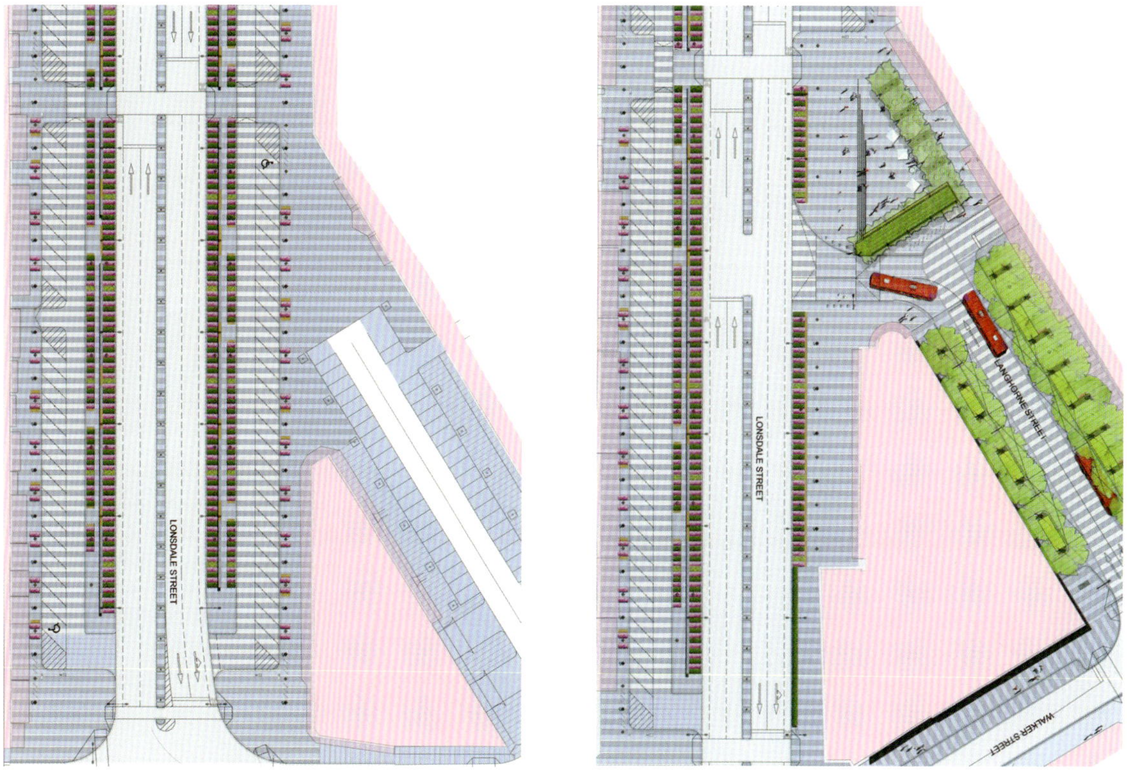

朗斯代尔街平面图

01 共用步道区域视图
02 朗斯代尔中央街道俯瞰

朗斯代尔街工程建立在多个战略行动的基础上:

- 连接处——朗斯代尔街不再是重大障碍，相反成为一个主要连接媒介，形成了清晰合法的街道连接处，将城市的所有主要公共财产连接了起来。
- 街道生活——创造了一条令人难忘的林荫步道，使整条街活跃起来，并连接了精致生活体验地点，包括热闹的零售街面、小型公园和市民广场。
- 融入城市结构—— 确保朗斯代尔街建立在独特的城市结构之上，稳固了现有城市的细密网络。
- 保护重要城市地点—— 将朗斯代尔街以及相邻区视为现行文化遗产保护的重要地点，并为城市各区域和城市活动的发展创造新机会。
- 投资和设计优势——通过创造丰富持久的公共生活体验为投资和进一步开发创造机会。

朗斯代尔街被构建成以行人为中心的林荫大道。直通车流被限制在由四排树木界定的中心地带。在与零售铺面、宽敞的植树广场、共享交通区以及线性公园的相邻处，提供了宽阔的特色步行区。设计师们在该城建工程的设计过程中利用了跨学科知识，并与主要相关方一直保持联系，在跨学科方面树立了榜样。

03 步道区和公路中间都采用了标线元素，使整条道路风格上取得统一

04 整条街道上的照明设施体现了所在地人们的种族多样性

三向图

剖面图

平面图

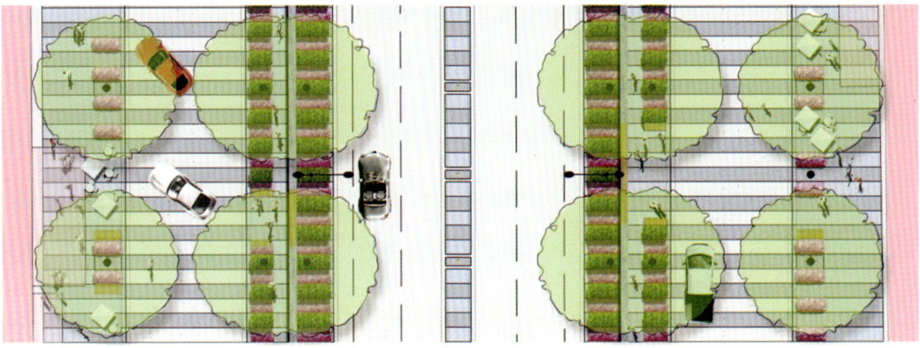

03

04

05 步道区域细节图
06 步道区景观给人们提供了多种体验
07 市民广场提供了活动和休息场所
08 市民广场细节图

05

06

CHEMIST
WAREHOUSE
DISCOUNT CHEMIST
AMYAN
HALAL BUTCHERS
GIFT SHOP
YEN HOOT GIFT SHOP

07

AMYAN
HALAL BUTCHERS
Happy Panda
Children's Wear
HOT BREAD

08

帕多瓦火车站广场步道及自行车道

01

● 地点 / 意大利，帕多瓦 ● 面积 / 2.95 公顷 ● 竣工时间 / 2013 年 ● 景观设计 / CZ 联合建筑事务所 ● 摄影 / CZ 联合建筑事务所，吉多·拉尼尔 ● 客户 / 帕多瓦市政府 ● 预算 / 2,700,000 欧元

帕多瓦火车站广场是目前位于火车站站前区以及相邻城市空间中的最大广场之一。每年有18,500,000人穿过该广场。对该广场的实体改造将实现对更大城市空间的有效开发。该广场此前与城市格格不入，充满了互不相关的偶然建筑元素以及道路交叉口冲突。广场的大部分区域都被交通平台占用（公交车、电车以及出租车），道路混乱，自行车流和人流很难导引，自行车随意停放。因此，需要对该工程进行综合设计，体现一个多交通模式枢纽的现代特征，形成有序的人流车流结构。

该工程希望在一个合理成本预算内打造一个高质量的城市空间，提高通行性、舒适度和安全性。设计意在改变现有几何结构，恢复广场原来规模，引导不同使用者和交通流，减少车辆循环和通车地面，增加步道和自行车道，以改善慢行基础设施。

广场清楚地分为三个具有不同特征和用途的主要区域：西区栽种树木，提供荫凉；中心区最重要，专用于内部通行；东区安装了用于停放自行车的临时钢铁结构。设计师将相关部分连接了起来，并通过车道、

新展示馆

慢行系统
步道
自行车道

机动车道

多功能通道
步道
自行车道
授权救护车
出租车

1 停车场
2 有轨电车站
3 火车站
4 火车站广场
5 自行车道
6 自行车停靠点
7 新自行车道
8 新步行区
9 电车轨道
10 公交车道
11 出租车道
12 城市中心

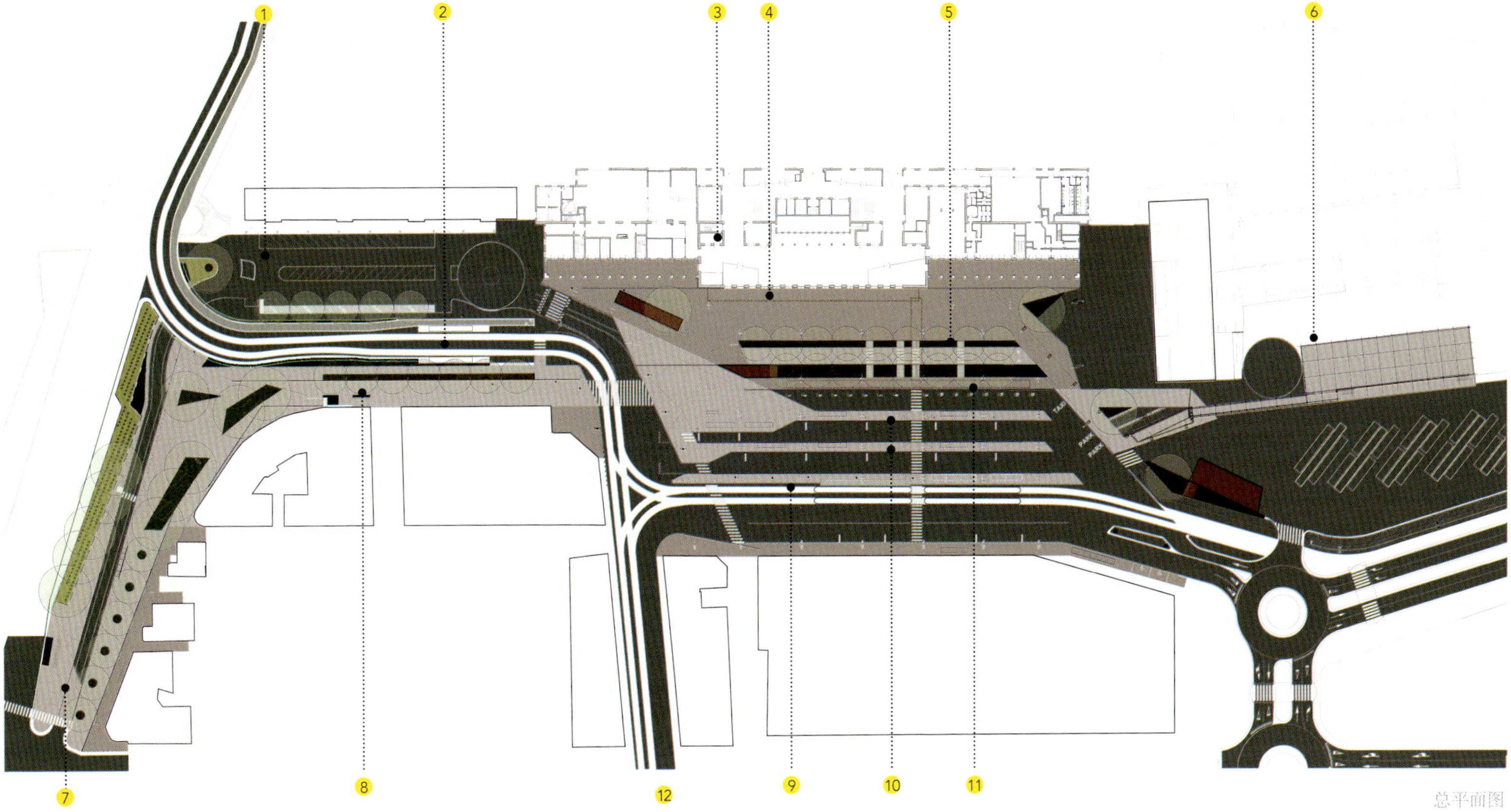

总平面图

01 帕多瓦火车站广场全景图
02 柯尔顿钢搭建的展示馆俯视图
03 帕多瓦火车站广场和展示馆俯瞰图

02

03

步道以及自行车道规划图导引不同交通流。纵向自行车和行人兼用道路同样也以树木界定。在选用道路和广场所用材料和装饰时都考虑了使用者的舒适度。为了控制不同的交通流，设计师设计了彩色混凝土多功能平台（骑行和步行区以及限速通车区），以示与机动车通行的沥青区域的区别。在考虑基本的安全性和统一性外，还采用了三种夜间照明设施：街道采用 8 米高的漫射照明灯，多功能区域采用 5 米高的漫射照明灯，而自行车道则采用较低的路灯。

广场的东西长度从原来的 100 米增加到现在的 300 多米，同时通过减少公交车道的数量，将广场的南北宽度从原来的 20 米增加到现在的 32 米。自行车道和步道的占地面积从原来的 0.5 公顷增长了两倍，即现在的近 1.5 公顷。重建的广场是一个连续性空间，通畅无阻，并通过新栽种树木以及自行车停放点等设施对广场进行了重新布局。广场绿化工程将现有绿色结构连接起来并为禽鸟提供了自然栖息处，在一个以流动性为显著特征的城市环境中重新引入了自然。

04

05

(04) 为使用者提供便利的新城市空间：新栽了刺槐后的夏季广场风景
(05) 广场上的斑岩地势造型，人们将凸起的位置当成座椅
(06)–(07) 出租车停靠站和印花玻璃雨棚
(08) 慢行道路和自行车停放点

步道和自行车道

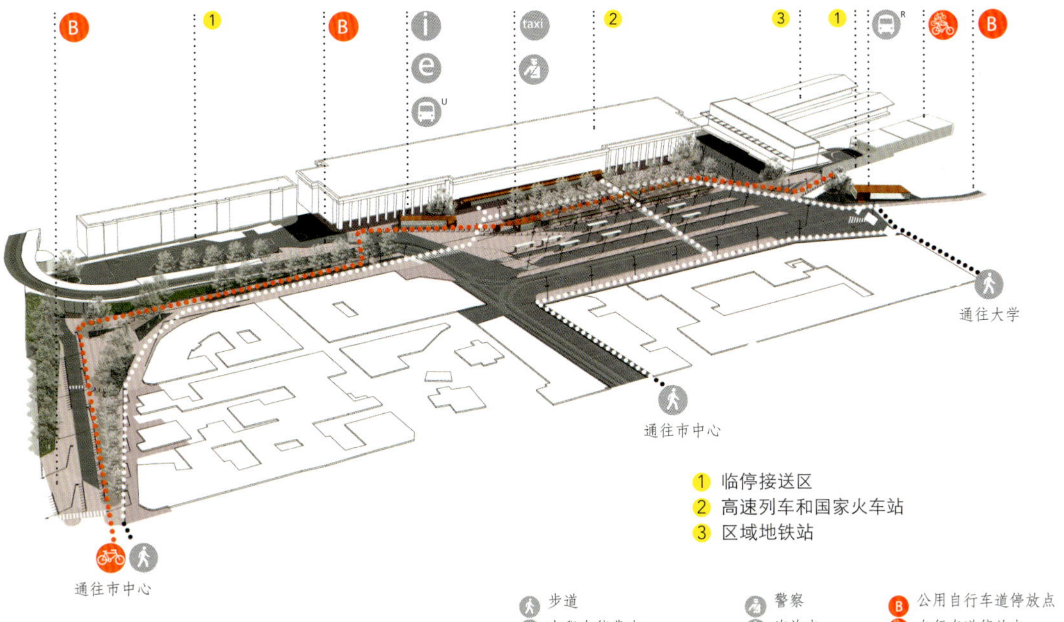

1 临停接送区
2 高速列车和国家火车站
3 区域地铁站

步道
出租车停靠点
城市公交和大巴售票点
警察
咨询点
电车搭乘点
公用自行车道停放点
自行车道停放点
自行车道

机动车道

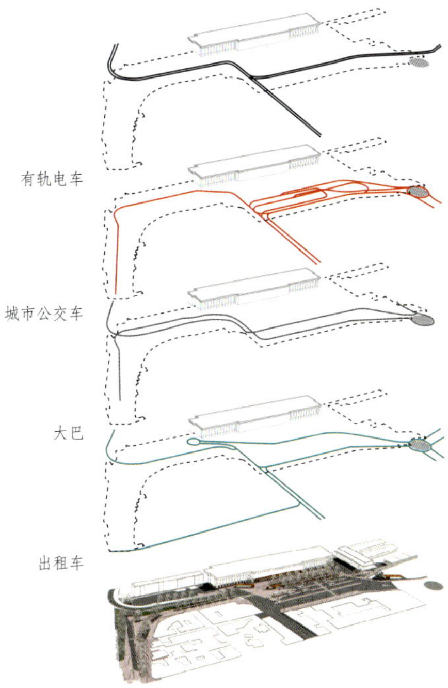

路面及材料

渗透性

● 黑色砾石

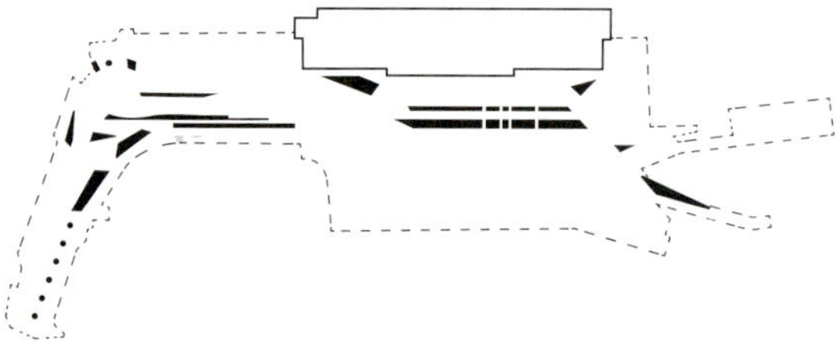

防水路面

石材 / 斑岩

铁红色混凝土

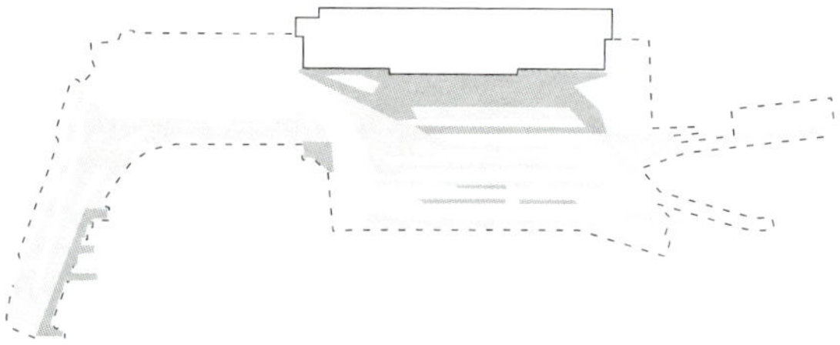

09

10

⑨ 连接车站和出租车停靠点的步行廊道
⑩ 由彩色混凝土制作的交通平台使其具有多种功能，可用来控制不同的交通流
⑪ 火车站前斑岩广场
⑫ 科达伦加街广场可渗透性地面细节图

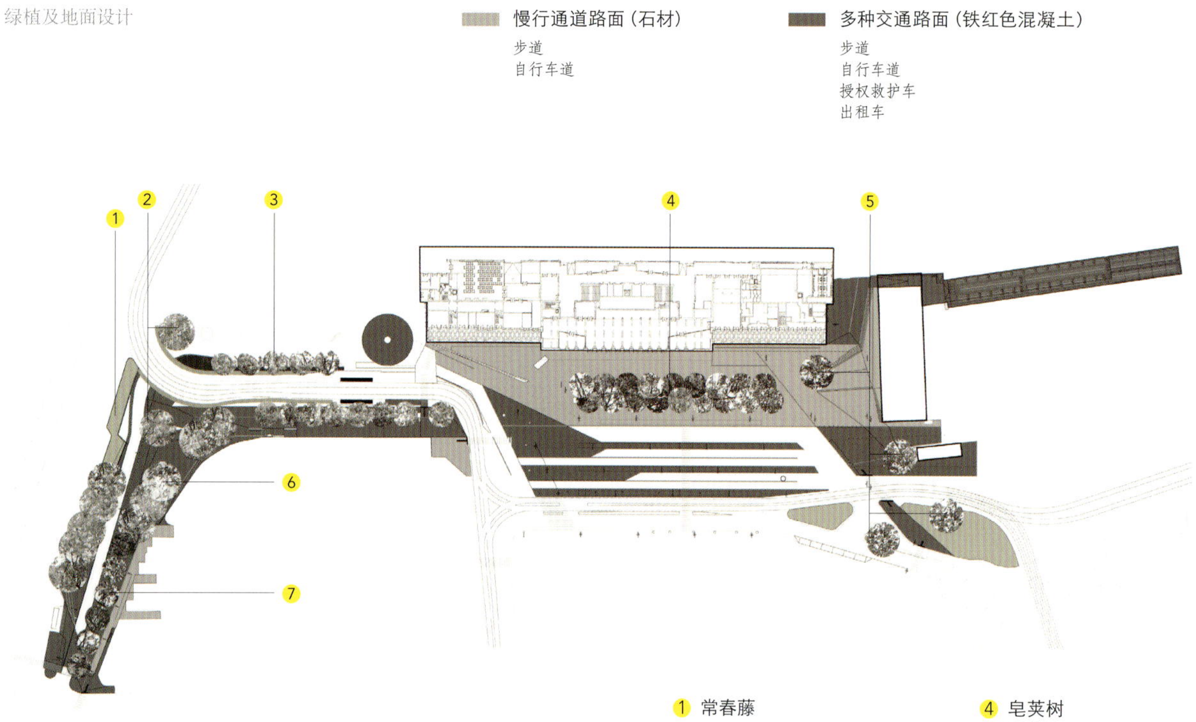

1 常春藤
2 欧洲朴
3 洋槐
4 皂荚树
5 国槐
6 美国梧桐
7 小叶椴

⑬ 科达伦加街的地形细节，连接地面高度不同的公路和停车区
⑭ 慢行道路
⑮ 成型混凝土划分了步道和车道
⑯ 步道细节以及交通流隔离元素
⑰ 科达伦加街的道路地形细节
⑱–㉓ 科达伦加街广场的轨道天桥上的渗透性路面以及爬行植物的细节图

13

14

15

16

17

18

19

20

21

22

南贝尔广场步道及自行车道

总平面图

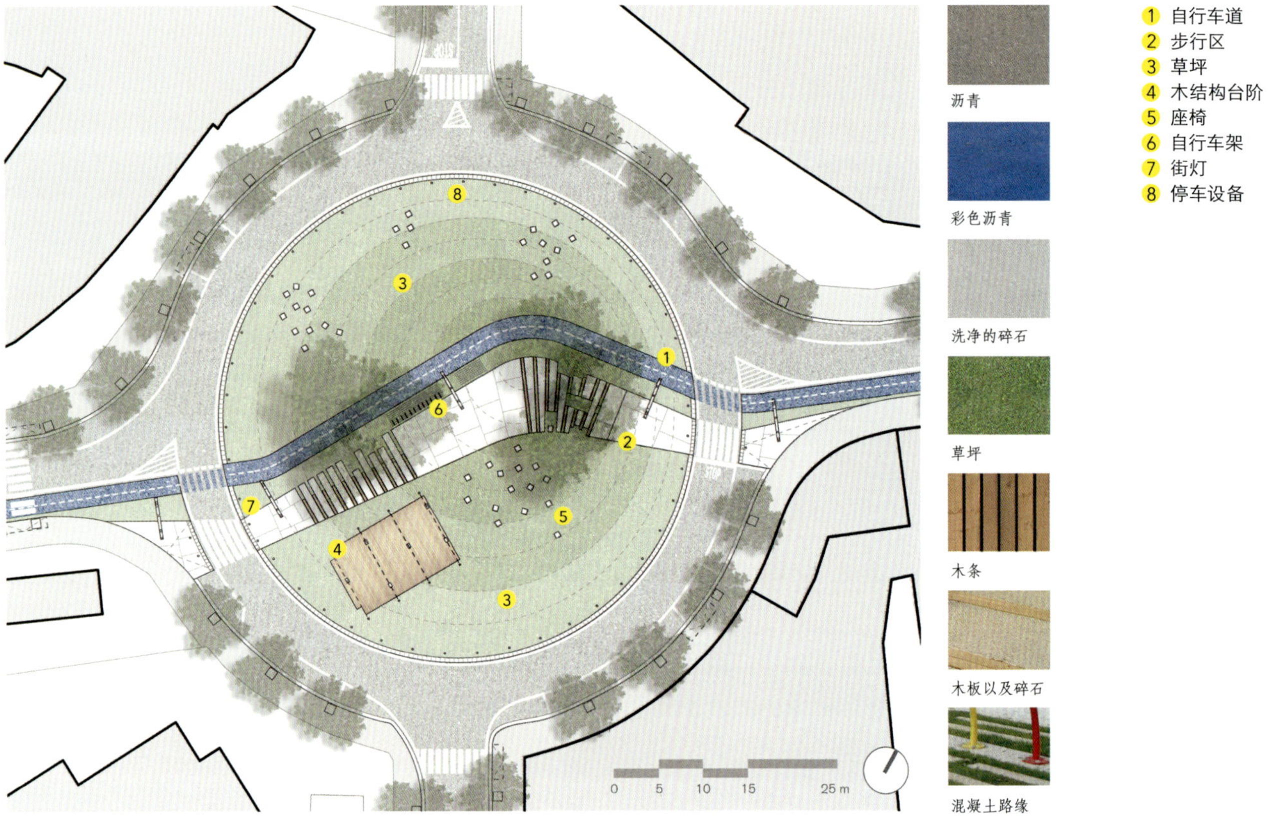

● 地点 / 意大利，耶索罗 ● 面积 / 0.2 公顷 (0.49 英亩) ● 竣工时间 / 2012 年 ● 景观设计 / 瓦勒里·佐亚建筑事务所，斯特拉迪瓦里建筑事务所 ● 摄影 / 西蒙·左拉，詹彼得罗·佐伊亚 ● 客户 / 意大利耶索罗市政府 ● 预算 / 180,000 欧元

无论从形状还是功能上来看，南贝尔广场似乎都不太适合被叫做“广场”，因为整个空间似乎完全被基础设施占据。实际上，南贝尔广场是一个巨大的环形交叉路口，中心区域是一大片绿化区，未做任何景观设计。改建之前，环路只有一个木结构凉亭，配备很差的照明系统以及简陋的街道设施。商业活动区的人行道以及面向广场的旅馆都以劣质材料修建，且处于衰败的状态。此外，该路段过于宽阔（约 12.2 米），当环路变成单行道后尤其显得宽阔得有点夸张。

该项目旨在重新定义南贝尔广场，扩大广场空间，根据广场的用途制定更好的功能规划，通过步道和自行车道将两条街（米莱街和威尔第街）从视觉上以及功能上连接起来。以绿化区的主要元素为基础修建，而绿化元素又是环形交叉口的主要特征。具体说来，以现有树木为项目的主要参考物。重建工程保留了两丛树叶茂密的冬青栎。为了保持该工程的“自然”性，地面采用了稍微不对称的处理方式，并将平坦的地面改建成一个坡度和缓的斜坡（坡度为 2.5%—4%），使边缘最高处达到 80 厘米，以便在不损坏现有树木根部的前提下修建步道和自行车道。步道采取修建公园和花园常用的洗净砾石技术，选用白色混凝土和细石构成的混合物。对靠近绿植的路面进行了细节处理，使路面与树木保持了合理距离。在进行工程设计时，设计师使步道穿过冬青栎树群，以让路人体验广场的美丽风景，并在林荫环路上设计一个休息点。同时，一条蓝色的双向自行车道与步道并行穿过广场。

01 环岛俯瞰图：自行车道穿过绿化中心空间
02 自行车道在广场区域外与其他道路保持连续性

02

剖面图

绿色广场上还放置了一些单个座椅，聚集在一处，形成一种微型环境。绿色广场的环境按安全原则设计，并针对周围道路设置了路障。车道缩减到了最低公路规范尺寸，并铺上夹杂白色石灰石的沥青路面。该方案是为了标示其与米莱街和威尔第街的沥青路面的区别，展示该公共空间的特性以及行人数量远超过车辆数量的特征。为了给通行提供更多便利，该项目还增加了环形交叉口的入口和出口的弯曲度，同时还改变了所有水平和竖向街道标识。

照明系统设计采用四种方式：公路保留原有照明设施；步道和自行车道则新安装五个灯柱，灯柱高度是以前的两倍，能够同时照亮两条道路；绿化区域的照明系统主要集中照射单个座椅区，确保环境照明；而背景照明系统则由白色泛光灯提供。

03 广场中心区域变成了社交生活空间
04 通过提高广场地势使新公共空间凸显出来

环路比较图

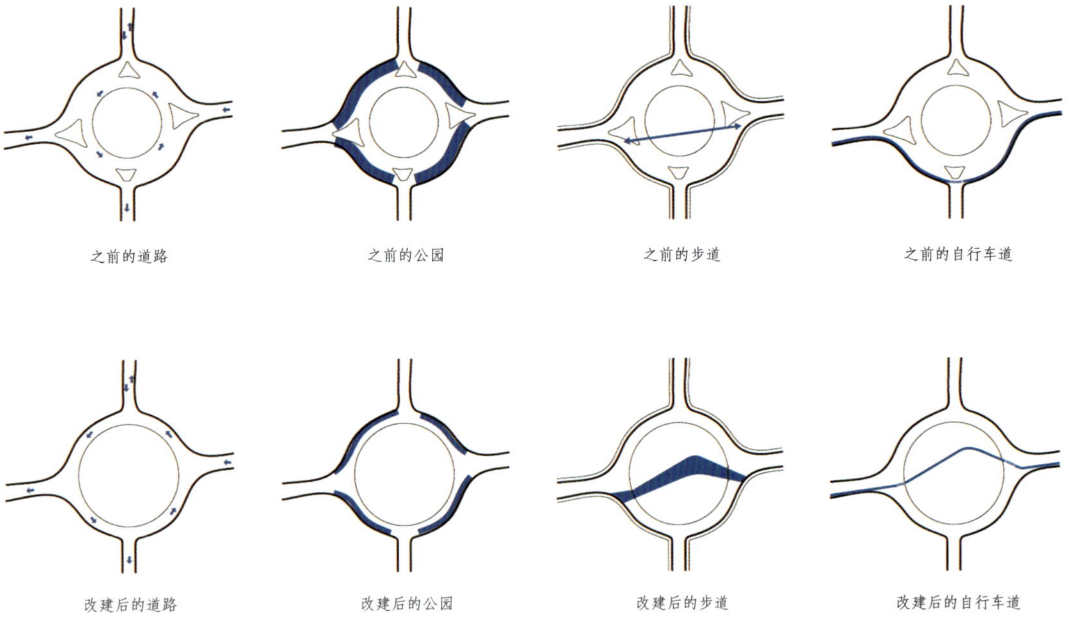

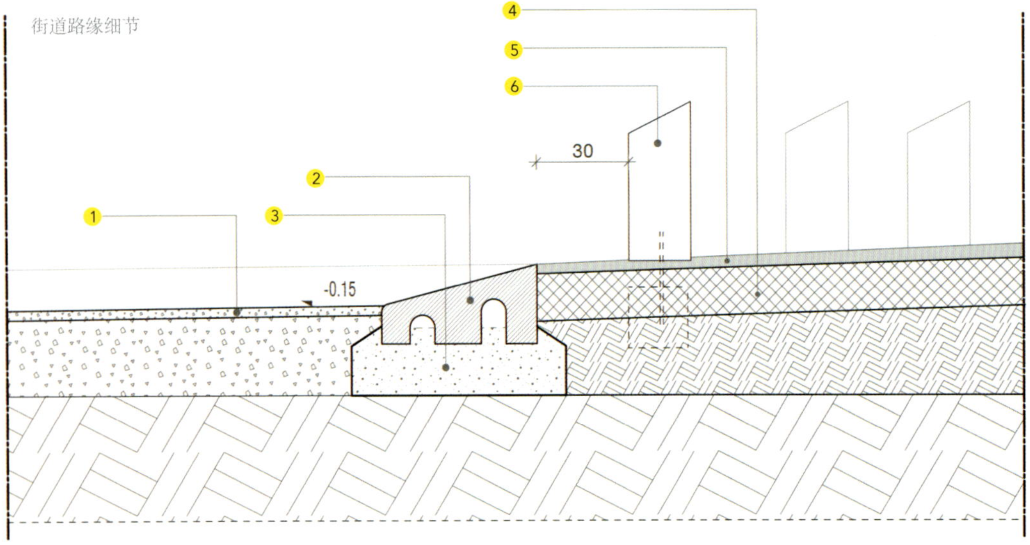

1 彩色沥青步道
2 混凝土路缘
3 混凝土地基
4 挖空的地块
5 泥土和草坪
6 街道路桩

03

04

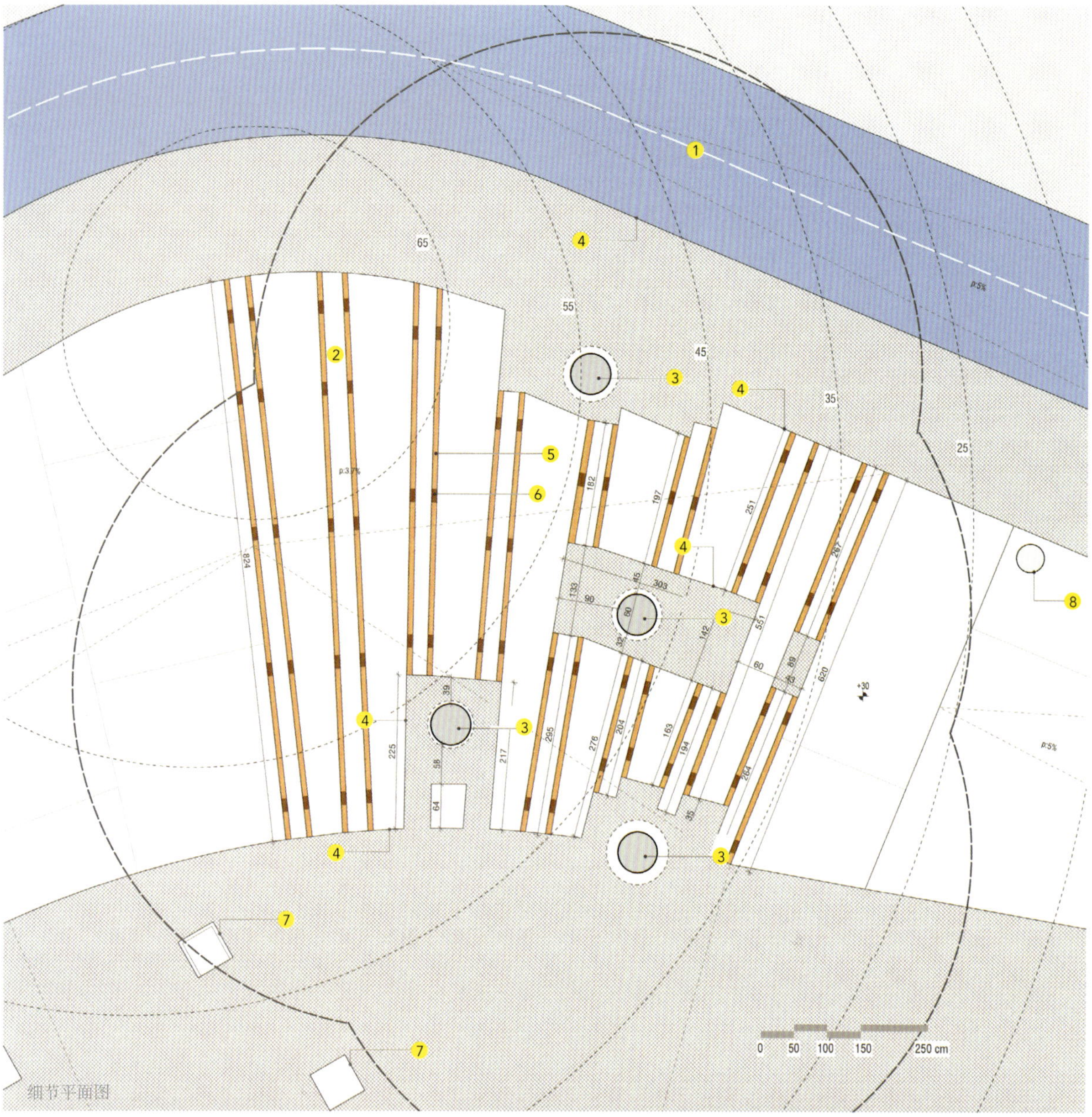

细节平面图

① 彩色沥青自行车道
② 洗净砾石步道
③ 原有冬青栎
④ 金属栅栏
⑤ 经过处理，可以用于室外的木板条
⑥ 混合砾石铺设的排水沟
⑦ 金属座椅
⑧ 垃圾箱

05

05 步道和自行车道中间由植草带隔开
06 用于停放自行车的绿化空间
07–08 步道及车道和树木相互映衬，形成特别的道路设计

1 混合砾石基层
2 洗净砾石路面
3 混凝土找平层
4 混凝土基层
5 木板条
6 金属栅栏
7 自行车道
8 木板条
9 步道
10 混凝土路缘
11 彩色金属自行车停放架
12 混凝土基层
13 混合砾石基层

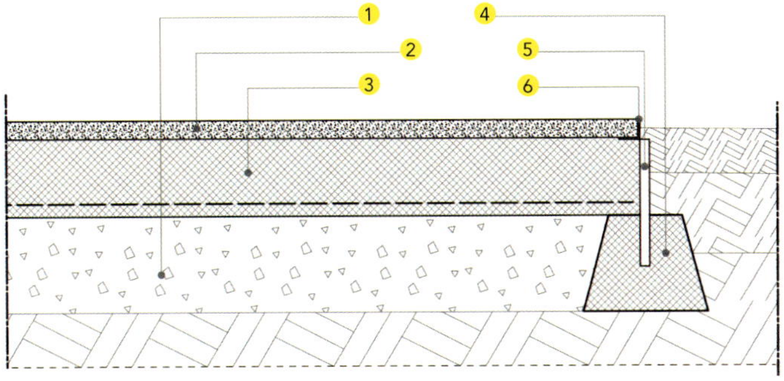

洗净砾石步道的细节图

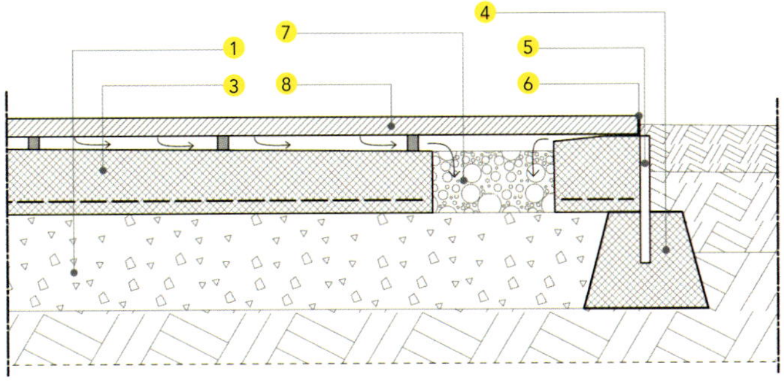

步道的木板细节图

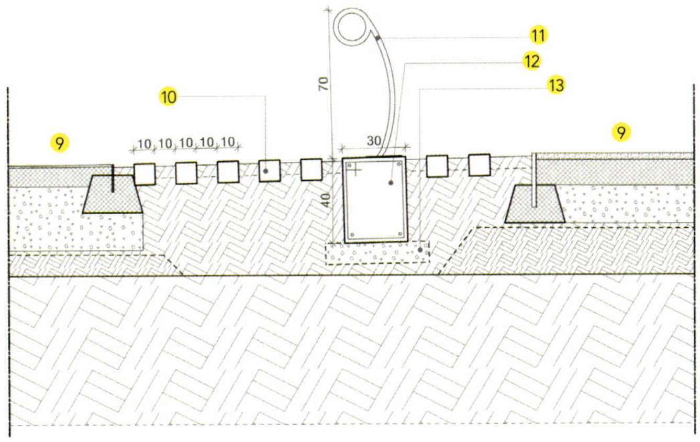

自行车停放架细节图

06

07

08

阿道夫号角大道步道及自行车道

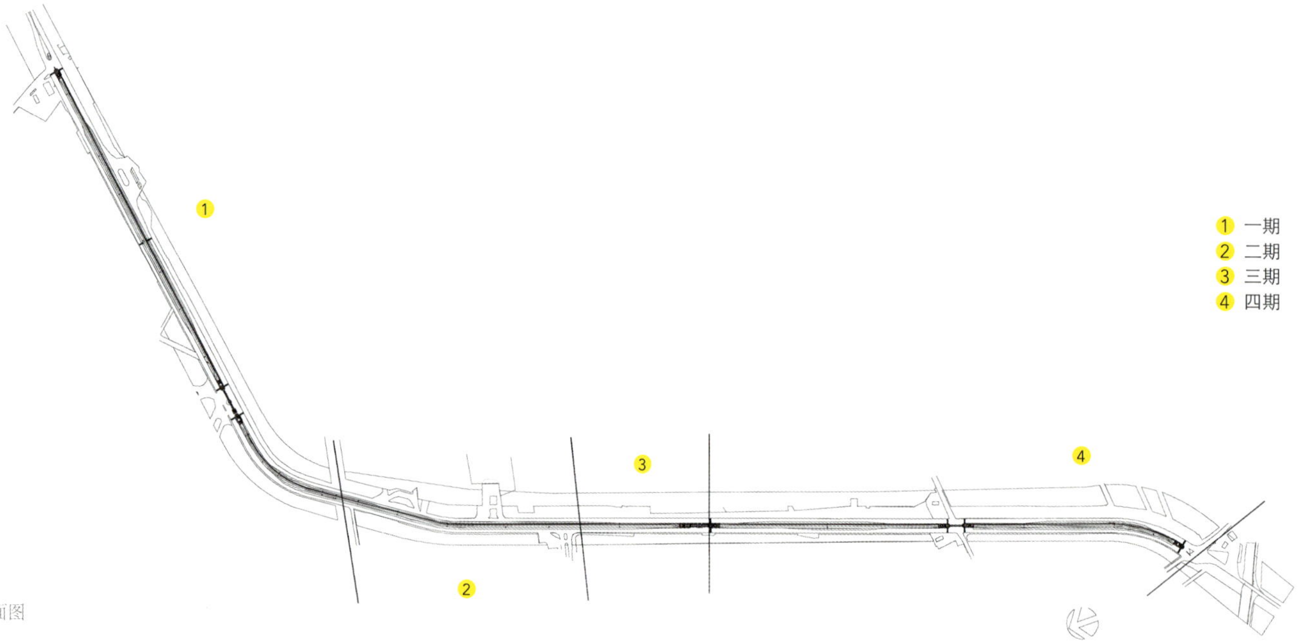

总平面图

● 地点 / 墨西哥，特拉霍穆尔科 ● 长度 / 3.1 公里 ● 竣工时间 / 2011 年 ●景观设计 / AGRAZ 建筑事务所 ● 摄影 / 马丁·奥普拉登 ● 客户 / 特拉霍穆尔科市政府 ● 预算 / 2,150,000 美元

如同瓜达拉哈拉城区的其他许多地方，阿道夫号角大街的修建是为了方便特拉霍穆尔科城内各个区域之间的交通。在驾车成为首选出行方式的时代，这条街曾给成千上万的人们提供了便利。但是，这条街道的中心空间却总在城市和建筑工程规划中被忽略，随着时间的流逝而成为了一大块荒地。因此，在策划这次旨在优化道路网络的城市改建工程中，设计师们在对这条中间地带进行重新评估时提出了一个大胆方案。

政府最初要求修建一个线性公园，在中心位置设置更多绿化区域。但是，这个要求一开始便遇到了预算问题，因为该改建工程需要修建一条主排水管道，以解决雨季洪水问题。用于地下工程的预算决定了该中心地带不能修建成线性公园。项目的主要目的在于提供其他交通方式，将非机动通道设计成一条 3 公里长的自行车道和一个条形花园。阿道夫号角街工程基于三种概念修建：其一，在步行交叉处的公园区修建小型广场，为人们享用午餐或进行社交聚会提供一个公共空间；其二，修建一条自行车道和一条具有交通和运动功能的散步道；其三，栽种由 2000 棵同种树木构成的线型树林。

这是一项需要长期维护的工程，头几年的维护工作尤为重要。一旦取得成功，则意味着从车辆优先的时代到公共空间和绿化区域优先时代的真正过渡。阿道夫号角大街的新中心地带将成为模范工程，可在其他城市街道建设中复制。该项目还体现了人类对具有这种公共空间特征和自然属性的道路的大量需求。此外，更重要的是，在该城区东部的三公里长的地带中栽种了众多白腊树，并且特拉霍穆尔科市政府承诺将在其辖区内继续开展此类工作。

01 起点路碑成为了一个地标
02 交叉口广场可用于社交聚会
03 从交叉口广场进入自行车道和步道的入口

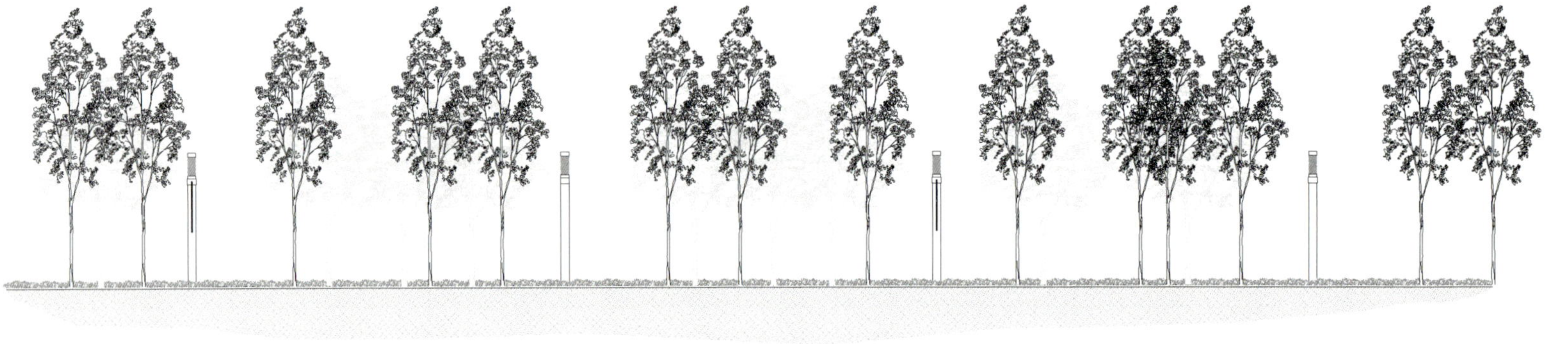

1 街道
2 坡道
3 广场
4 排水管道
5 街道

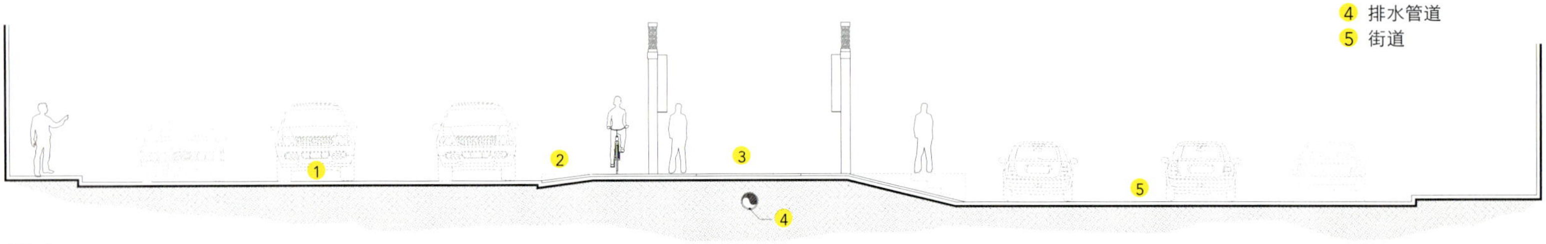

剖面图 1

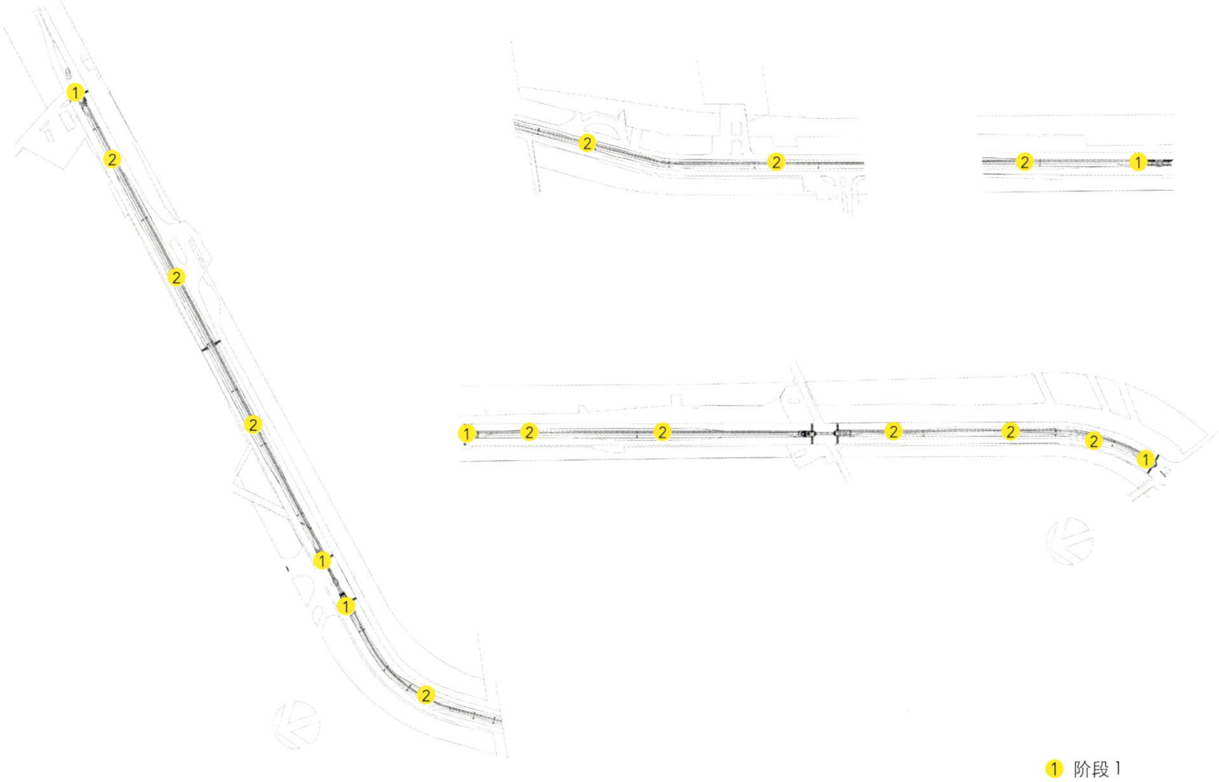

1 阶段 1
2 阶段 2

04 专用自行车道标识
05 座椅区
06 步道和自行车道与公路的交叉口

1 街道
2 坡道
3 自行车道
4 人行道
5 雕塑
6 排水管道

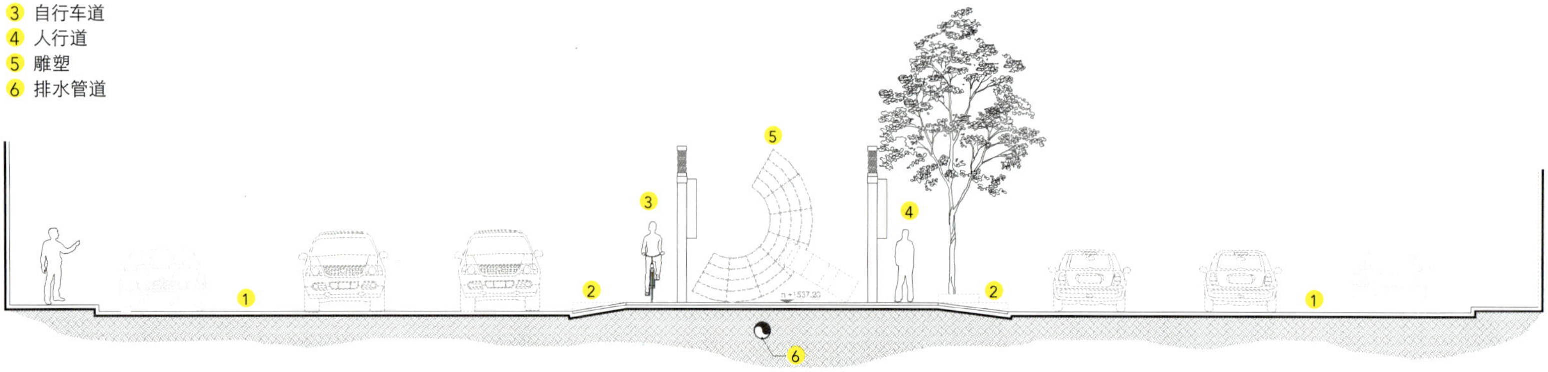

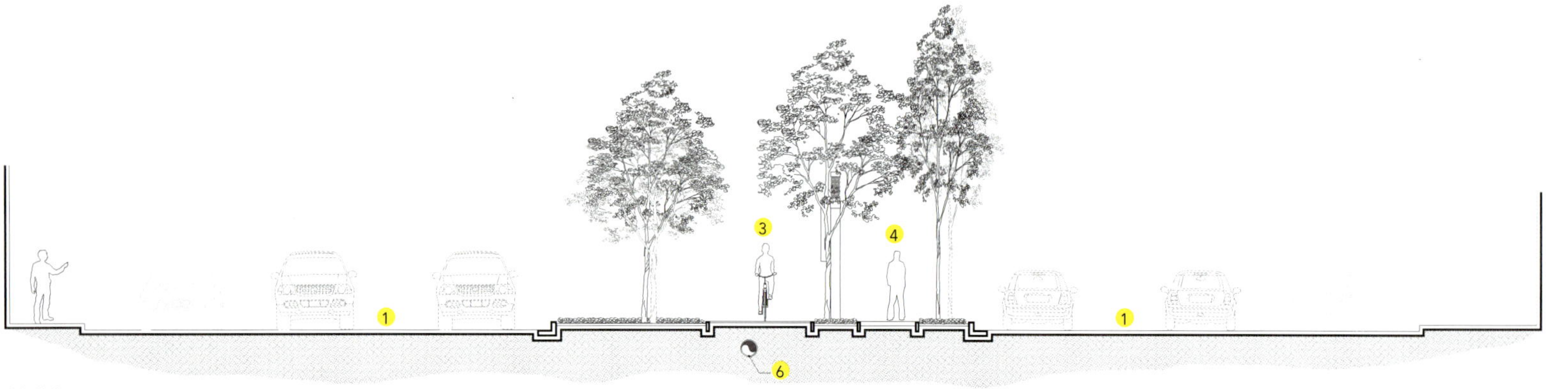

剖面图 2

07–08 交叉口广场的入口细节
09 步道
10 双向自行车道

09

10

伯克街自行车道

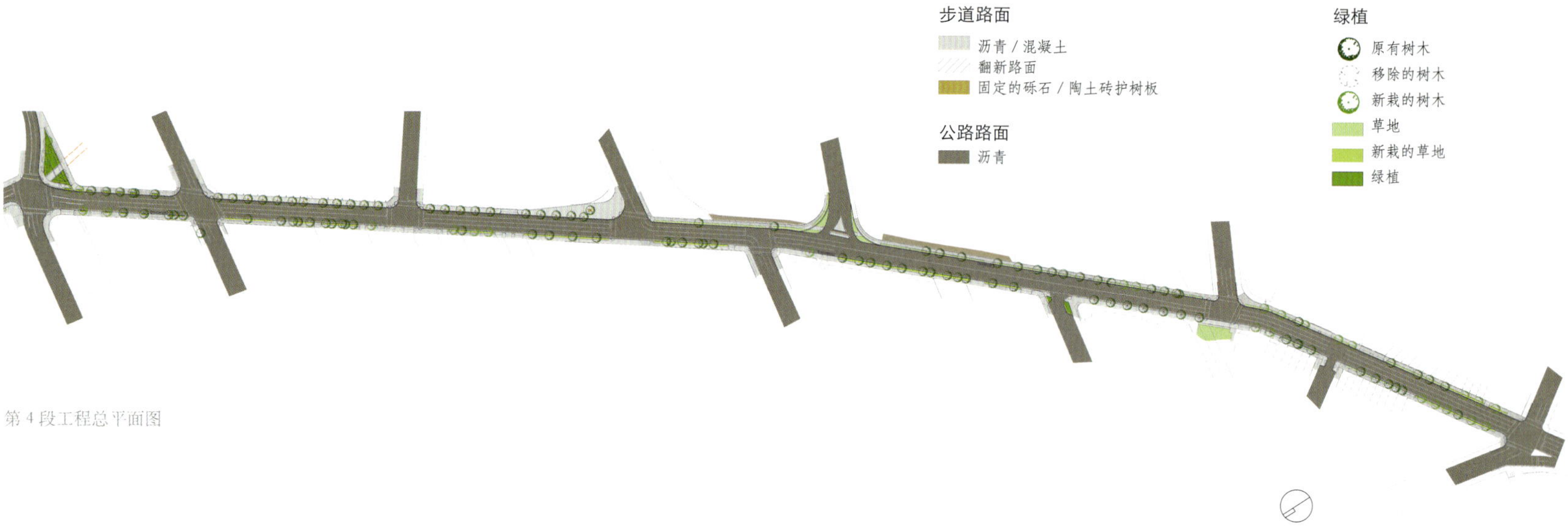

第 4 段工程总平面图

● 地点 / 澳大利亚，悉尼 ● 长度 / 3.2 公里 ● 竣工时间 / 2012 年
● 景观设计 / GSA 集团 ● 摄影 / 西蒙·伍德 ● 客户 / 悉尼市政府
● 预算 / 24, 000,000 澳元

伯克街是悉尼第一条大规模双向隔离自行车道。它是悉尼城市自行车计划的一部分，旨在提高当地的自行车道网络的质量，扩大自行车道分布范围。这个 3.2 公里长的项目旨在对现有街道自行车道进行改建，通过增加与机动交通的隔离，为骑行者、驾车者以及行人提供更好的安全性和便利性。

根据公路沿线的不同情形，自行车道的隔离结构、道路类型以及交叉口也都有所变化。双向自行车道方案可用以改建悉尼城内相对狭窄的隔离道路。通过利用干路的剩余空间，大多数情况下可在道路两边的停车区设置自行车道。根据具体情形调整伯克街自行车道的形状，确保现有街道的使用和便利设施的改善以及维护。该路线还包括共享路段，确保自行车道的连续性，同时根据城市环境和需求的变化做出改变。

交叉口的复杂情形应区别对待。次级街道被改建成过街天桥和铺面交叉口，创造行人优先的共享环境。在更加重要的未设置信号灯的交叉口，则将标示的人行横道与自行车支路结合起来，由此保持交叉口的骑行优先性，并为让路车辆提供安全停靠空间。最后，在设置了信号灯的交叉口，以单独的自行车信号灯确定规律性优先顺序。需要对这些交叉口的交通功能进行广泛建模，以获得项目认可。此外，不同路段的材料、路面铺设以及绿植的选用应根据不同区域的特点和环境确定。通过对雨水基础设施的大规模改造来处理雨水花园的雨水。

改建后的伯克街自行车道是一个很好的解决方案，带来很多好处的同时尊重了城市环境。它形成了一条安全、便利和可持续的自行车道。该车道与更大的道路网络连接，减少了道路拥堵情况和车辆尾气排放，改善了公共健康。该路线改善了工作地、娱乐地点以及居住地之间的联系，让骑行成为了具有吸引力的出行选择。该工程竣工后，伯克街上的骑行者数量增加了 150%。此外，该工程的设计还充分考虑了伯克街现有建筑和景观。因此，该自行车道也成为了悉尼东部中心的一条著名街道上一处值得欣赏的新景点。

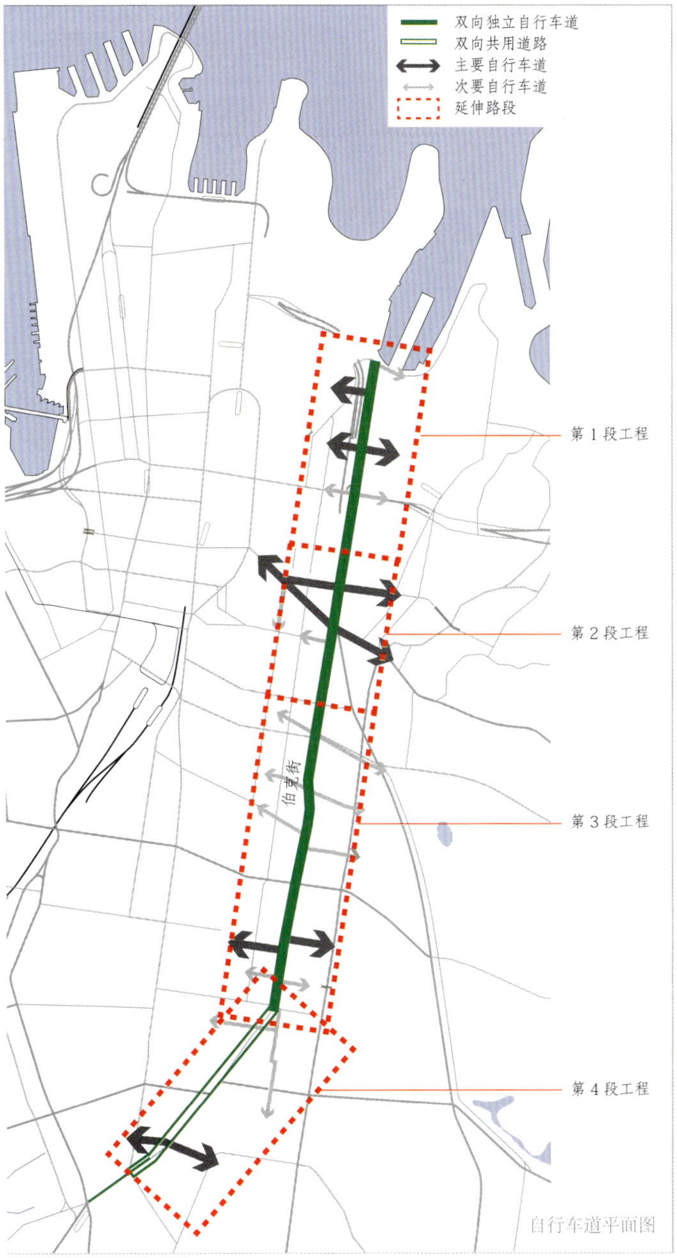

自行车道平面图

01 隔离开的自行车道
02 与自行车道相邻的车道内的公交站

1 自行车道的人行横道标线
2 抬高的站台
3 线型公交车遮雨棚
4 车道内的公交车停靠点

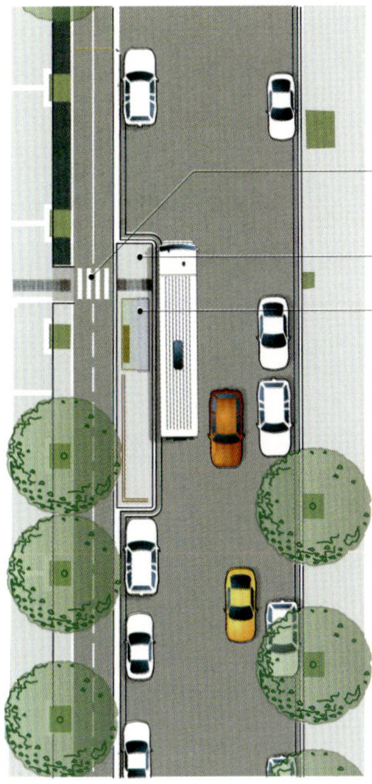

公交站台平面图

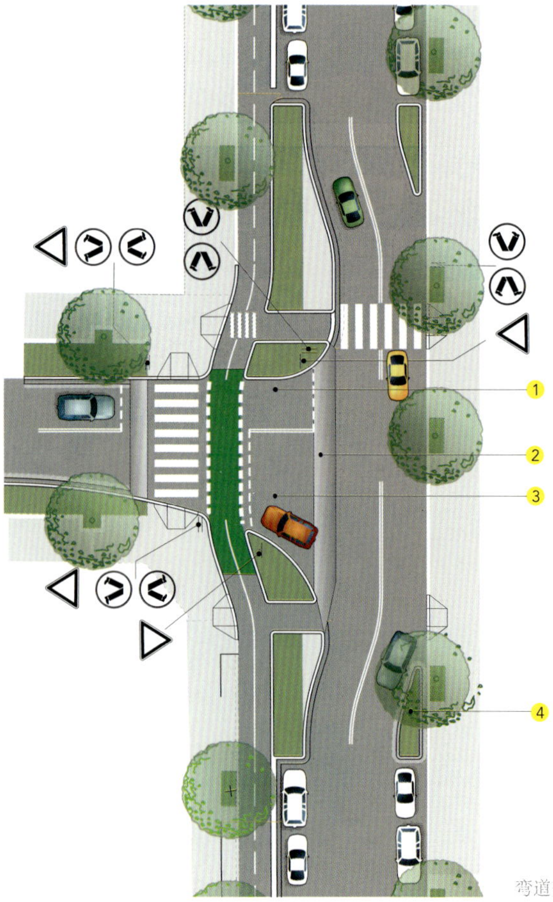

弯道交叉口平面图

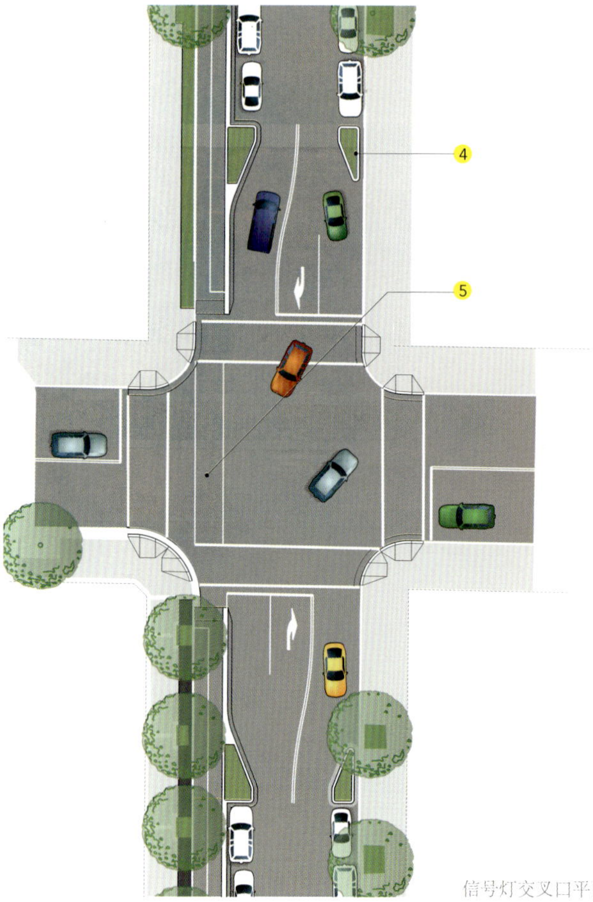

信号灯交叉口平面图

01 新修自行车道填补了多伦多马丁·古德曼路上的缺失路段
02 俯瞰图显示了新街道结构的不同部分之间的联系

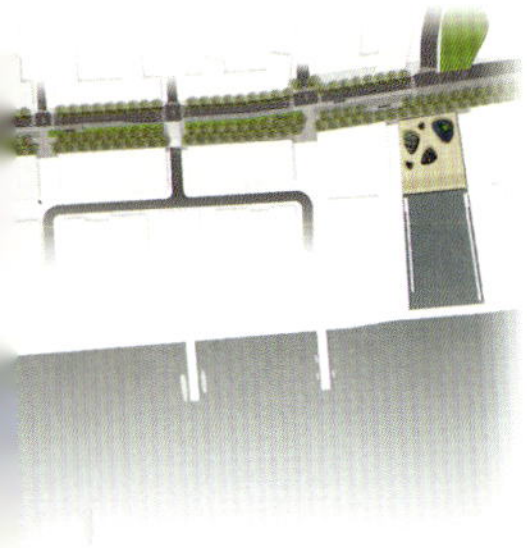

01

02

03 1.7公里长的马丁·古德曼路为人们提供了一条方便步行和骑行的滨湖大道

04 新女王码头紧密的融合了现有标志性波浪栈道

05 枫叶图案暗示行人靠近交通信号灯

女王码头新街剖面图的元素

03

04

05

新女王码头道路平面图

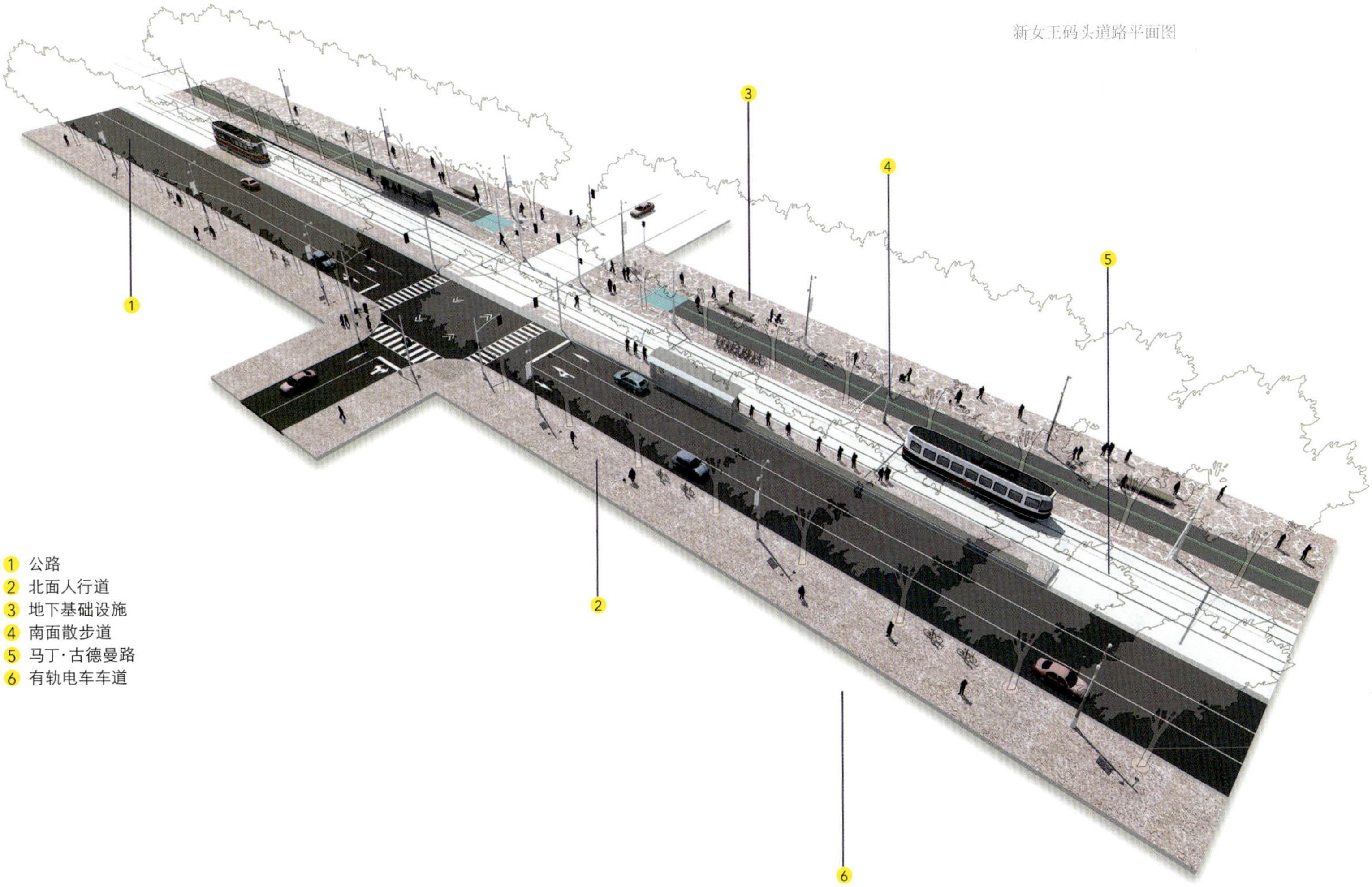

1 公路
2 北面人行道
3 地下基础设施
4 南面散步道
5 马丁·古德曼路
6 有轨电车车道

06 洛尔西姆科女王码头的西面风景
07 位于街道中心的现有电车轨道在改建后从街头一直延伸到了街尾

06

07

(08) 多伦多主要滨水路被改建成了一处值得展示的城市景点
(09) 这处新建空间的特征还包括手工切割花岗岩理石路面以及订制座椅和灯柱
(10) 这处临时景观是为了让公众在改建前感受新女王码头带来的好处

阿贝克罗姆比街道改建工程

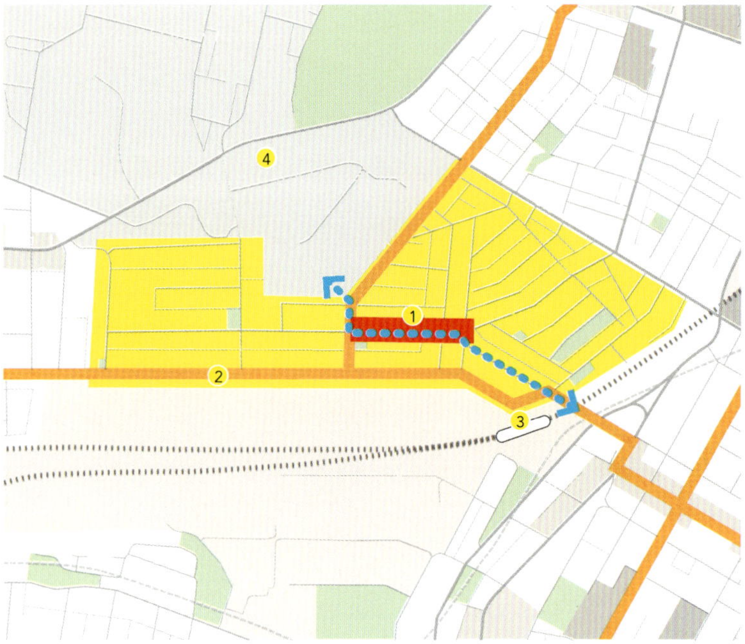

交通平面图

1 阿贝克罗姆比街工程区域
2 威尔逊街自行车道
3 红坊车站
4 悉尼大学

阿贝克罗姆比街工程
建议时速为 40 公里 / 小时的限速区
主要自行车道
悉尼大学至红坊火车站主要步道

● 地点 / 澳大利亚、悉尼 ● 面积 / 0.5 公顷 ● 竣工时间 / 2015 年 ● 景观设计 / GSA 集团 ● 摄影 / 西蒙·伍德 ● 客户 / 悉尼市 ● 预算 / 4,300,000 澳元

达灵顿阿贝克罗姆比街改建工程将重点放在这条繁忙街区的行人身上。阿贝克罗姆比街位于劳森街和牧羊街之间的路段，包括达灵顿镇商业和零售区、居民楼以及查尔斯 · 柯南保护区。该街还是连接红坊车站和悉尼大学的重要步道的组成部分。

该项目旨在对街道景观进行重建，以为该镇的城市环境增加活力。该工程的重点是在重要步行空间以及户外用餐、社交生活和街道绿化所用空间之间取得平衡。通过扩宽步道、改善地下电缆、新栽街道树木、创造慢行环境等措施来改善达灵顿镇的便利设施。所采用的设计注重现有城市景观的特点，强调扩建以及丰富，而不是强加和重建。所采用的具体措施如下：

- 在现有干路内扩大用于户外零售活动和城镇社交生活的公共空间。
- 将街道大部分路段拓宽到 1.7 米；更换埋地电缆，以满足更大规模的新步道的照明需求；在街道两旁栽种树木，确保树木与商店雨棚保持一定的距离以允许树木自由生长。通过以上措施来修建一条可容纳大量行人通行的大道。
- 采用可持续街道绿化；引导屋面雨水穿过树木和植草区域，实现城市街道景观的可持续绿化。
- 为给步行运动以及城镇生活提供便利，采取了额外交通管理措施，包括修建共享区域和阿贝克罗姆比街步道，并在街道与支路的交叉口处实行行人优先原则。地方区域的交通管理可通过建立慢行环境实现。

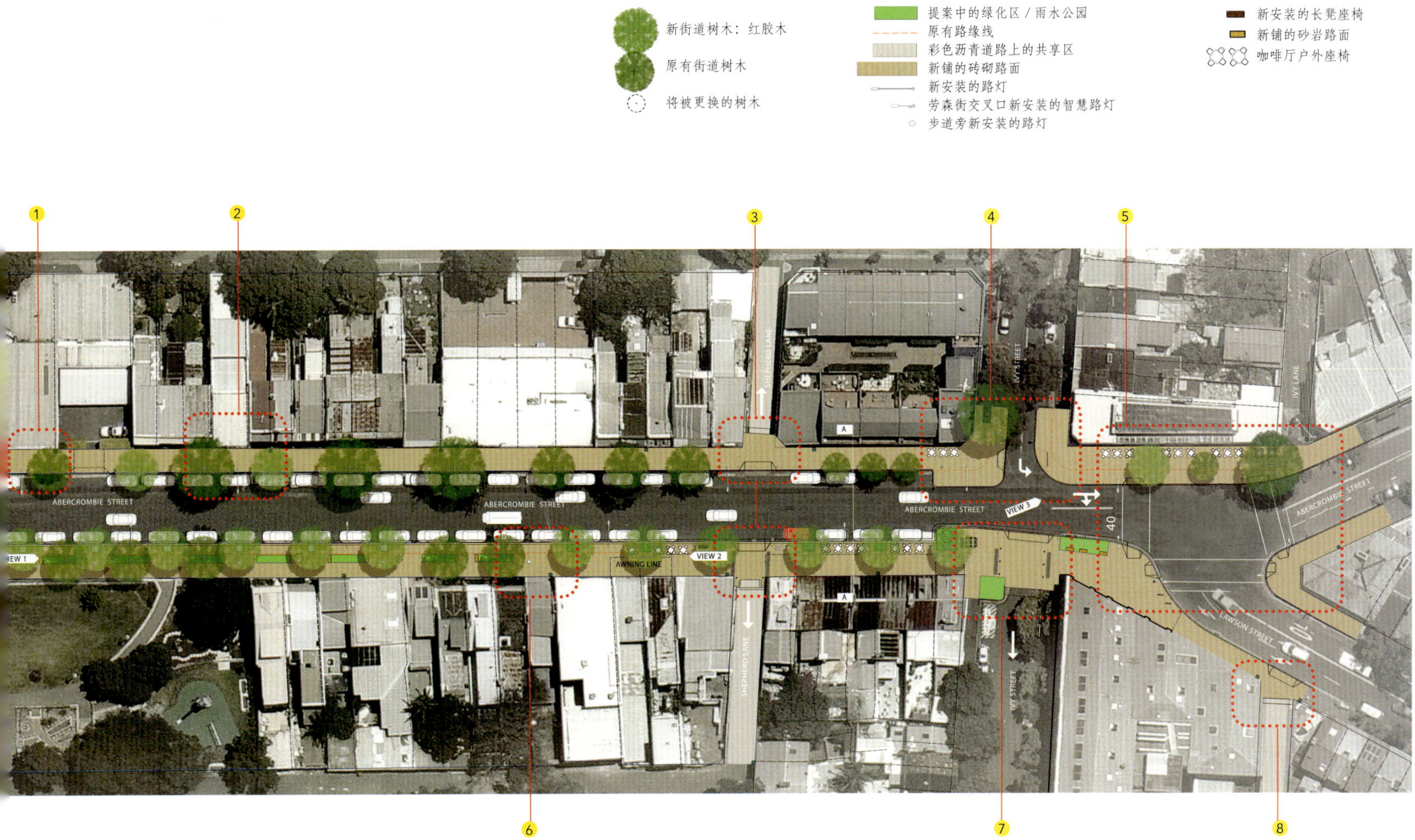

概念平面图

1. 街道北面的改建步道
2. 原有电线埋在街道两边地下
3. 交叉口的共享区域由抬高的路面构成
4. 延伸的交叉口步道以增加行人便利设施和户外座椅区
5. 新交叉口设计包括拓宽北面的步道、各街角的砖砌路面，以及提供街道照明、交通信息服务和通讯设施的“智能路灯”
6. 缩减道路宽度，以让出空间扩宽步道和种植更多的树木和花草
7. 抬高步道路面，以改善步行便利性并改良雨水基础设施
8. 由抬高的步道构成的交叉口共享区域，增加行人便利

01 新步道及照明设施

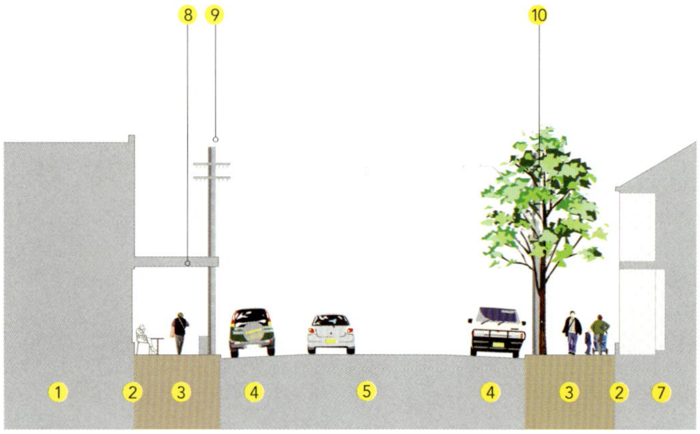

剖面图 A：改建前

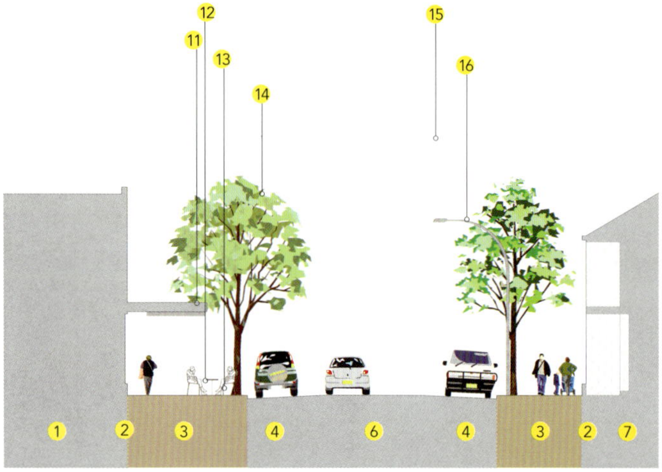

剖面图 B：改建后

1. 街前商业区
2. 道路边界
3. 步道：改建前，3.6 米宽；改建后，5.3 米宽
4. 停车区
5. 机动车道
6. 变窄的车道
7. 居民楼
8. 原有雨棚
9. 电线杆以及高架电线
10. 原有街道树木
11. 新雨棚的棚下照明设施
12. 咖啡厅座椅区
13. 扩宽后的步道
14. 新街道树木
15. 高架电线
16. 新安装的路灯

02

02–03 改造街道以增加建成环境的吸引力
04 巷道交叉处的连续步道处理方式

新栽的街道树木

雨水花园

砖砌路面

步道照明

座椅

05 扩展公共区域用于户外零售及城镇社交活动
06 相邻公园旁边的改建后的街道景观
07 扩宽后的步道以及绿植和非正式座椅

05

1 步道内保留的原有树木
2 铺砖路面以及砂岩石路缘
3 新修街道和路缘
4 花圃和座椅
5 新修路缘线
6 原有路缘线
7 步道照明
8 户外座椅区
9 雨棚线

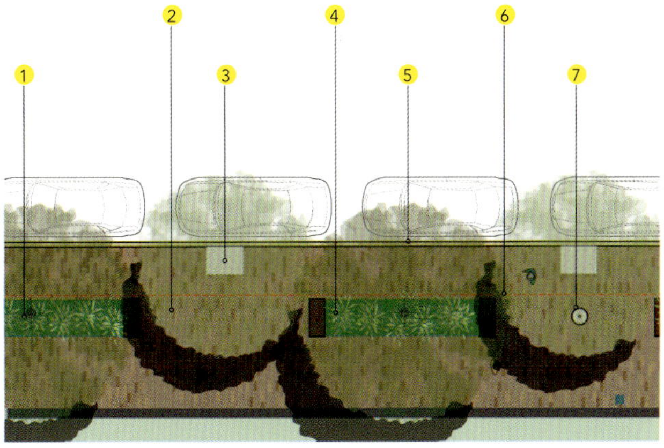

步道细节平面图：查尔斯·柯南保护区前面

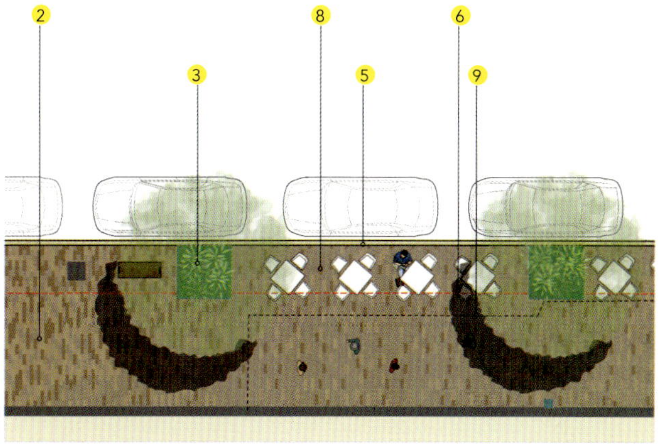

步道细节平面图：商店前面

马德里·里约公园的步道与自行车道

01

（01）哥维亚桥新花园区（公园子项目之一）自行车道鸟瞰图
（02）哥维亚桥新花园区的池塘和喷泉

● 地点 / 西班牙，马德里 ● 面积 / 120 公顷 ● 竣工时间 / 2011 年 ● 景观设计 / 布尔戈斯 & 加里多建筑事务所，波拉斯 & 拉卡斯塔建筑事务所，卢比奥 & 阿卡瓦雷斯—沙拉建筑事务所，West 8 城市规划和景观设计事务所 ● 摄影 / 杰伦·米施，West 8 景观设计工作室，马德里市政府 ● 客户 / 马德里市政府 ● 预算 / 410,000,000 欧元

马德里市政府重建了曼萨纳雷斯河沿岸城区，修建了近 30 公里长的隧道，并在其上营建了占地 120 公顷的公共空间。重建工程分为 47 个子工程，包括运动场、草地、休闲广场、果园、城市沙滩、儿童游乐场、自行车道和 11 座步道桥，形成一条穿越现有城市空间的绿色走廊，将原本各自独立的绿色空间串联起来，使这个城市滨河区域重新焕发活力。

公园中的自行车道不仅仅服务于休闲和运动的目的，还能满足日常通勤的需求。自行车道总长 30 公里，南北走向，与城市自行车道绿化带相连接。项目在一些关键的地方修建了步行天桥，利用隧道确保道路的连续性。该自行车道实际上是行人和自行车共用道路，确保步行者和骑行者都能在这个新建公共空间自由畅行。共用道路实行行人优先原则，因此建议骑行者小心骑行。通过改善河流两岸不同城区之间的联系，该自行车道能鼓励人们选择不同的城市出行方式。

公园中的 11 座步道桥设计中采用了很多公园元素。卡斯卡拉桥是一座巨大的混凝土拱顶结构，外观粗犷。修长的钢板桥面由一百多根钢缆吊挂，使得整座桥看起来像是一个须鲸的大嘴。大桥上方的弧形吊顶上镶嵌着由西班牙艺术家丹尼尔·卡努格设计的马赛克图案，游客一踏上桥面就能看到这些精美的装饰细节。吊顶上的照明设施让这个艺术品和大桥即使在夜间也无比生动。

马德里·里约公园是未来城市改建总规划的一部分，旨在实践倡导文化、教育和健康的城市理念。该工程将一个历史上的马德里“后门”区域转变成一个公园，将邻近的社区联系了起来，提供了一个良好的公共空间，可以开展各种活动和推广健康的生活方式。该公园的自行车道网络是整个马德里曼萨纳雷斯景观工程的一个极为重要的部分。

马德里 · 里约公园中自行车道

02

03

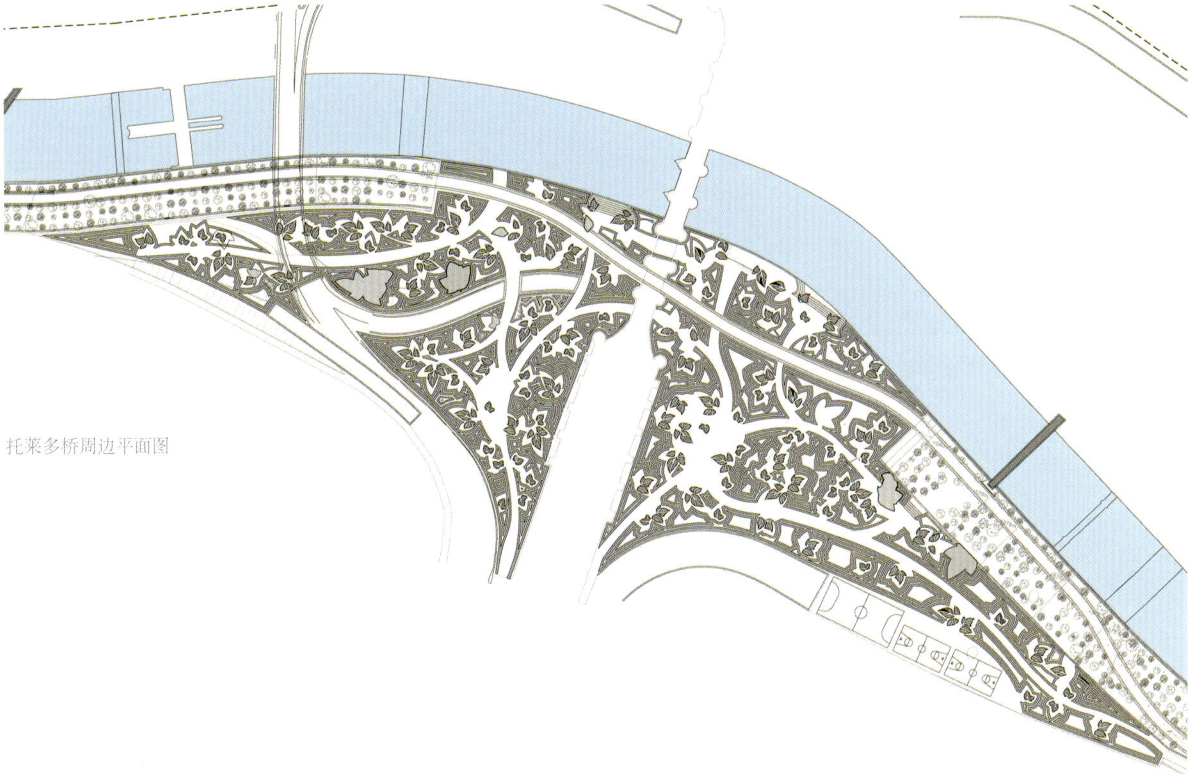

托莱多桥周边平面图

03 托莱多桥下面的花园及自行车道
04 滨河大道使行人前所未有的体验了从桥梁石拱下通过的感觉
05 在松林道（公园子项目之一）沿路一系列小型游乐场在线型景观中形成了一个连续、统一但独立的游乐区

04

05

06

07

08

06 普埃塔·戴尔·雷伊平台
07 符合人体工学的花坛造型也可用作长椅
08 松林道成为了一条有活力的步行和骑行通道
09 葡萄牙大道（公园子项目之一）的路面以小块玄武岩和石灰石拼成樱花图案

果树庭园区剖面图

1 果树（李树和梨树）
2 溪流的边缘 / 座椅
3 溪流
4 边缘 / 座椅
5 果树（苹果树）
6 庭园区
7 河岸
8 步道

⑩ 这座桥由双弧曲面钢筋混凝土结构以及悬挂在其上的金属桥面结构构成
⑪ 托莱多桥北面底部以及桥下儿童游乐区
⑫ 卡斯卡拉桥上由丹尼尔·卡努格设计的马赛克吊顶图案
⑬ 葡萄牙街鸟瞰图

10

11

12

松林道标准剖面图

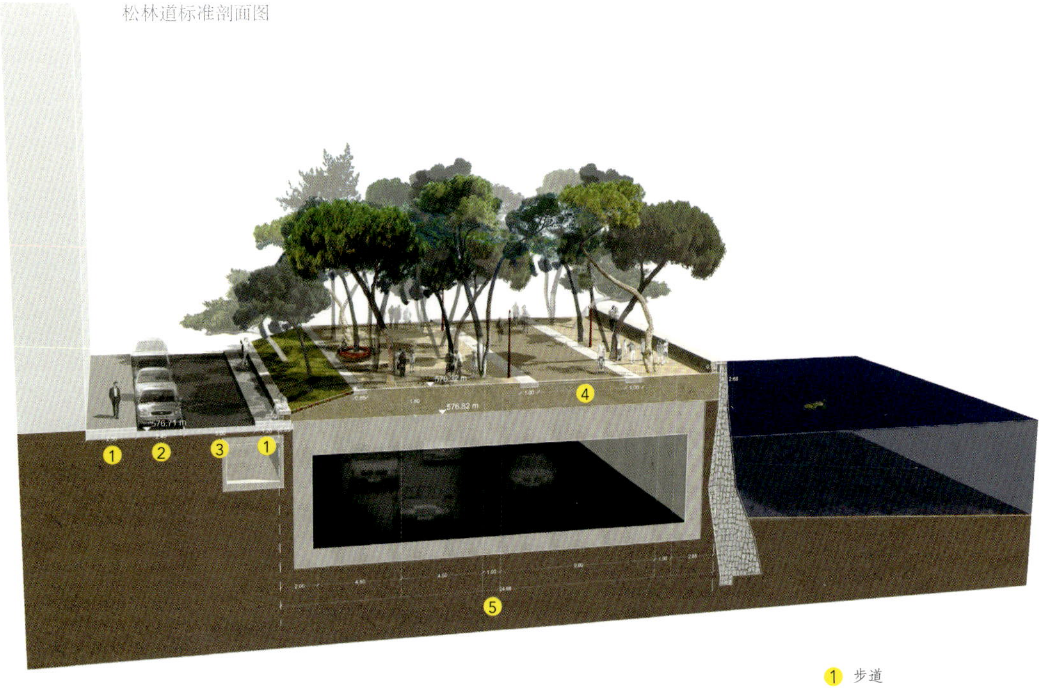

1 步道
2 停车区
3 曼萨纳雷斯街
4 自行车道
5 松林道

13

总督岛公园散步道与自行车道

总平面图

1 游乐草坪
2 吊床树林
3 里戈特平台
4 北侧历史区
5 苏瓦森码头
6 扬基码头

● 地点 / 美国，纽约 ● 面积 / 12 公顷 ● 竣工时间 / 2014 年● 景观设计 / West 8 城市规划和景观设计事务所，马修斯·尼尔森景观建筑工作室 ● 摄影 / 蒂莫西·申克，克雷格·奥尔特，史黛丝·弗莱彻，伊万·巴恩，吉姆·纳瓦尔，West 8 景观设计工作室 ● 客户 / 总督岛基金会 ● 预算 / 70,000,000 美元

纽约总督岛一期工程——公园和公共空间将这个被人遗忘的小岛改造成了一个具有活力的公共空间。封闭了近两百年间的总督岛如今已经变成了纽约夏日的游玩胜地。一期工程是一座 12 公顷的公园，包括里戈特平台、吊床树林和游玩草地。在岛上，游客们可以在蜿蜒的小路上骑行，在吊床上一起荡秋千，在滨水路上散步，或在以自由女神雕像为背景的草地上玩棒球。

总督岛公园和公共空间是一处无车绿洲。岛上道路系统规划清晰有序，确保所有使用者的安全。针对步行者、自行车和服务车辆，道路系统具有不同层级和功能，但步行者和自行车在所有的道路中都享有道路优先权。大小路及交叉口的设计也尽可能减少各种道路使用者之间的冲突。除非在紧急情况下，服务车辆不可进入自行车道和步道。骑行是岛上体验的重要部分，也可以最快地探索岛上 8 公里长的纵横交错的道路网络（包括林荫大道）。道路的转弯处角度和缓，路面宽阔，回转半径宽裕，为使用者提供了轻松、愉快的骑行体验，吸引着自行车初学者和家庭成员一起骑行。此外，自行车道和步道还通过标线和标识隔离开来，5.2 公里长的预制混凝土路缘为那些希望在中途休息的人们提供了座椅。

由此，这座被废弃的军事基地如今被重建成了一处新鲜、经济实惠的旅游景点。总督岛以人为本的设计中采用了主动的环境设计理念，提供丰富的主动和被动娱乐选择，以及可持续的、优质的步行和骑行基础设施。种种改建举措让总督岛成为了颇受纽约人们喜欢的目的地，也成为了曼哈顿一处令人惊叹的景色。总督岛是纽约滨水区改造计划的重要成果。

01 总督岛位于上纽约湾，面积 69 公顷，大约距离曼哈顿最南部 731 米
02 里戈特平台的季节性植物、水景、步道和自行道

01

02

道路环线类型

步行专用

步行 & 自行车专用

步行、自行车和机动车共用

开发区的公共道路

03 弯曲的宽阔道路以及和缓的山坡吸引游客以步行或骑行方式探索这座岛
04 作为占地 2.43 公顷的室外空间，被历史建筑环绕的里戈特平台是进入南岛的大门
05 景观中的多块小型高地增强了游客的探索欲
06 新建的总督岛公园是一座机动车免入的自行车绿洲，岛上工作日从上午 10 点到中午均免费提供成人和儿童自行车

05

06

07

08

公园和公共空间的叠层结构综合系统

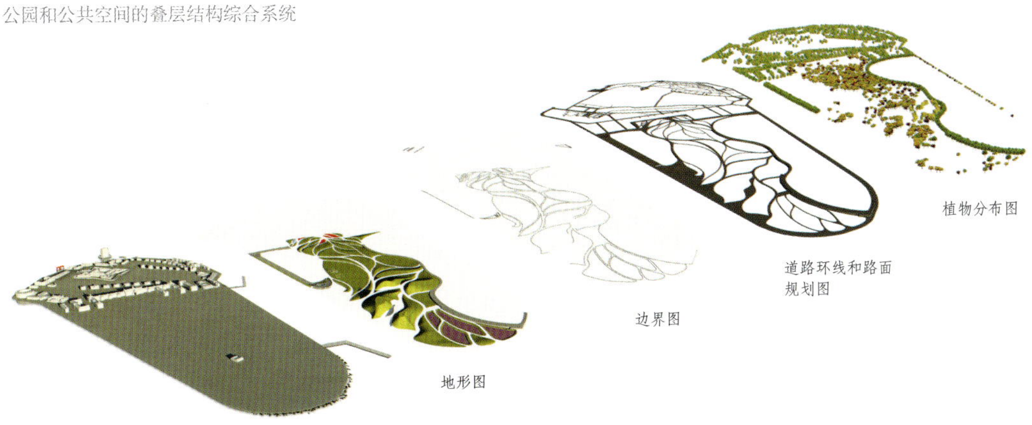

⑦ 通过实证研究和直接观察，苏瓦松码头渡轮排队、服务和登陆的情况

⑧ 季节性植物为新公园和公共空间增加了色彩和吸引力，也使公园成为新的动植物栖息地

⑨–⑩ 5公里长的压花预制路缘像眼线一样勾勒出岛上风景、小路以及森林的曲线

埃森大学区新公园的散步道

总平面图

● 地点 / 德国，埃森市 ● 面积 / 5.1 公顷 ● 竣工时间 / 2014 年 ● 景观设计 / scape 景观设计公司 ● 摄影 / 马提亚·芬克、雷纳·萨克斯，汉斯·布罗斯、沃尔特·巴克霍尔兹，WAZ FotoPool 摄影工作室 ● 客户 / Grün und Gruga Essen 酒店， Entwicklungsgesellschaft Essen 大学 ● 预算 / 6,400,000 欧元

埃森大学区工程位于埃森市中心已经废弃了近 30 年的旧火车站。通过将这块占地面积为 13 公顷的土地进行改建，使“大学区——埃森的绿色中心”发展成了一个城市居住和商业区。采用根据现场地形和历史而做出的独立设计，该公园显得非常特别。但本文只重点讲述散步道的相关设计。

周围的居民楼和商业建筑形成了公园狭长的弧形形状。设计说明中首先陈述了如何基于公园区域的单一形状对景点和道路进行规划，解释了修建水池以及各种娱乐活动设施的必要性并预测了对中心花园频繁使用的可能性。为了减少居民和公园使用者之间的潜在冲突，在公园周围修建了二级道路，以突出该区的半公开性质。

主散步路修建在公园宽阔的中心区域，沿路设置了娱乐、运动和游玩设施。这种设计不仅在北面的水上公园以及南部的草坪公园之间修建了一条重要的开放式散步道，还能避免噪音烦扰居民。为了增加散步道的空间吸引力，设计师没有将散步道设置在一根轴线上，而是在好几处分出岔道。散步区域作为具有吸引力的目的地，就分布在这些岔道上。公园中还有一个水池，其浅水区邻近散步道边，可供游客下水游玩，因此突出了该规划的公共性。散步道借助穿过草坪的众多小路以及跨越水池的步行桥与周围地区连接起来。在散步道和连接大学城中心的步道的交叉口设置了一个开放的多功能区域，其上还修建了一段大型台阶。

(01) 从当地锻造工业历史中取用的弧形边缘确定了整体设计风格

(02) 统一的设计语言——独特的长凳与整体设计风格一致

01

02

设计和材料的选用都特意注重“技术性”。由于整个公园是按照弧形网格形状修建的，因此所有可见边缘以及曲线都以一种非常简单的数学方法确定。整座公园给人一种统一的钢结构感觉。这种整体感是通过将花岗岩道路抬离地基表现的。“散步区域”采用了同样的设计特征，因此也抬高了道路。

散步道两旁种植了一些玉兰树。散步道沿线的“散步区域”种植了泡桐、美国枫香以及印度豆树这样的大树。中央散步道两旁还种植了漂亮的多年生植物和球状植物。关于照明系统，中央散步道的照明充足，而通往两边的小路的照明稍暗，但也足够明亮。“散步区域”通过直射灯光以不同的照明角度突出，从而产生了一种舞台效果，因此也成为了一处具有吸引力的夜景。

(03) 水池上的步行桥
(04) 散步道的滨水风景
(05) 散步道风景

剖面图 1

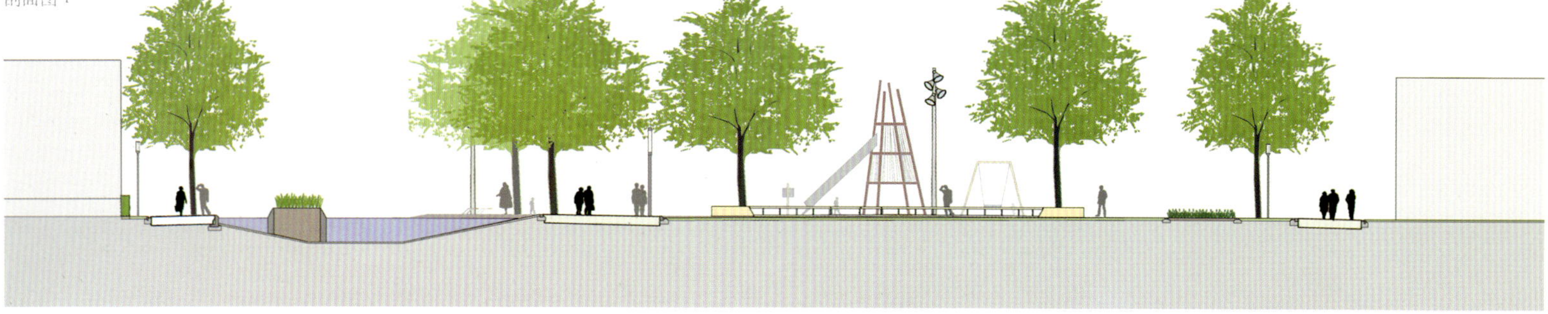

04

05

(06) 连接周边环境和现场的宽阔道路
(07) 滨水散步道
(08) 水池吸引当地居民和游客
(09) 主散步道通过水池之上的步道桥与周边地区连接
(10) 沿东西方向种植了日本国槐

06

07

08

09

10

11

12

13

14

剖面图 2

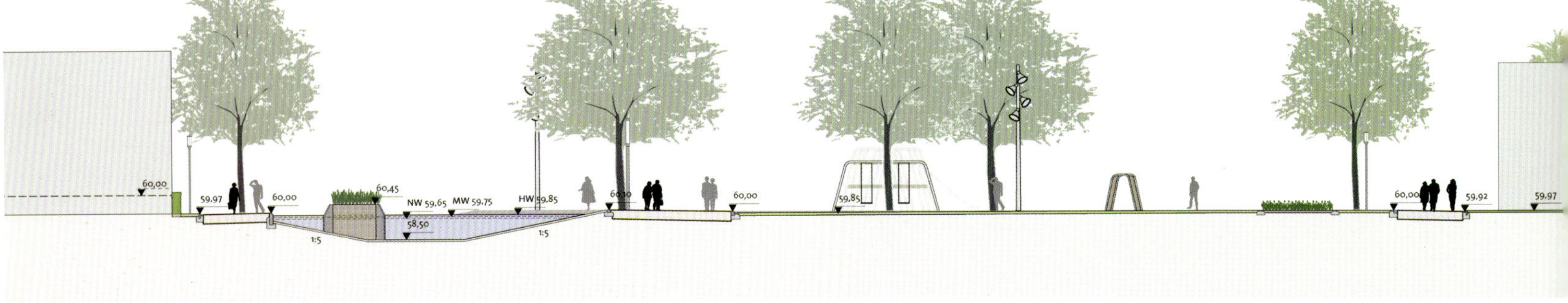

⑪–⑭ 使用材料的细节图
⑮ 多年生植物和观赏植物给了冬季公园温暖的颜色
⑯ 水池边设置的长凳，为人类社交提供便利

15

16

托雷夫兰卡植物园中的步道

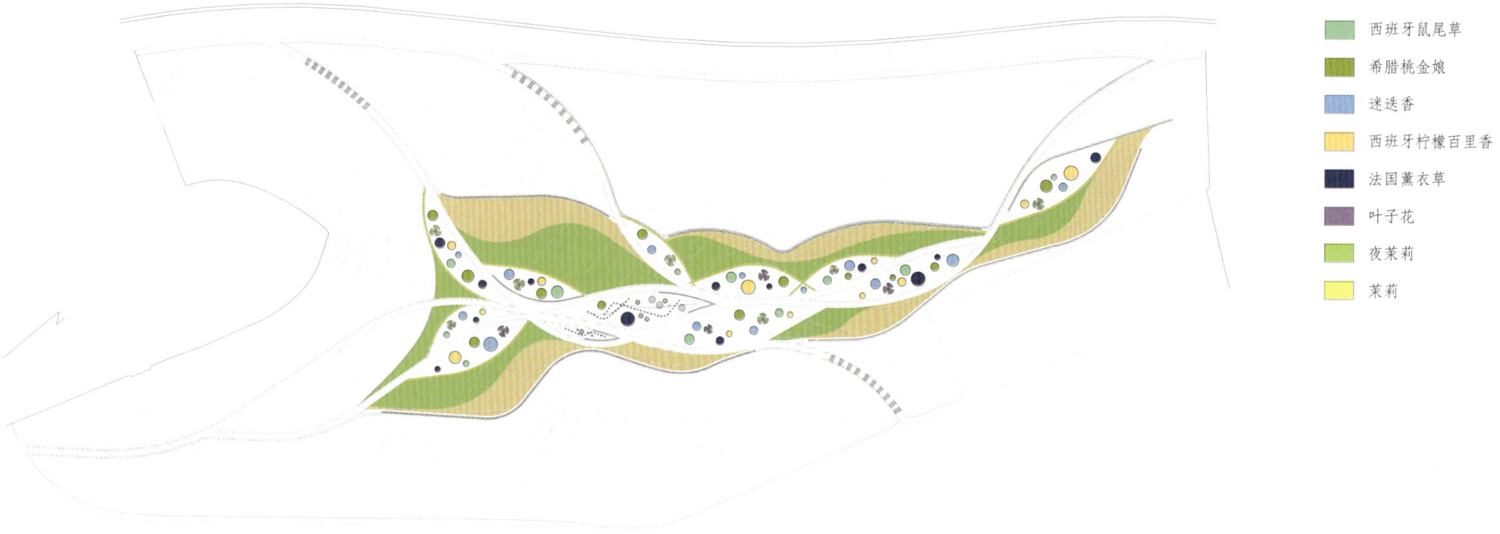

植物花圃分布图

● 地点 / 西班牙, 阿利坎特市 ● 面积 / 7.53 公顷 ● 竣工时间 / 2010 年
● 景观设计 / 卡尔梅皮诺斯景观设计公司 ● 摄影 / 大卫·卡布雷拉
● 客户 / 托雷维耶哈市政府 ● 预算 / 1,664,425 欧元

这是托雷维耶哈区快速发展过程中剩下的一块边缘土地。该块土地两边的巨大地形变化增加了工程的复杂性。该工程包括在山坡上栽种松树，将山坡变成树林，并在其中修建通往低处的小路。小路在低处与花圃交织在一起，形成环路。环路的一些位置还搭建了爬满藤蔓的大型金属格栅结构。

项目的第一个主要步骤是整合该块土地上的周围山坡，将山谷填充平整，以修建规划中的花圃和小路。考虑到山坡的坡度，必须修建排水系统，限制径流造成的土壤侵蚀。此外，围绕地块周边还修建一条与山坡垂直的沟渠。沟渠也有助于限制土壤侵蚀作用。地表径流流入位于山坡上以及散布在地块上的约两米深的碎石坑。其他未渗入地表的水流则汇集到直径为 300 毫米的 PVC 积水桶中。积水桶与一根直径为 500 毫米的混凝土管道连接，而中心集水池则位于公园中心。剩余水流进入中心集水池后，将通过一个隔油器进入埋在公园地底下的长水箱，最后进入地块北面的泄洪管道。采用滴灌系统并利用山坡的陡峭坡度为松林供水。安装在地块周围的直径为 50 毫米的管道与多根按山坡方向铺设的聚乙烯管连接。滴灌系统的另一部分包括在平坦区域安装灌溉喷头。该平坦区域位于山谷中心，上面修建了多个花圃。主道沿线还铺设了两条为公园照明设施提供电源的主线路。线路由一块单控面板（位于公园中心并隐藏在道边）控制。所有道路沿线以及入口都安装了由几根钢柱构成的柱式照明设施。花圃边缘安装嵌入式照明设施。

设计师想要提供两种道路：主路直接快捷地穿过公园，二级道路在花圃间绕行。主路以规格为 20 厘米 ×40 厘米 ×5 厘米的混凝土砖块为路缘，路面铺设碎石。坡度超过 8% 的路段采用坡道梯级结构，以 20 厘米 ×40 厘米 ×18 厘米 ×5 厘米混凝土铺设。二级道路以简单的碎石铺设，花园四周的步道路面则由 5 厘米厚的彩色混凝土板铺贴在 10 厘米厚的混凝土基层构成。步道的路缘以 20 厘米 ×40 厘米 ×20 厘米的预制缓凝土砖块砌筑。公园入口由拓宽的步道与主道重叠构成。

公园层叠结构

(01) 沿东北方向看到的风景

公园内各处均安装了长凳。长凳散布在山坡的周围以及花圃之间的平坦区域上。长凳不仅起到定位作用，还能遮挡上文所提的用以截留山坡径流的碎石排水沟。公园内所有长凳的靠背均由预制混凝土板制作，而混凝土板则固定在混凝土地基中的预埋钢板上。花圃是金属拱顶结构，上面装饰着螺旋状装置，以供攀援植物攀附生长。栽种攀援植物时需遵循一定规律，以获得预期装饰效果。

02 游乐区、道路和芳香植物花圃
03 长凳和花圃区

02

03

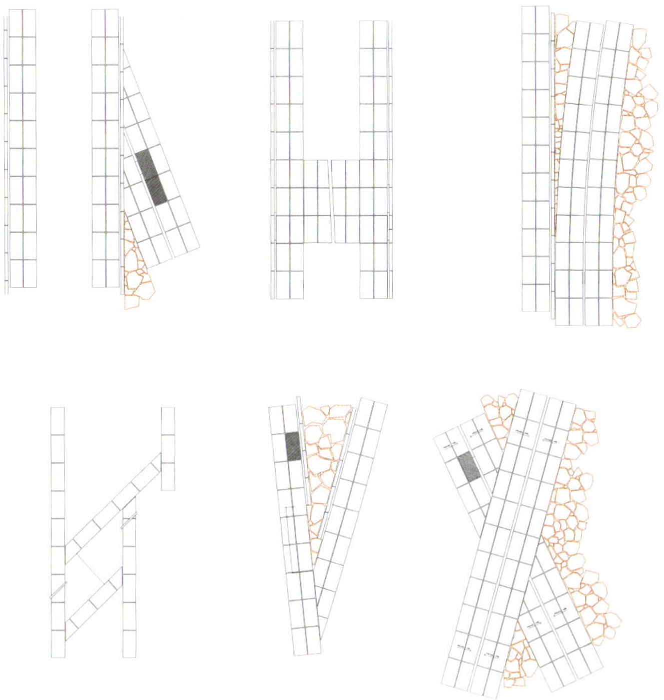

道路细节图

04 道路交织形成的区域种植了芳香植物
05 公园所在峡谷的夜景
06–07 花圃间的道路
08 金属拱形结构为人们提供了安静的休息场所

04

05

06

07

08

埃尔布单赞提公园中的步道

路面图案手绘图以及嵌入斑岩路面的铁轨

● 地点 / 意大利，帕拉蒂科 ● 面积 / 0.95 公顷 ● 竣工时间 / 2010 年 ● 景观设计 / 克里斯蒂娜·马祖凯利绿色设计工作室 ● 摄影 / 克里斯蒂娜·马祖凯利 ● 客户 / 帕拉蒂科镇● 预算 / 950,000 欧元

埃尔布单赞提公园位于意大利北部帕拉蒂科的伊塞奥湖岸边。这块尚未开发的土地原属于意大利国家铁路局。该项目创造了一块公共娱乐区，同时突显了环境的优美并恢复了该地的历史特征。在对公园中的步道进行设计时，保留并强调了旧有铁路。步道是将公园内几个绿化区域从气质上和实际上连接起来的主要元素。公园的各个区域凸显不同的主题，努力诠释当地众多精神。

公园沿着湖岸修建，由一系列“房间”或者区域组成。修建的两条步道纵穿公园，其中一条沿岸而建，供人们在公园中一边散步一边欣赏湖泊景观；另一条路斜穿公园，着意沿着旧铁路轨道而建。沿着第二条路走，人们可看到开花的树篱以及栽满了漂亮植物的大型金属箱。这些金属箱按斜线布置，将人们的视线引向滨湖景观。公园一个区域的地面装饰着以碎石拼成的波浪图案，让人联想到湖水荡漾激起的波浪。另一个区域上修建了一个大型藤架，上面覆盖着美国葡萄藤和花香四溢的玫瑰花，暗示弗郎奇亚科达丘陵地带种植葡萄的农耕传统。公园最后的标志性区域上设置了众多椭圆形座椅以及两个栽种着白色睡莲的长方形石槽。所有这些区域能让人清晰地回忆起湖泊沿岸展现的各种风景。

步道以当地石材铺砌，路线布局没有规律，道路自由延伸，创造出一种韵律。步道和铁路轨道结合在一起，铁轨嵌在石材之间，而整条道路都是以石材铺成。颜色、形状和图案的综合运用给公园全景一种强烈的自发性，暗示和谐、优雅和运动，公园的名称即源于此。该项目在整合景观、历史和休闲于一体方面是一个案例。

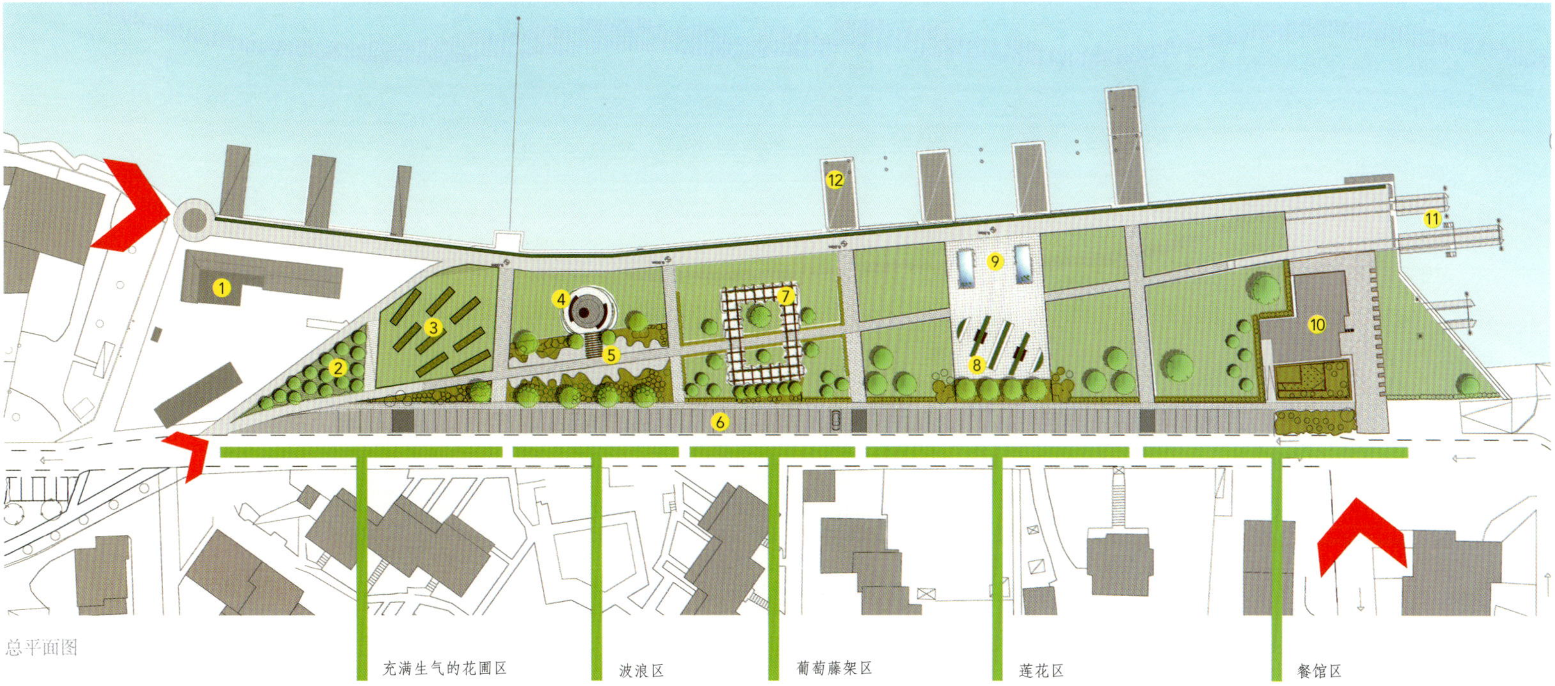

总平面图

01 纵穿公园的两条道路着意沿着旧铁路而建；中间道路穿过一系列各具特色的“房间”

02 公园里的砾石铺成波浪形状，旁边宽阔的区域上种植草坪，风吹草动时缓和了石材的坚硬感

01

02

03 公园的入口是两条步道起始的地方：一条步道顺着河岸延伸，另一条步道从公园中心穿过

04 紧邻海岸的道路边种植着连绵不断的细茎针茅和柳叶马鞭草，使人们与海岸边缘保持安全的距离

05

06

⑤ 位于公园中心的道路穿过一个爬满了铁线莲的钢丝拱形，
之后又通过一个覆满美国葡萄藤以及芳香玫瑰的方形木结构藤架
⑥ 长方形石槽内既栽种了白色莲花又养了红色金鱼，使湖面风光更加多彩多姿

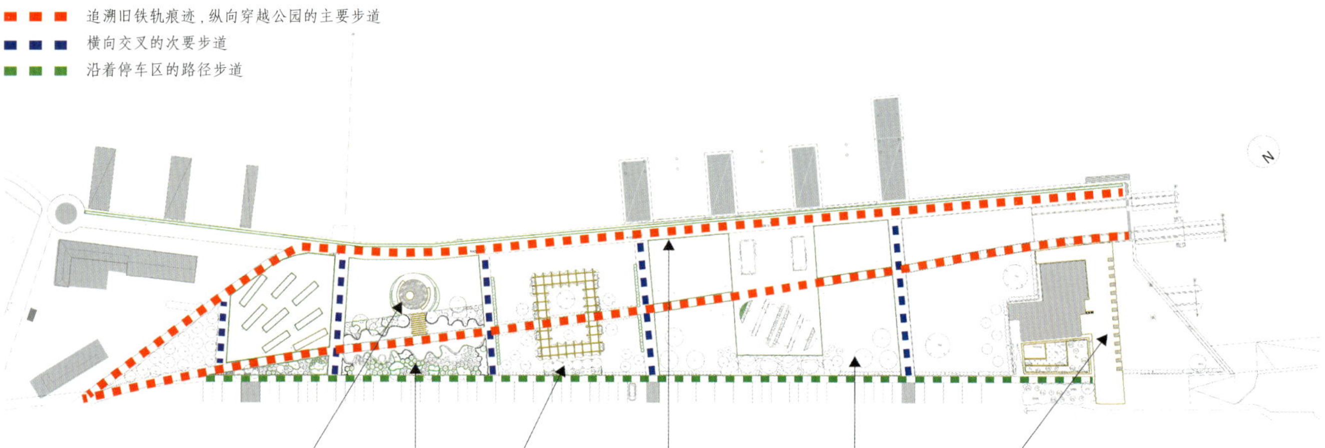

公园道路轨迹图

(07) 两条独立的步道汇集在一个广场上，站在广场改建后的码头上，人们会不由自主地开始欣赏湖面和周围的群山

(08)–(12) 波浪区域的细节：砾石用蜂巢状的塑料框架（恩卡斯网）固定，既可排水，又牢固耐用；环形广场上设置宽木座椅，地面铺贴斑岩石材，并拼成同一个图案；砾石与石头路面用钢边隔离开来

07

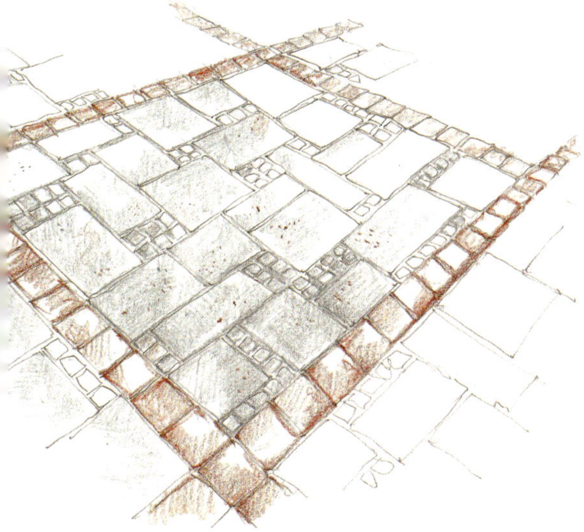

标准广场路面图案素描图（2 米 ×2 米），由不同形状和规格的红色和灰色斑岩石以及皮埃蒙特深层岩石构成，并按“罗马风格”铺成

波尔图—勒罗内自行车道

自行车道平面图

● 地点 / 意大利，阿伦扎诺 ●面积 / 0.6 公顷 ● 竣工时间 / 2011 年 ● 景观设计 / CANAPÉ Cantieriaperti 建筑和城市设计工作室 ● 摄影 / 塞尔吉奥·弗蒂尼 ● 客户 / 阿伦扎诺公共管理部门 ● 预算 / 300,000 欧元

该项目的主要目的是对一条步行与骑行道路进行改造。该道路沿一条旧路而建，全长 290 米，始于阿伦扎诺港，终点在勒罗内河口附近的运动和游玩区。废弃的铁路被改建成一处城市空间，促进了可持续交通的发展。

该项目所采用的策略是将景观视为道路特征的最重要表现者。鉴于大海是整条自行车道沿线所能看到的最壮丽的永久性风景，设计师建议突显地理优势，设置用于社会活动、休闲和娱乐的不同独立空间，而不是将自行车道视为连接两点的简单直线。自行车道穿越新的城市空间，修建时根据城市景观选用材料，采用适用于海滨的实心材料、耐候钢和木材、动态元素、碎石和沙。考虑到需要保持人造元素之间的连续性以及景观的整体性，选择用浅色人造石铺贴自行车道，看起来好像海边的自然砂岩路。

该项目还包括一些由地中海植物构成的绿化区。绿化区的设计能满足不同的功能：休息区周围栽种树木（红花多枝柽柳），假山附近栽种灌木。老停车场是自行车道使用者可能利用的休息地，因此在这里设置了一条加长共用长凳并栽种了一些红花多枝柽柳。长凳和树木把餐厅附近的这处公共区域隔离开来。道路沿线的植物构成了一系列绿色区，形成了道路景观。根据可持续城市设计方针，人造假山是由挖掘出来的沙土堆积而成的。道路的维护以及灌溉系统同样也满足可持续、回收和节约的要求。

技术剖面图 1

1 钢材
2 砾石
3 木板路
4 混凝土挡板
5 沙子
6 人造石道路
7 排水系统
8 木长凳

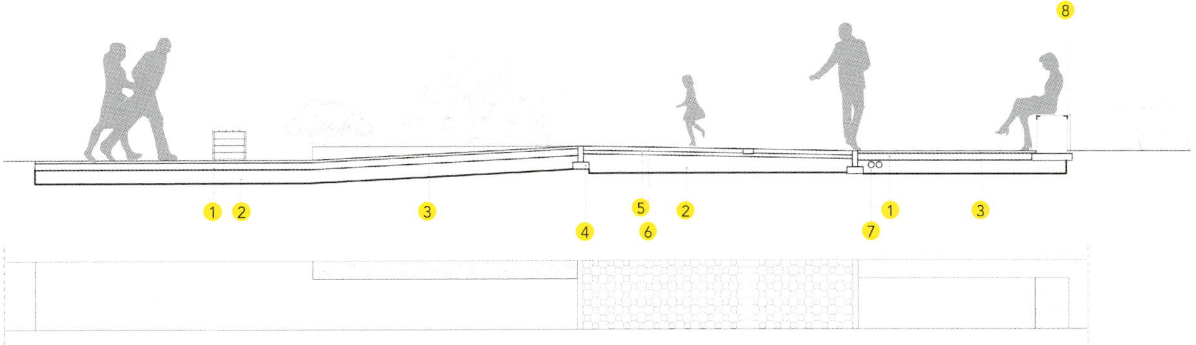

01 在原有篱笆上覆盖一层铁制藤架并种植了绿色的攀缘植物
02 道路以浅色的材料（人造石）连贯铺砌，看起来就像海边的自然砂岩路

01

02

技术剖面图 2

1 木长凳
2 科顿钢
3 地面
4 混凝土挡板
5 沙子
6 砾石
7 人造石道路
8 排水系统

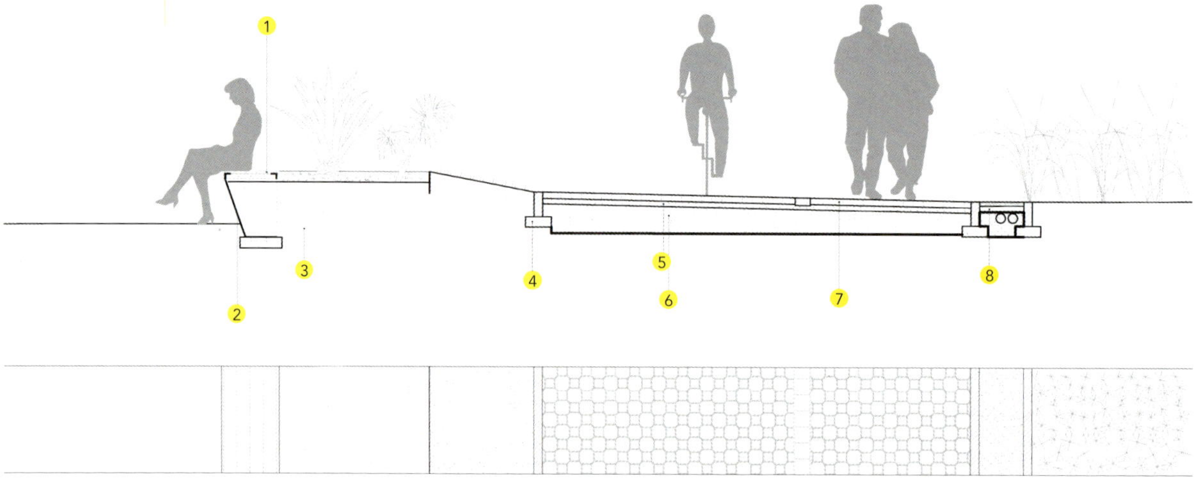

03 该项目将一条废弃铁路改造成能够提高可持续交通能力的城市空间

04 景观是影响该项目设计策略的重要因素

05 植物凸显了主要公共区域

06 路面细节和远处的海景

07 餐厅附近的木长凳和植物界定了人造石道路和社交区域，社交区以更加动态的材料如砾石和沙铺成

08 按照可持续城市设计原则，项目挖掘出的沙土堆成了人造假山

05

06

07

08

阿肯色州拉泽巴区域绿道

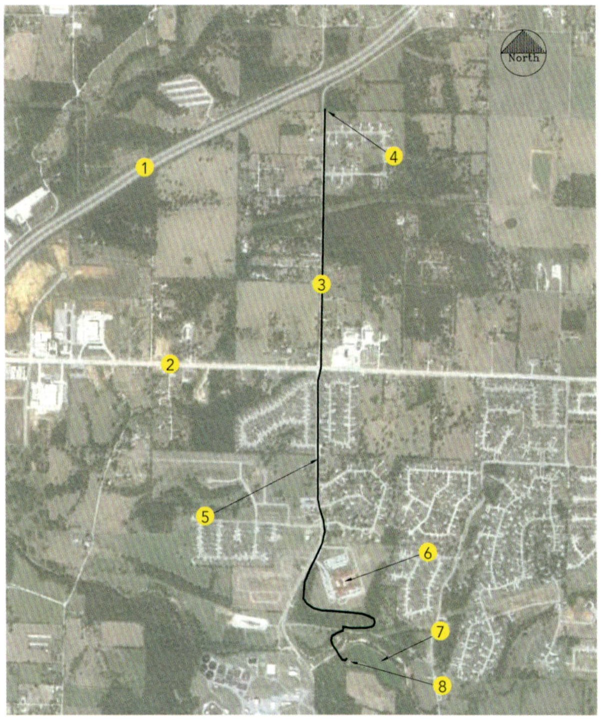

总体规划图

1 州际公路 540
2 农用车道路
3 静林路
4 道路起始部分
5 绿道部分
6 学校
7 斯普林代尔湖
8 道路结束部分

● 地点 / 美国，华盛顿 ● 面积 / 51,813 公顷 ● 竣工时间 / 2015 年 ● 景观设计 / 阿尔塔 / 格林威斯景观设计工作室 ● 摄影 / 查尔斯· A. 弗林克 ● 客户 / 沃尔顿家庭基金和西北阿肯色州地区规划部门 ● 预算 / 25,000,000 美元

阿肯色州西北部拉泽巴区域绿道是美国最有特色的地区城市绿道工程之一。该工程的目的是为了通过一条 58 公里长、3 米—4 米宽的道路（大部分是直线公路）将阿肯色州西北部 6 个辖区（即本顿维尔、罗杰斯、罗威尔、斯普林代尔、约翰逊、费耶特维尔）连接起来。这项工程策划了几年之久。阿肯色州西北部在过去的 20 年里加速了城市化进程，而这条道路蜿蜒穿过由 6 个辖区组成的现有城市网络，利用未开发的土地，在某些情况下，恢复并改建一些没有得到充分利用的城市景观。

设计师在规划拉泽巴绿道时遇到了很多困难。该工程跨越 6 个不同的辖区，设计团队需要满足获得所有辖区的不同建设要求并获得它们的认可。地形是该工程面临的最主要实际挑战之一。阿肯色州西北部的喀斯特地貌迫使设计团队选择一条能够减少对当地环境的影响的路线和结构。因此，绿道的大多数路段都与现有道路并行或相邻。这条绿道包括位于方便进入和使用的重要位置的公共路段，还有一些绿道路段可能设置了照明系统，以供夜间使用。这是一条高质量全天候铺砌道路，一年四季均可使用。

拉泽巴绿道是人类修建的可与 49 号州际公路（仅限机动车使用）比肩的道路。它的路线几乎和 49 号州际公路路线相同，但却允许非机动车使用，能将人们送到沿线几十个受欢迎的主要目的地，包括所说的 6 个城镇、3 座大型医院、23 所学校、阿肯色大学、购物区、居民区以及主要景点。拉泽巴绿道为人们前往众多适宜骑行、散步、远足、溜冰以及乘船等活动的景点提供了安全通道，同时还为该区的数千名小学生以及学院和大学的大学生和研究生提供了便利的室外活动区域。

01 阿肯色州罗杰斯市俯瞰图，上面显示拉泽巴绿道路线
02 骑行者正在接近斯普林代尔春溪上的一座桥

01

02

(03) 春溪沿岸的绿道
(04) 木兰公园邻近的绿道
(05)-(06) 斯普林代尔市中心的木板路北面的风光
(07) 斯普林代尔市中心的木板路

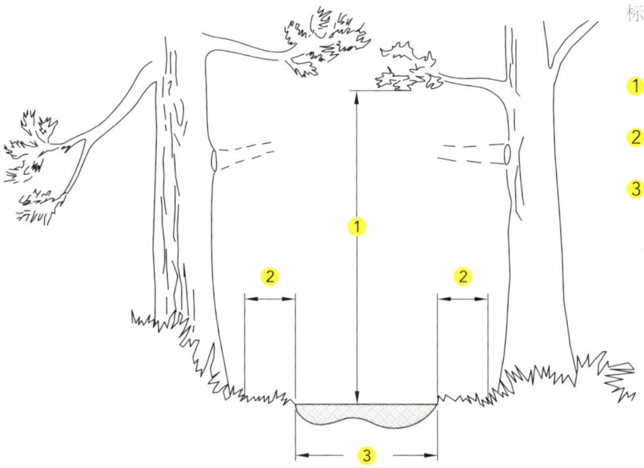

标准树木和植物空间细节图

1 竖向净空至少 3.04 米

2 距离道路边缘至少 1.21 米

3 路基（宽度不一）

03

04

05

06

道路横道路面标线细节图

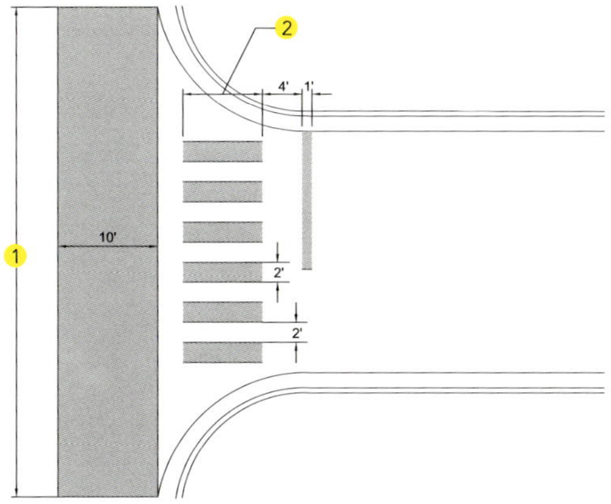

1 路口长度不一
2 和道路宽度一致，如与自行车道相邻，则宽度为 1.83 米

注
A. 所有横道标线以及停止线均以白色热塑性材料制作
B. 横道以障碍缓坡为中心、与街道中线垂直
C. 步道和自行车道并行的横道，自行车道标线应以绿色实心环氧改性丙烯酸水基涂料标记，而步道标线则以白色热塑材料标记

混凝土道路的剖面图

1 标准宽度 3.67 米
2 最少 0.61 米
3 横向坡度 2%
4 最大坡度 6:1
5 预留线管
6 混凝土道路
7 碎石基层
8 压实基层
9 原有基层

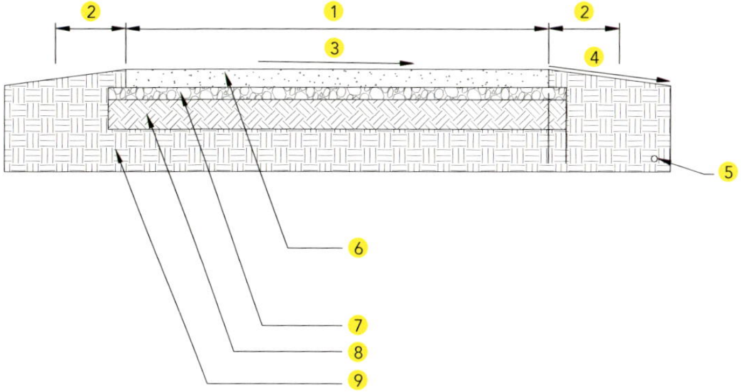

⑧ 斯普林代尔泵站路的横道警示标识系统
⑨ 春溪上的 180 英尺长预制钢桥
⑩ 一家人在绿道起点处享用野餐和欣赏风景
⑪ 绿道上的骑行者
⑫ 绿道上的一个里程标

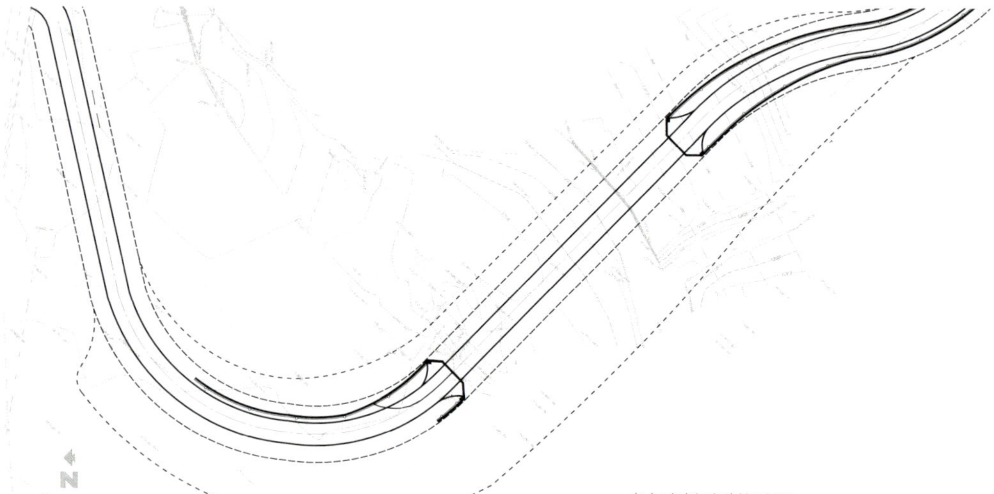

自行车桥引道俯瞰图

09

10

11

12

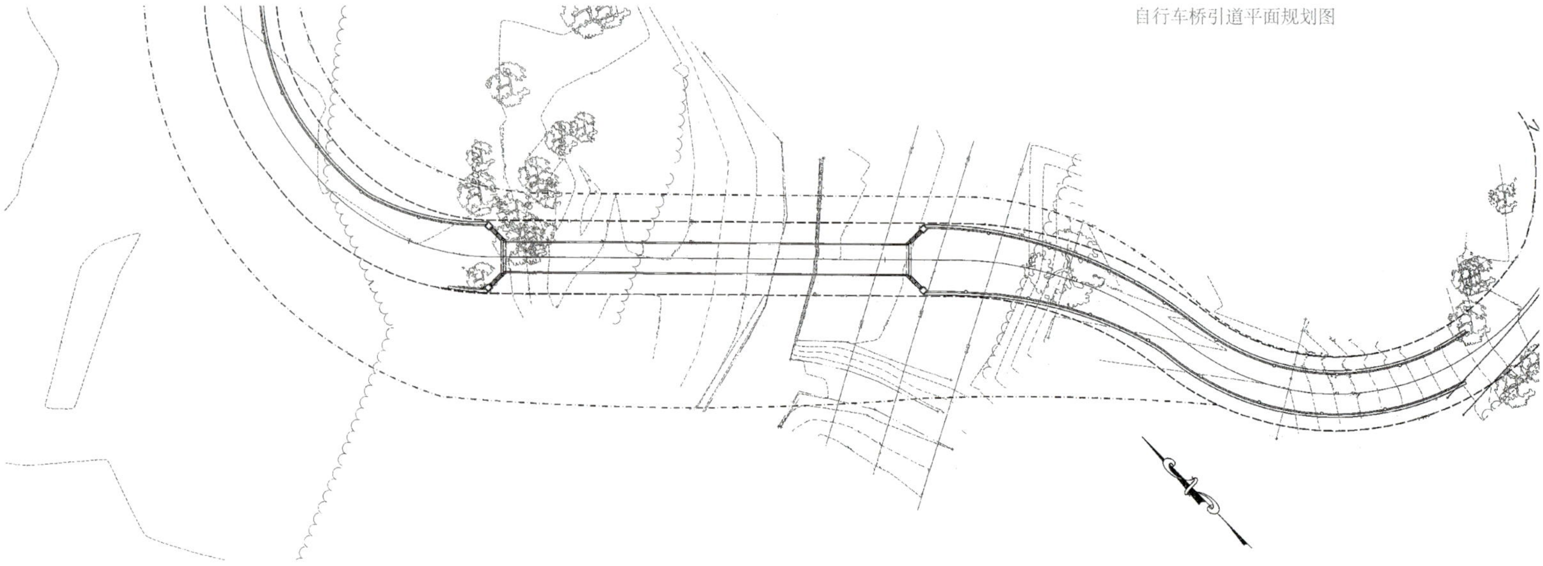

自行车桥引道平面规划图

春溪桥剖面图

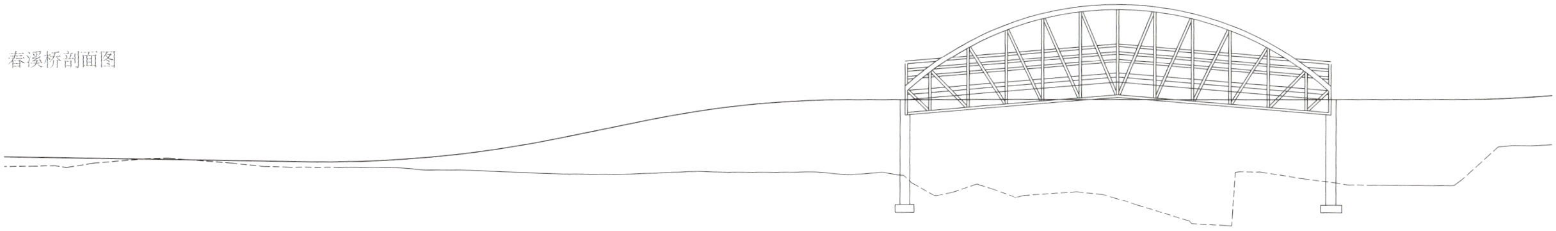

⑬ 春溪桥引道的护栏
⑭ 斯普林代尔农场和绿道护栏
⑮ 康普顿花园中的绿道

14

15

特阿拉–亚历山德拉河自行车道

总平面图

特阿拉—亚历山德拉河自行车道

● 地点 / 新西兰，奥克兰 ● 长度 / 3.5 公里 ● 竣工时间 / 2012 年 ● 景观设计 / BMLA 有限公司 ● 摄影 / 肖恩·沙德博尔特● 客户 / 北岸市 ● 预算 / 950,000 新西兰币

骑行作为一项运动和休闲娱乐活动，越来越受新西兰人喜欢。在奥克兰，当地政府一直积极努力在这条被人遗忘且很多地方已经破败的郊区河岸修建一条自行车道。奥克兰城中的河流事实上将很多市政府拥有的公园和保护区连接了起来。修建自行车道有利于将所有分散且未被利用的公共空间联系起来，同时还能修复退化的河流、改良湿地以及改建与河流相邻的池塘。

奥克兰北海岸的亚历山德拉河自行车道是这个自行车道计划的一个优秀案例。亚历山德拉河是一条中型城市河流，大致从南部的昂斯沃斯高地流向北部的奥尔巴尼河，全长约为 3.5 公里。河流流经数个现有公园和保护区，其中有著名的昂斯沃斯保护区和玫瑰谷公园。

设计团队就道路穿越的具体环境条件开展了大量详细调查。道路沿线景观非常复杂，既有经由陆地的水道、暂时性的溪流，也有杂乱生长的当地灌木，还有陡峭地形。经过调研，设计团队针对具体现场环境制定了众多详细干预措施。有些情况下，采用了传统上修建公园不采用的施工技术，比如钢板桩。这种材料和技术一般用于大型基础设施建设工程，但在这项工程里却被用来保护部分路段。使用传统挡土墙可能毁坏当地灌木丛，但通过采用薄钢板柱和专业施工技术却能保护灌木丛。某些路段采用了渗透性混凝土，以减少雨水径流，改善水质。排水沟采用可回收碎石建筑缓凝土。利用绿色加筋格宾墙保护较低路段，确保将当地植被修复和挡土墙结构融合在一起。根据尽可能减少维护工作的原则选用建筑材料。这些材料包括上漆木桥、镀锌钢灯柱以及上面只安装了一层木板的简单浇筑混凝土座椅。

亚历山德拉河自行车道提供了一个新便利设施，为北海地区主要驾车出行的居民提供了其他交通选择。如今，除了公路网络外，还有许多新路线将各个郊区连接起来。人们利用安全环保的新道路网络可在运动场、咖啡馆、健身房、办公室和郊区住房之间往来。亚历山德拉河自行车道如今成为了奥克兰的一个新线性公园。

总平面图和SH18区的立面图

1 浇筑混凝土座椅
2 信息板
3 钢板桩
4 桥下生长的亚麻
5 木桥
6 木桥桥板
7 桥下的溢水路面
8 长阶花
9 挡土墙前生长的中药植物
10 排水沟出口处的湿地植物

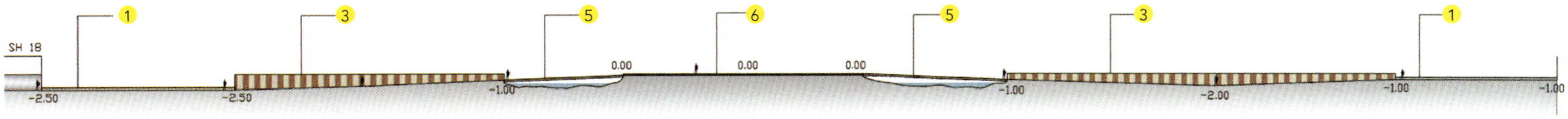

01 穿过昂斯沃斯保护区的自行车道

剖面图 1

02 欧米伽雨水池上的桥梁
03 连接欧米伽街并跨越欧米伽雨水池的自行车道
04 连接自行车道并跨越欧米伽雨水池的桥梁

03

04

05–06 钢板桩挡土墙
07 木座椅和桥梁
08 隧道和新安装的安全照明设施
09 穿越现有松林的木板自行车道

05

06

07

08

09

剖面图 2

露茨辛格尔步道桥

平面地图

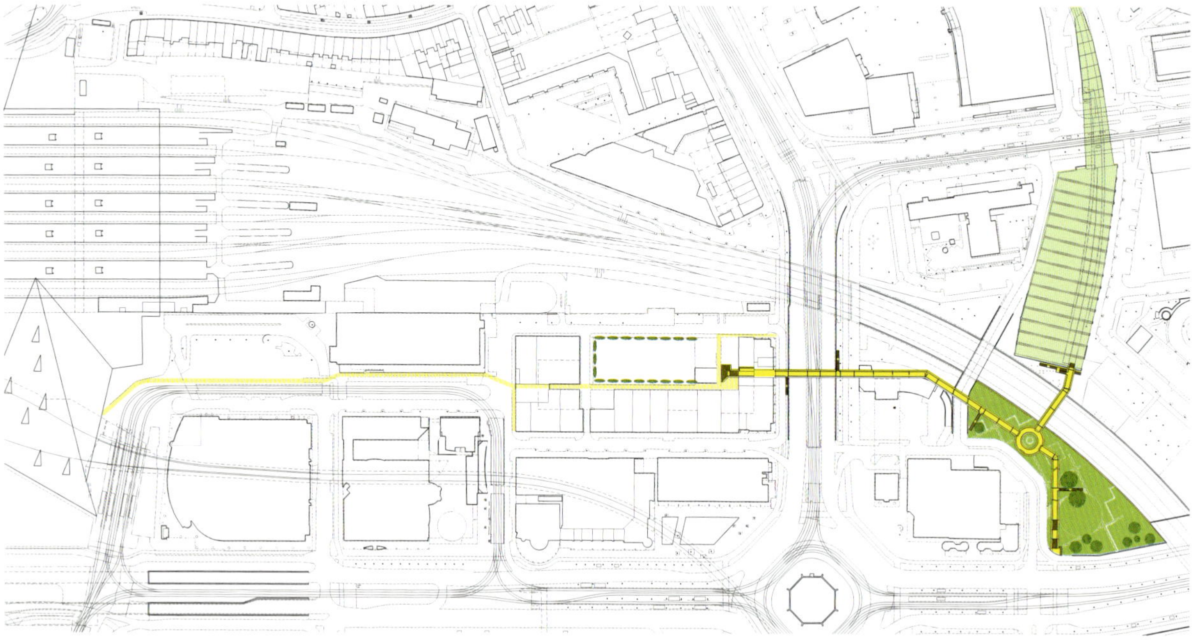

● 地点 / 荷兰，鹿特丹 ● 长度 / 0.4 公里 ● 竣工时间 / 2015 年
● 景观设计 / ZUS 建筑事务所 ● 摄影 / 奥斯普·凡·杜伊温博德
● 客户 / 鹿特丹镇 ● 预算 / 1,500,000 欧元

露茨辛格尔是一座连接鹿特丹市中心和北部的步行木桥，全长 400 米。它是世界上第一座主要由群众募资修建的公共基础设施。该步道桥与新公共空间一起构成了一个“三维城市空间”，其中包括思斯奇大厦（一座创客办公楼）、德弗特霍夫（一个热闹的夜生活区）、达卡克尔（一个屋顶花园）、庞蓬堡公园和霍夫普乐恩车站屋顶公园。

2011 年，鹿特丹市中心区办公楼建筑规划被宣布取消，使得许多现有办公空间空置。为了激活该区域，设计师规划了好几个重新开发项目，包括思斯奇大厦、德弗特霍夫、达卡克尔、庞蓬堡公园和霍夫普乐恩车站屋顶公园。露茨辛格尔木桥是其中的主要工程之一，穿越其他各不相同的新公共空间并作为一个统一元素将它们连接起来，从而将鹿特丹的中心区域恢复成适于居住的绿色空间。为了创造与其他工程一致的外观，露茨辛格尔木桥被设计成明黄色，和思斯奇大厦周围地面上的黄色线条以及德弗特霍夫区的步道颜色相呼应。这种明亮的颜色使得大桥成为了突出于周围灰色基础设施中的独特景观。步道桥向三个方向延伸，中间设置一个环岛。环岛既可作为一个小餐吧，也是欣赏城市风光的观景台。步道桥的另一个显著特征是木板护栏。护栏向桥内倾斜，上面刻上了募捐者的姓名。每个募捐者都能找到属于自己的木板。鉴于桥梁的长度和复杂结构，步道桥是先制作各部件后，再将它们组装修建而成的。

通过增加步行通道，这条 400 米长的步道桥确保了不同地点间的联系。现在从车站前往北区以及穿过庞蓬堡区前往劳伦斯克瓦迪尔区的现象已很常见。这条独特的便利路线不仅为公众运动提供了另一个选择，而且还使该区在鹿特丹城市网络中占有了一个特别位置。

01 木桥东面俯瞰图

总平面图

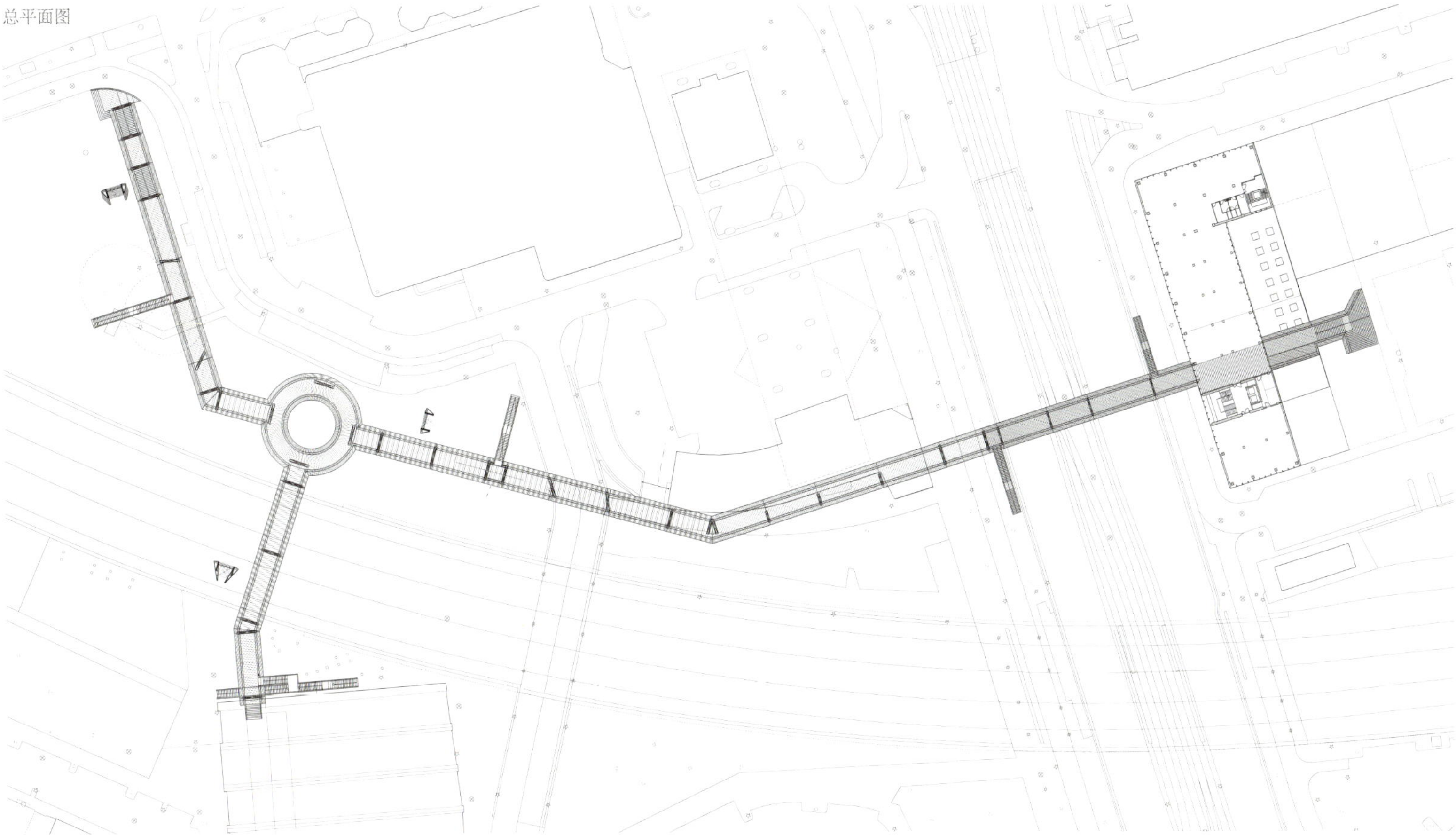

02 木桥西面俯瞰图
03 木桥向以环岛为中心向三个方向延伸
04 木桥连通了思斯奇大厦和达卡克尔
05 木桥护栏向内倾斜使桥体好像一节火车车厢
06 远处奔驰的黄色火车与桥的颜色相互呼应
07 护栏的每块木板上都刻着一个捐款人的名字

02

03

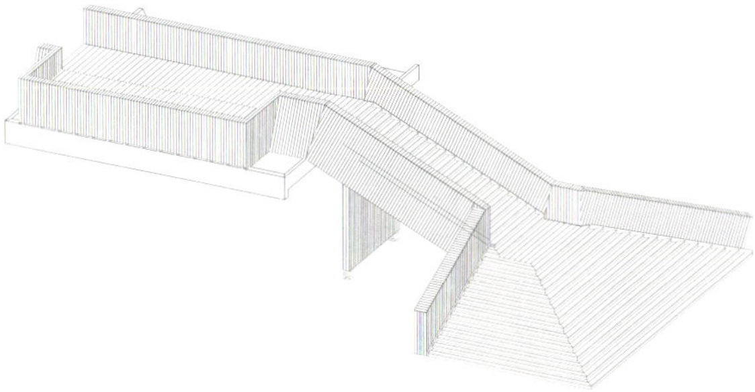

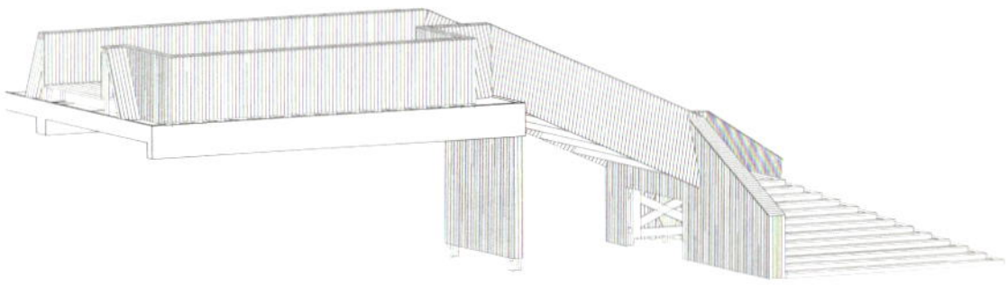

德弗特霍夫台阶后花园

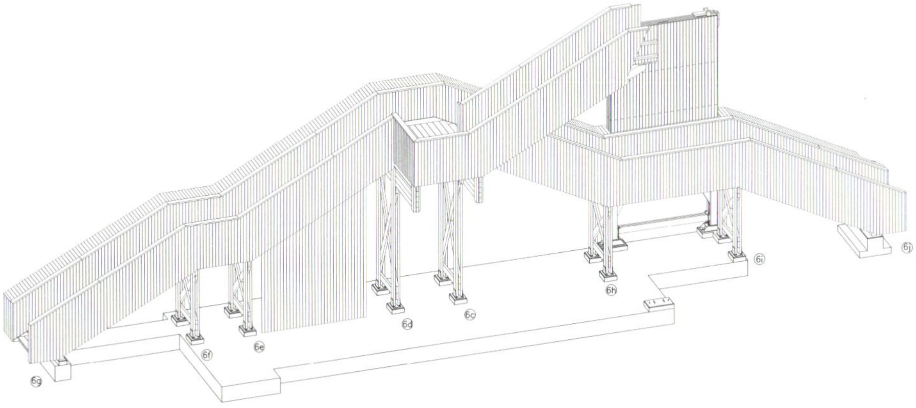

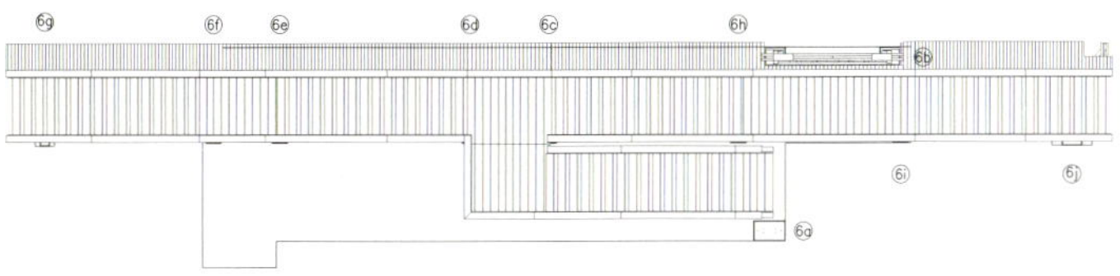

霍夫普乐恩台阶概观

⑧ 环岛也是一处优美的户外用餐场地
⑨ 人们也可以在环岛上散步，欣赏风景
⑩-⑫ 木桥的明黄色与思斯奇大厦的灯光以及德弗特霍夫步道的黄色标线遥相呼应

10

11

12

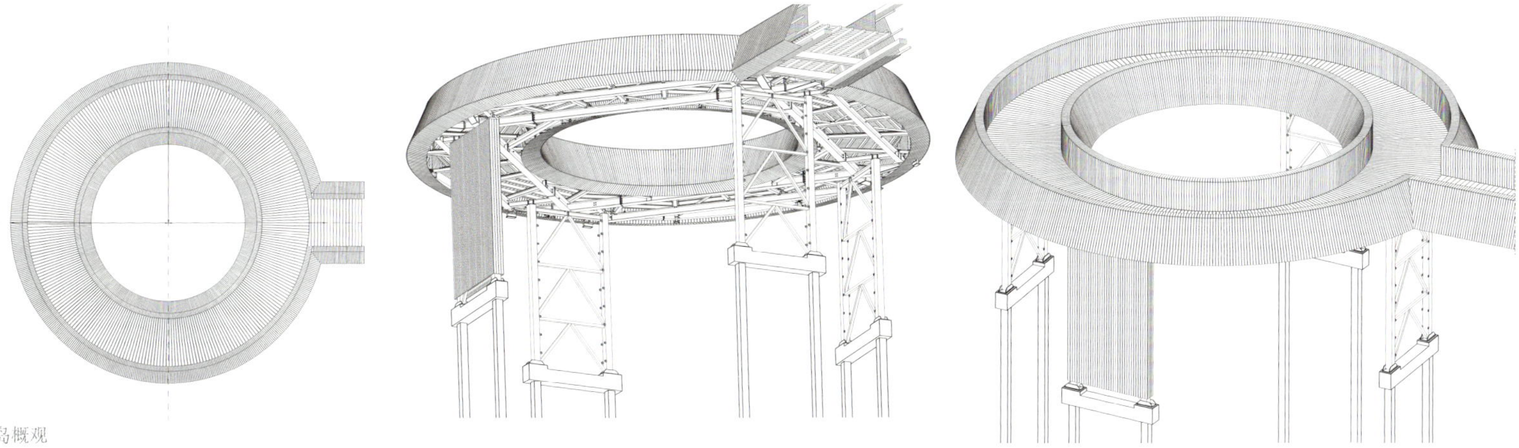

环岛概观

哈勒姆自行车通道

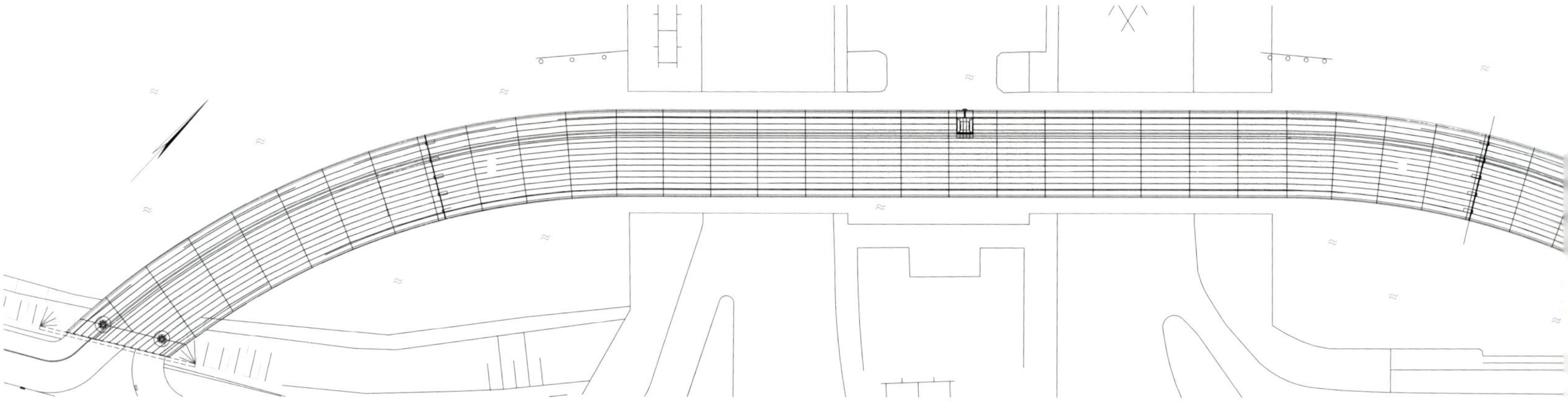

总平面图

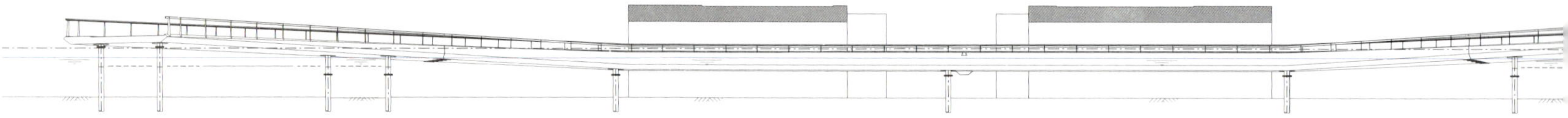

立面图

● 地点 / 荷兰，哈勒姆 ● 长度 / 110 米 ● 竣工时间 / 2012 年 ● 建筑设计 / ipv Delft 建筑事务所 ● 摄影 / 亨克·斯纳特斯，格哈德·尼詹威斯 ● 客户 / 哈勒姆市政府 ● 预算 / 977,000 欧元

哈勒姆城希望为骑行者和行人穿越机动车道 N205 并继续前往滨河主要自行车道提供方便。但此处没有修建自行车桥的空间，因此设计师设计出了这个方案，修建一条从两座现有主路引桥底下穿过的自行车道。

因为引桥下没有足够空间，新建的自行车通道是一座 5 米宽的桥，其中部分位于水面以下约 25 毫米处。桥的扶手清楚标示出了桥面低于水面的位置，同时也用作护栏。自行车道的坡度和长度充分考虑了使用者舒适度和施工成本的平衡。整个钢结构是在别处预制，之后再运到这里，架在水面上。尽管桥体重量超过 100 吨，但整个结构却因其盒状外型以及防水结构而浮在水面上。桥体安装到位后，再安装混凝土衡重体，使桥体下沉到所要求的位置，落在预先修建的基柱上。

这座自行车通道很好的连接了现有自行车道，且因其没有实际接触现有通车桥梁，修建期间也不会妨碍正常交通。项目的设计还允许河水自由流动，避免了河道内淤泥的堆积。此外，桥体还集成了一些水泵能将雨水抽走，输送给周围水域。

想要穿越该交叉口的骑行者和行人，如今只需选用这条通道，即可快捷通畅地到达对面的自行车道。该通道夜间照明充足，彰显了斯帕尔那河的风景。

(01) 自行车道上方的锈蚀桥是一座吊桥的引桥
(02) 自行车桥是从水上穿越过去

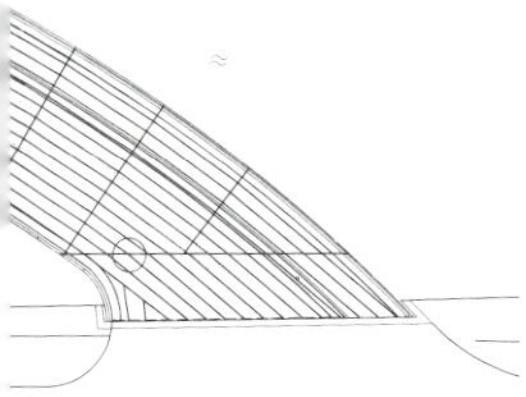

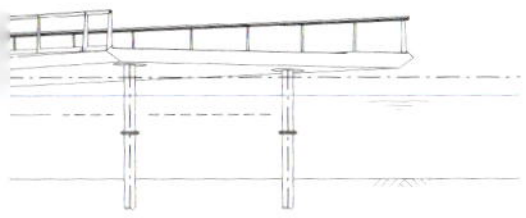

01

02

(03) 以哈勒姆城为背景的自行车通道
(04) 骑行者顺着缓坡骑到自行车通道上
(05) 桥栏内置照明系统，在夜间为自行车路面提供照明
(06) 自行车通道的宽度和高度可以确保行人的安全感

03

04

05

06

1. 最低净空高度 2.5 米
2. 坡度 5%
3. 安全边缘区
4. 中心线
5. 连接处永远低于水面
6. 雨水排水

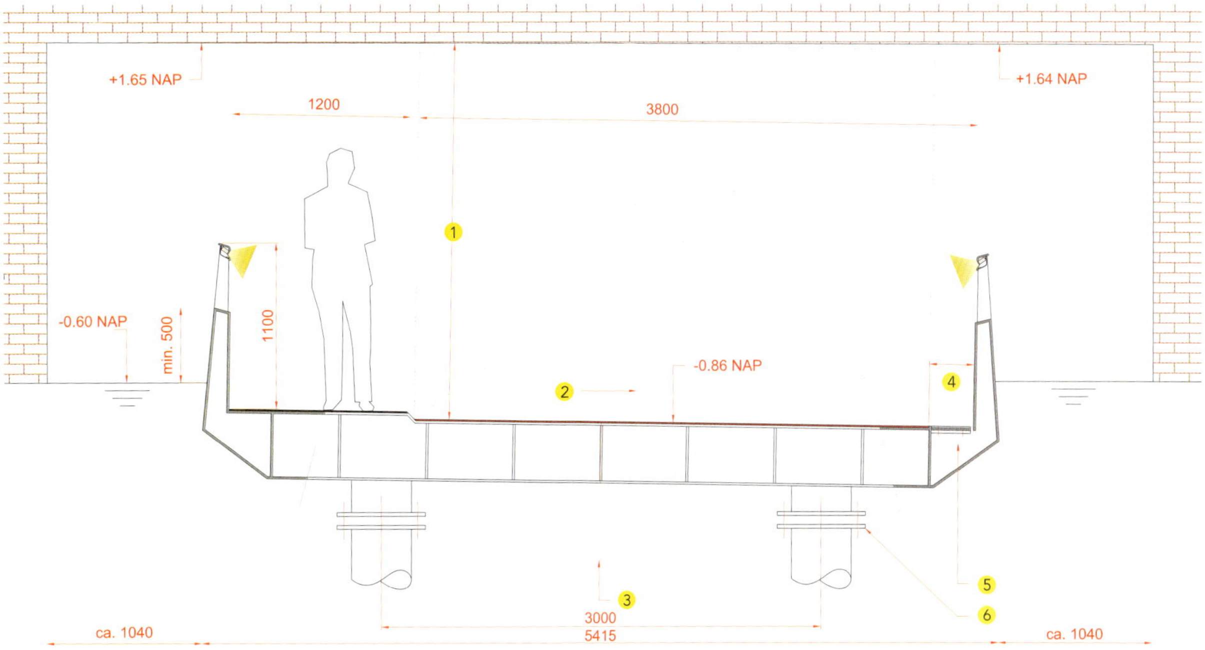

剖面图

艾尔瓦列·特扎多步道桥

主平面图

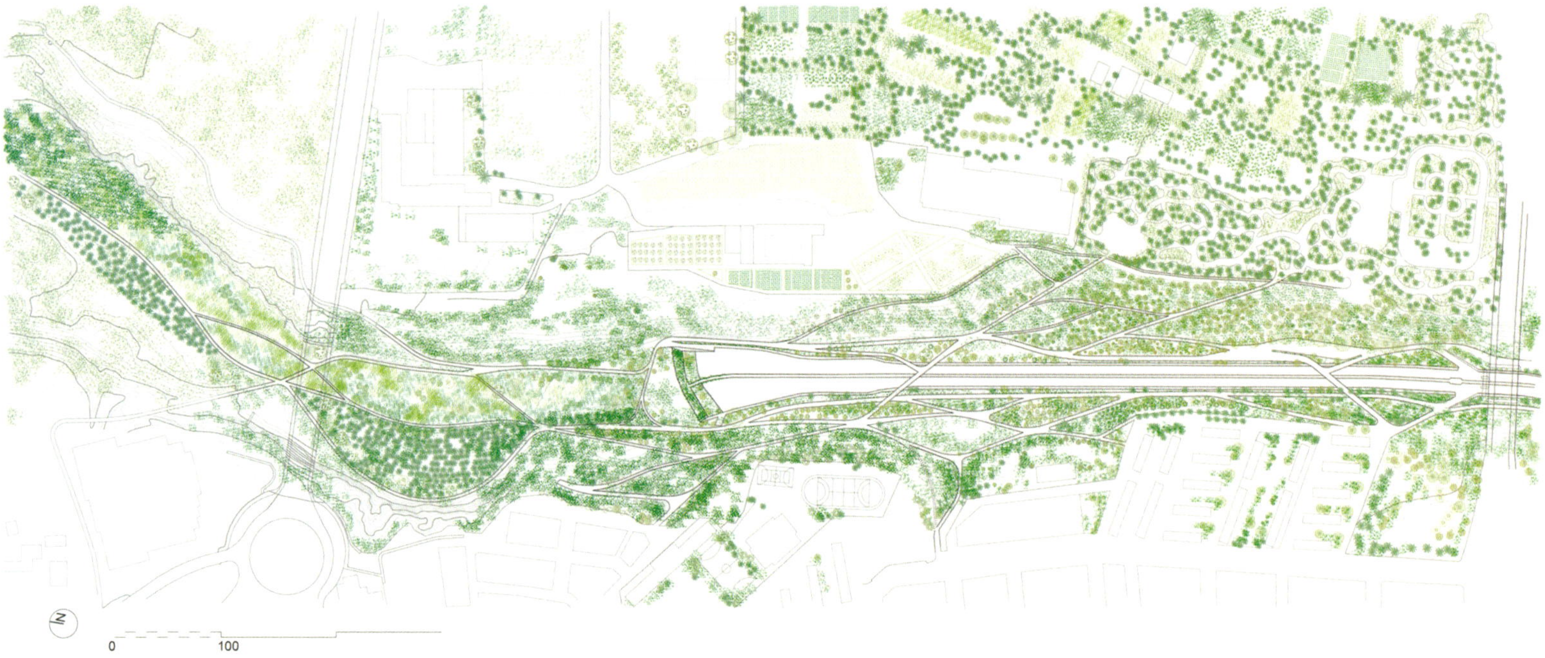

● 地点 / 西班牙，埃尔切 ● 面积 / 11.5 公顷 ● 竣工时间 / 2013 年 ● 景观设计 / GrupoAranea 有限公司 ● 摄影 / 埃尔切市政府 ● 客户 / 埃尔切市政府 ● 预算 / 2,382,000 欧元

艾尔瓦列·特扎多工程旨在恢复行人步道。20 世纪 70 年代修建的沟渠切断了埃尔切峡谷的连续性。很多年来，埃尔切市民从这里通过却几乎没注意它。

纵深可达 40 米的地形给了居民在通过该处的几分钟时间里欣赏美丽风景的机会。设计师提出了一个适应该处地形以及行政复杂性的方案，通过兼顾占用这个空间的利益相关者，增加该区的通行便利设施和陡坡的公共用途。设计师通过在一个月内采集市民和城市团体的意见而对该方案进行了灵活调整，将需要连接的主要地点、人们感兴趣的特别区域、使用最频繁的路线、各种期望用途等融入了该工程，并初步确定了施工方案。在第一步完成后，设计师又对该方案再次进行测试，并对该地多个行政内部决策者之间的复杂矛盾关系进行处理。

该方案旨在表现比纳洛波河蜿蜒的路线，与这座城市的规范布局并不相关。桥梁弯弯曲曲的线条勾勒出了山坡的形状，提供了更加舒适的道路，体现了跨越河流继续前行的可能性。这些悬浮在混凝土河床之上的道路淡化了桥梁和道路之间的差别，通过实际的材料表现出了美丽的构想。单一的桥梁变成了一张道路网络，道路在其中重叠、弯曲、伸展、收缩、分散、翘曲，当然还有扭转。植物同样也是一种构建材料。周围种植的本土物种和树木留给人们一种森林般的印象。该方案以经验和理解为基础，联通峡谷，同时尽可能缩小基础设施的规模。随着时间的流逝，这里将形成热闹繁荣的城市景象。

01 骑行者通过艾尔瓦列·特扎多桥
02 该区的地形模型图
03 埃尔切峡谷以及市政厅的模型

(04) 桥梁的形状和颜色都与当地道路融合统一，并因此而淡化了桥梁和道路之间的差别
(05) 桥梁与一条道路连接处，道路的折叠弯道和桥梁的形状相同
(06) 桥梁悬浮在混凝土河床上
(07) 本地树木和其他植物为步道桥提供了荫凉

04

05

06

07

⑧ 步道桥和附近的居民楼
⑨ 步道桥细节图
⑩–⑫ 步道桥的不同视角

08

09

10

11

12

冰川空中步道

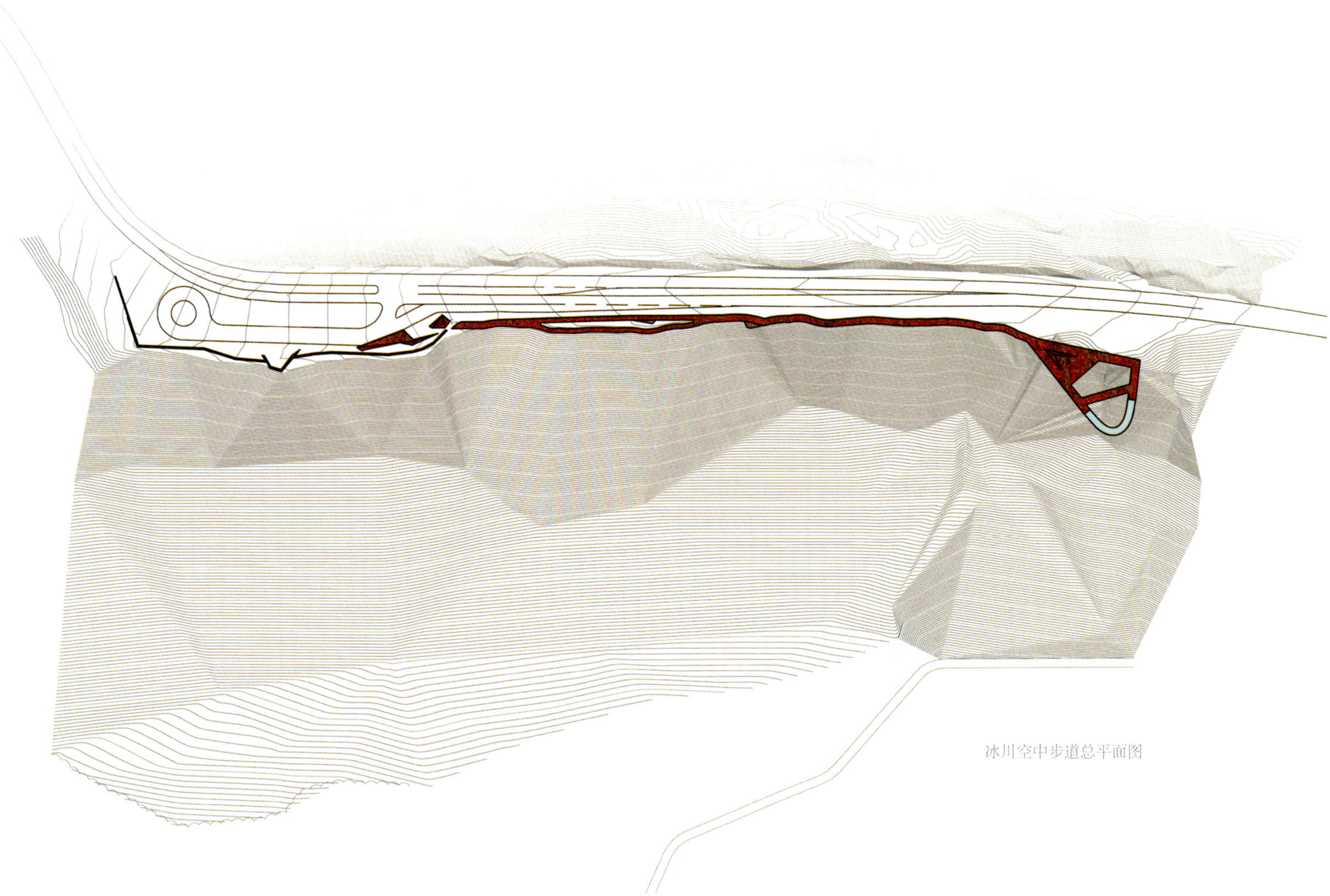

冰川空中步道总平面图

● 地点 / 加拿大，亚伯达 ● 长度 / 450 米 ● 竣工时间 / 2014 年 ● 建筑设计 / 斯特吉斯建筑设计工作室 ● 结构工程 / 里德琼斯克里斯托佛森工程咨询公司 ● 摄影 / 罗伯特·乐梅尔梅耶 ● 客户 / 加拿大布鲁斯特旅行社 ● 预算 / 21,000,000 加币

这座冰川空中步道是一条 450 米长的观光路，镶嵌在位于加拿大落基山脉中的贾斯珀国家公园的山地景观中。这条以耐候钢和玻璃构成的悬臂向外伸出，俯瞰森瓦普塔山谷，面向阿萨巴斯卡冰川。

该空中步道从景观中凸显出来，创造一种土地自然延伸的感觉。设计师希望人们走下汽车，欣赏这种令人难以置信的景观，与变换的自然环境产生一种精神联系。该设计方案的构想是修建一个山腰突出点，作为山腰景观台的一个有机延伸。

该空中步道的起点位于停车场附近的一个凉亭处，之后顺着一条小路延伸，途经展现生态、地形和历史景观的不同区域。步道的最远端设置了一段弧形观景台，其悬空长度达 30 米。修建在岩石上，路面以热增强钢化玻璃铺贴，透过玻璃可清楚观看脚下景观。这个悬臂结构利用了由反向张力和压力构件形成的平衡，因此没有必要使用更加传统的由搭架和缆绳构成的建筑结构。之所以选用耐候钢是因为其耐候性质以及其与变化的山地景观之间的联系。裸露的钢结构会老化，而阿萨巴斯卡冰川也会收缩，两者都会随着时间的流逝而变化。

01 展现整条山腰路段的艺术衍生图
02 从售票厅往南看到的冰川峡谷风景

01

02

03 游客走向观景台时可看到的
山腰地质景观带

(04) 售票厅的建筑结构凸显了周围景观的不规则特征
(05) 从圆形售票处顶部往后看到的道路风景

06

07

⑥ 方案设计阶段做出的玻璃地面衍生图
⑦ 走向科顿钢观景步道时，游客可看到受周围景观启发而设计的不规则结构
⑧ 弧形观景步道从岩石表面往外延伸30米，桥体似乎脱离了重力的影响
⑨ 对观景步道下面进行近距离观察时可看见结构系统中的抗压构件
⑩ 从观景步道向西俯视相邻峡谷以及山地景观的风景

08

09

10

能源山观景步道

总平面图

● 地点 / 德国，汉堡 ● 长度 / 920 米 ● 竣工时间 / 2013 年 ● 景观设计 / 赫夫纳希门尼斯—贝特克亚洛斯景观建筑公司 ● 工程设计 / Sauerzapfe 建筑公司，ifb Frohloff Staffa Kühl Ecker 公司 ● 摄影 / 汉斯·约斯滕 ● 客户 / 汉堡城市发展和环境部门 ●预算 / 4,300,000 欧元

乔治韦德山坐落在德国汉堡的维尔赫尔堡岛，其高度约为 41 米，算不上一座真正的山，但在汉堡的平坦土地上，这种高度已经非常显著。它看起来像是被草地和树林覆盖的绿色小山，却被一大圈篱笆包围着。它实际上是一片垃圾填埋场，上面散落着数百个油水分离罐，还有管道、门阀、消防栓、电控箱等。不过，现在这里已经建成了新的风力发电、太阳能发电等新设施，因此而获得了“能源山”的称号。

该工程旨在为公众增加一条步道，为未来的游客提供一处展现填埋场的技术特征、周围自然环境以及能源山的新功能的地方。设计需要解决的难题是如何将一个不能通行的地方转变为一处景点。山的表面是多年研究的成果，已经形成一个完整的体系，也是一处重要的群落生境。地形和植被都已经定型。该工程被要求不能触及山体表面，也不能改变或隐藏表面特征。竖立在平整环形地基上的三座风力涡轮机给了设计师灵感。水平步道通过挡土墙与地面连接，悬浮在山体表面，起伏处高达七米。水平步道像等高线一样曲折延伸，并攀爬到山顶，提供了全方位景观。

此外，这座山无论是现在还是将来在横向和竖向上都可能有所变化，因此这座桥的每个部分都是可以拆卸和重新调节的。该工程将一个封闭垃圾填埋场改变成了一处漂亮景点。水平步道提供了一种特别的步行环境，同时还能用于远足活动、时尚摄影、品牌展示等活动。步道上的一座桥梁的外侧安装了由太阳能电池组件构成的环带和 LED 灯带。桥梁还是一处具有独特氛围的夜间景点。

①–② 步道俯瞰图
③ 步道的西南弯道

(04) 步道向远处延伸并与地平线连接
(05) 步道成为了山上的独特景观
(06) 环形步道内外的风景以及附近的风车

04

05

1 上层覆层
2 填土层
3 护栏
4 LED 照明设施
5 混凝土角型托架
6 填土层
7 原来的地面标高
8 型钢格栅
9 下层覆层
10 覆盖基层
11 隔泥纺织物料
12 排水层
13 塑料密封板

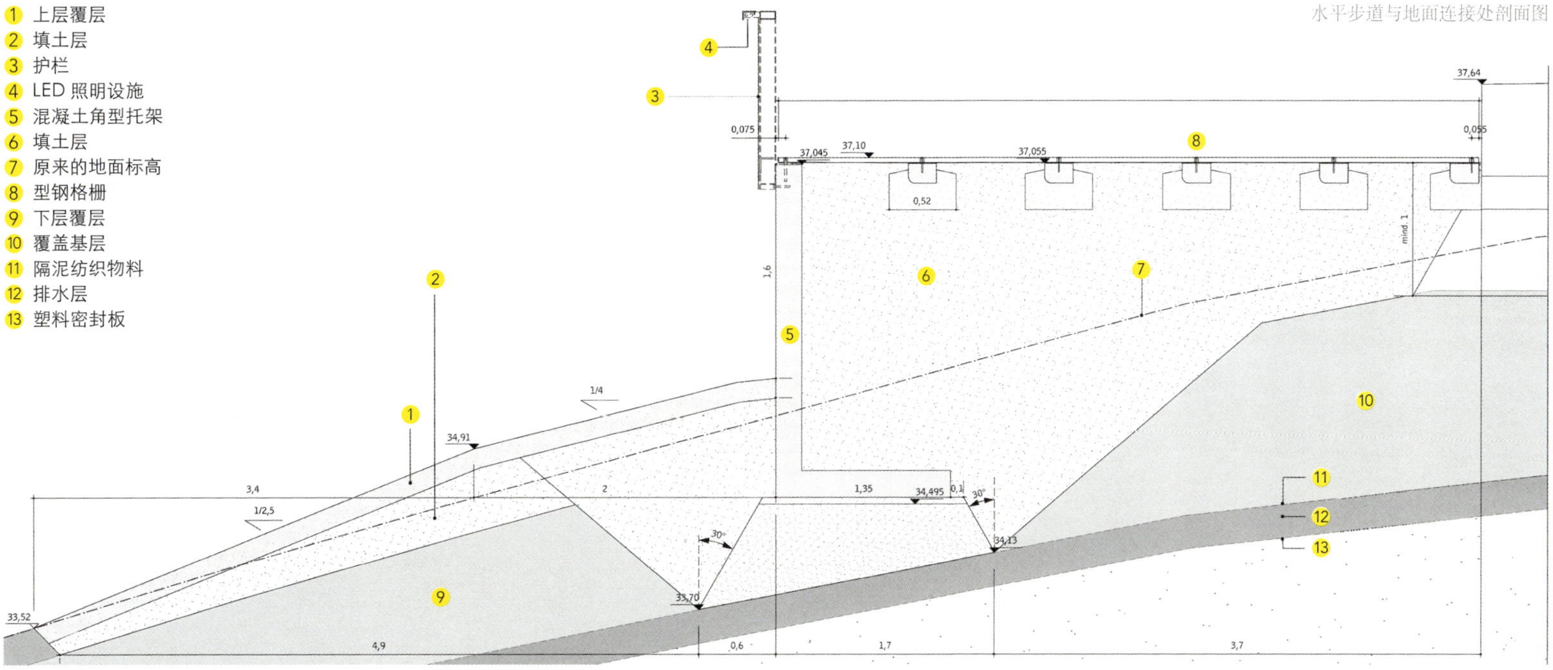

水平步道与地面连接处剖面图

06

07 观景步道下部结构
08 – 09 远处的风景表现了步道的特征：沿着山坡表面延伸，但不接触到山的表面

步道作为水平地标的构想

西北弯道平面图

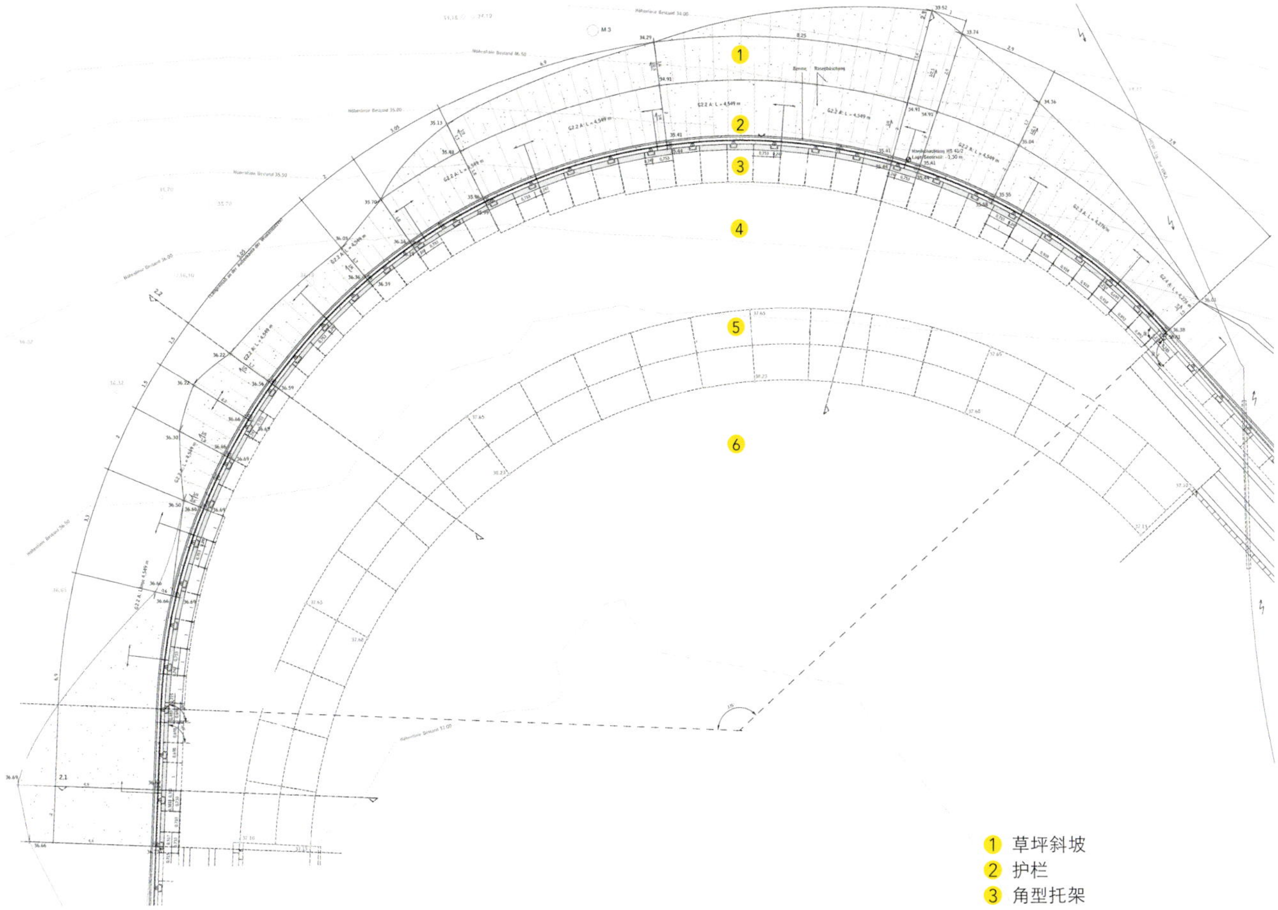

1 草坪斜坡
2 护栏
3 角型托架
4 步道覆面：型钢格栅
5 水泥砖
6 填埋山表面

08

09

钢柱轴 2 的剖面图

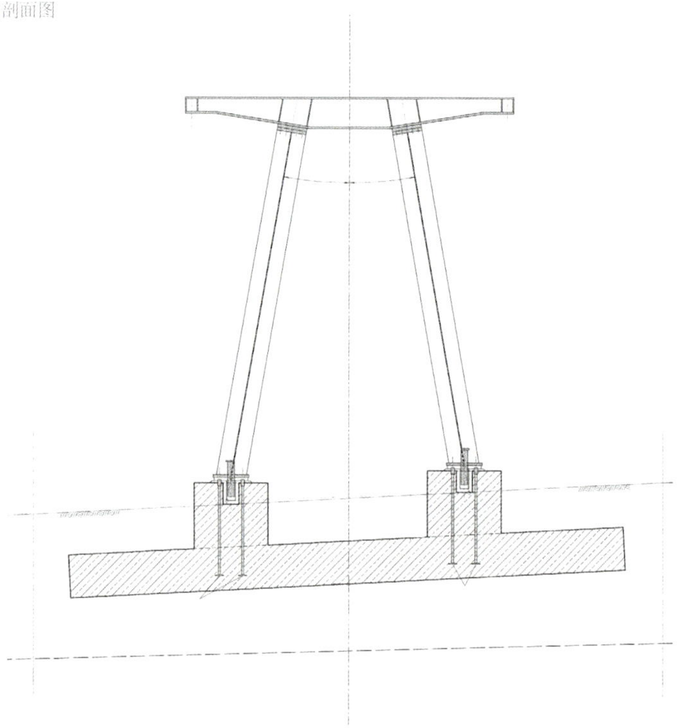

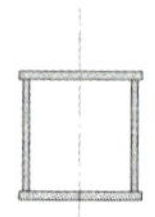

主钢梁剖面图

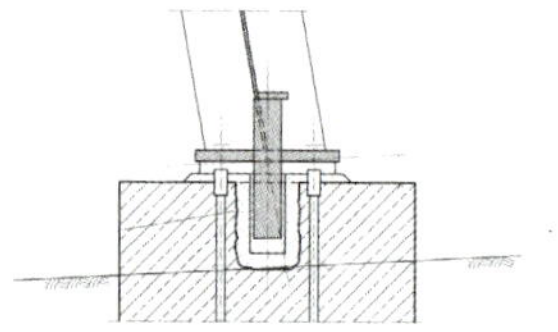

柱基细节剖面图

钢柱基座平面图

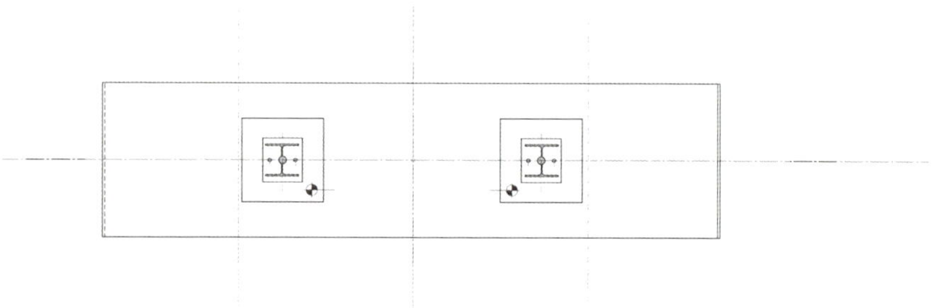

11

12

⑩ 步道是观赏汉堡地平线风景的绝佳位置
⑪–⑬ 在步道上可观看各个方向的景观

霍温环形自行车桥

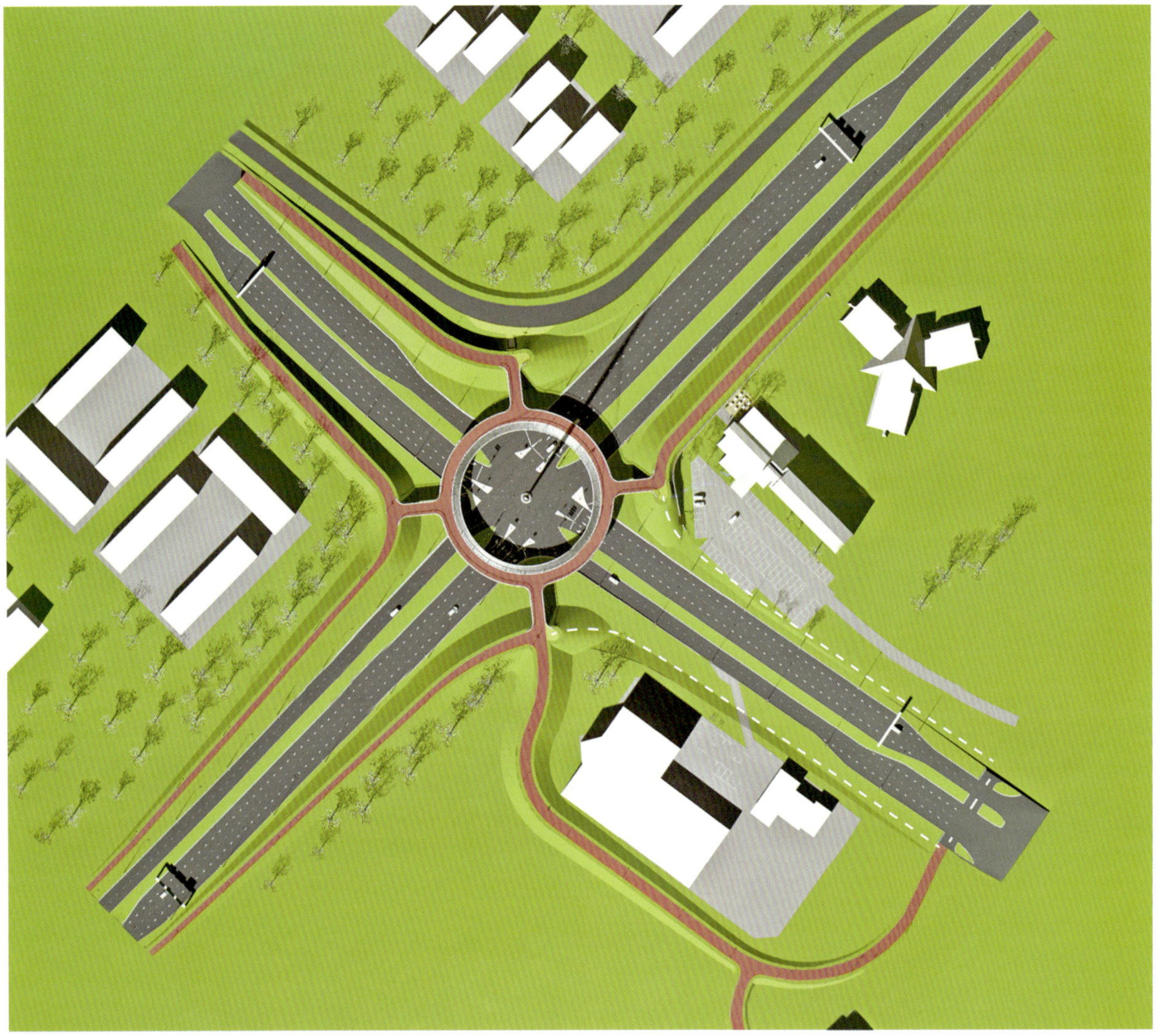

总平面图

● 地点 / 荷兰，埃因霍温 ● 长度 / 300 米 ● 竣工时间 / 2012 年 ● 景观设计 / ipv Delft 建筑事务所 ● 摄影 / 亨克·斯纳特斯 / ipv Delft 建筑事务所 ● 客户 / 埃因霍温市政府 ● 预算 / 6,300,000 欧元

赫尔巴安 / 米瑞纳科瑞威哥交叉口附近的住宅区开发意味着需要改变之前的水平交叉口，以满足日益增加的交通要求。由于埃因霍温市政府不愿选择地下自行车通道，也不希望修建一个水平交通环岛，因此建立一座环形索拉桥似乎是最好的选择。环形索拉桥为骑行者和行人提供了一条令人兴奋的交叉口。自行车像飞碟一样盘旋在赫尔巴安 / 米瑞纳科瑞威哥交叉口上空，巨大的桥塔标示了通往埃因霍温和维荷芬的路口，成为埃因霍温城的新地标。

这座钢桥由一座 70 米高的桥塔、24 根钢缆以及一条环形桥面组成。钢缆固定在桥面内侧，而桥面连接到环形衡重体上。引桥附近的“M”形支柱也增加了桥的稳固性。设计过程中遇到的困难之一便是空间整合。现有的基础设施以及建筑限制了连接环路的坡道坡度。因为空间受限，设计师决定将桥下的交叉口的底面标高降低 1.5 米，以让出空间修建舒缓的步行和自行车坡道。设计和施工过程中也遇到很多技术问题。设计师心里非常清楚这座桥建成后的模样，它不仅仅是一道环形桥面和一个粗壮的桥塔。这意味着按标准方法安装钢缆是不够的，因为可能增加桥塔顶部的钢架体积。因此，设计师根据实际情况提出了一个特别的设计方案。这个方案同样也适用于引桥附近的“M”形支柱。

为了突显埃因霍温城“灯光城市”的称号（埃因霍温是菲利普公司的发源地），设计师还为霍温钢桥设计了照明设施，将主要照明元素之一融合进环形桥面。衡重体和桥面之间的空间安装铝薄板、半透明板以及灯管，在夜间形成一圈清晰可见的灯环。灯环和安装了照明设施的桥塔一起构成了壮观的大桥夜景。功能性照明还与护栏结成一体，LED 灯具照亮了桥面，同时还确保大桥使用者能够识别他人。安装在桥塔和桥面之间的一个钢缆结构上的灯具以及安装在环形衡重体内面的灯具照亮了桥下的交叉口。不管是白天还是夜晚，这座塔桥都非常引人注目。

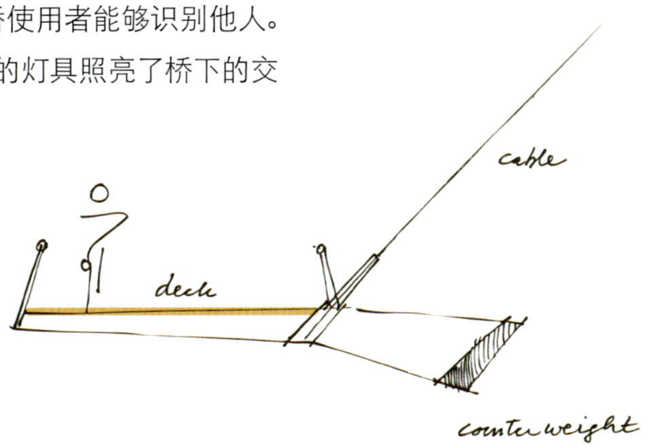

01 霍温自行车道桥俯瞰图

⓪② 霍温桥是埃因霍特城的入口及地标
⓪③ 桥面板的内侧使用钢缆将桥面和环形衡重体固定
⓪④ “M” 形支撑结构确保稳定性

1 桥塔
2 两个不同标高处的钢缆
3 高频减震器
4 低频减震器
5 钢缆
6 环形桥面
7 主梁
8 衡重体
9 引桥
10 M 型支柱
11 铝薄板
12 栅栏及桥塔基座
13 张力杆
14 压力杆
15 桥台

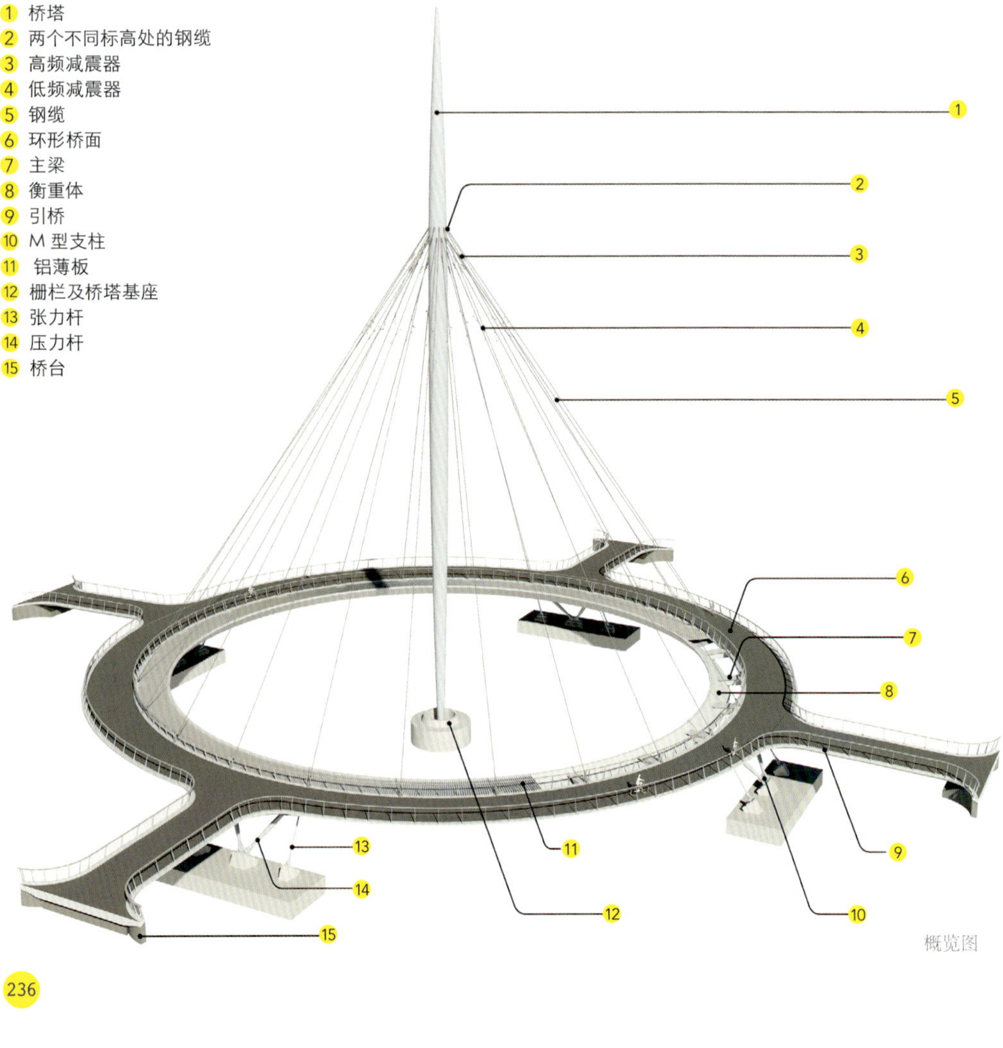

概览图

03

04

05–06 自行车桥的缓坡为骑行者和行人提供舒适感
07 环形灯带使自行车桥在夜晚更加壮观
08 从桥下的车道看到的环形灯带

剖面图

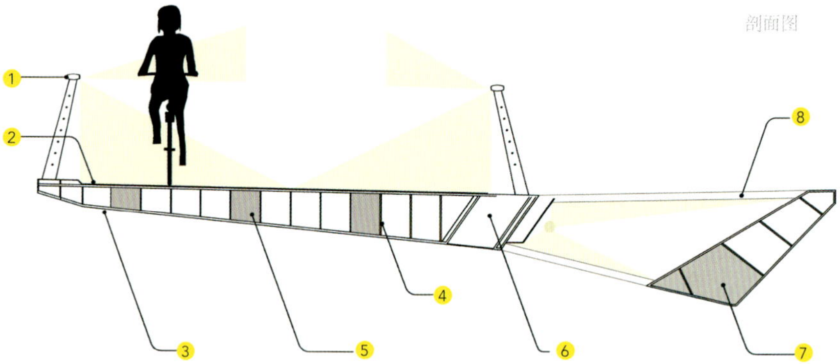

1 带照明设施的栏杆
2 表面耐磨的桥面板
3 底板
4 拱肋
5 缓凝土填充
6 钢缆埋入桥面
7 衡重体
8 安装照明设施的铝薄板表面

07

08

王宫大桥

01

(01) 大桥连接了老城中心和斯海尔托亨博斯的新王宫区

(02) 从老城中心看到的风景——新桥给斯海尔托亨博斯城增加了一道漂亮的风景

● 地点 / 荷兰，斯海尔托亨博斯市 ● 长度 / 2,500 平方米 ● 竣工时间 / 2015 年 ● 景观设计 / 本特姆·克鲁维尔建筑公司，皮特·乌道尔夫工作室● 摄影 / 詹尼斯·林德斯 ● 客户 / 斯海尔托亨博斯城 ● 预算 / 16,000,000 欧元

王宫大桥是一个集空中公园、步行和自行车桥于一体的工程。这座 250 米长的大桥跨越铁道上空，将斯海尔托亨博斯城的老城镇中心和新王宫区连接了起来，营造了一种与周围文化景观融合的统一感。站在王宫大桥上能看到格蒙特草地的漂亮风景。格蒙特在八十年战争时期（1568—1648 年）曾是洪水区。

花草、树木、长凳以及照明设施和耐候钢折板结构融合为一体。钢铁的锈蚀颜色完全契合城市的防御工事营造的氛围。耐候钢是一种表面覆盖了一层密厚的腐蚀层的合金钢，让腐蚀过程从视觉上表现出来，意味着这种金属可以裸露。该桥的预期使用期限至少有 100 年。

王宫大桥由长度不一的桥段组成，这些桥段从一根桥墩跨越到另一根桥墩。桥墩以耐候钢板覆面，因此而和桥段形成了一个整体。桥段由水平耐候钢管加缓凝土抗压层构成。桥段越长，钢管越高。最长的桥段长达 60 米，跨越铁路轨道。该桥段的路面上增加了一根桁架。此处无法增加桥下结构，否则会因为火车需要大量净空高度而不得不将整座桥抬高几米。出于绿化和结构考虑，特在混凝土抗压层上钻孔。钢板箱梁上修建了树坑。孔洞的位置设置得很巧妙，既满足绿化需求又符合结构要求。桥体上看不到裸露混凝土。桥面上修建了四条车道，每条车道宽 2 米，上面间隔设置花圃。花圃和路面之间安装了60 厘米宽的耐候钢嵌条。嵌缝里可敷设电缆、管道和雨水管。桥面和管道在必要的时候都可更换，且不会影响主体承重结构。

总平面图

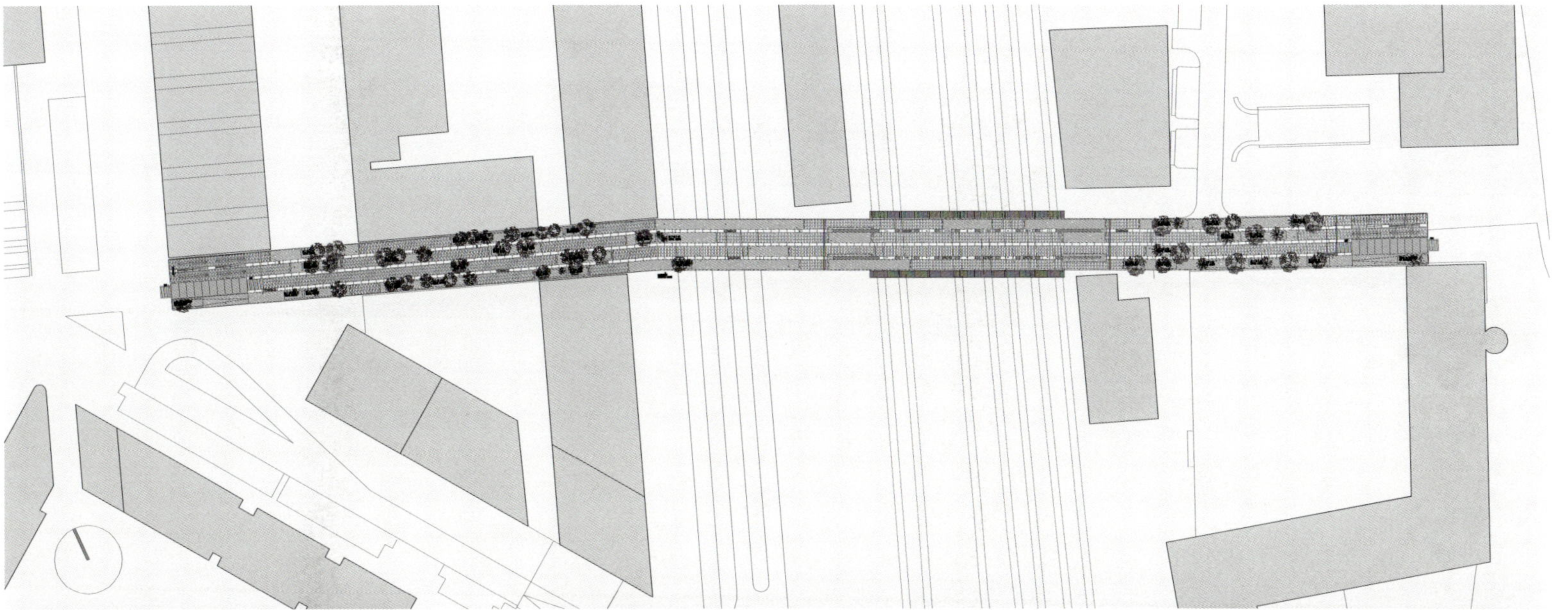

02

桥面上的花草树木以及灌木被分成三个区，每个区都独具特色。一条热带草原式的绿化带上点缀着较高的植物和树木。在大桥中央，大面积的低矮植物和壮观的风景相呼应。这些植物的花期不同，使得大桥一年四季都各有特色。桥面上的花圃中还安装了滴灌和监控系统。夜晚，植物、长凳以及道路会被 LED 灯照亮，这意味着大桥在太阳下山后仍是一个令人愉快的场所。

桥面和大桥台阶上安装了低温（10 摄氏度）地面供暖系统。这能避免桥面在冬季结冰，免除撒盐的麻烦，防止盐对钢铁和植物的影响。大桥在夏天时可用作一个巨大的太阳能集热器储存热能，并在冬季时通过与地层储能系统相连的地面供热系统释放热量。王宫大桥工程的步行和骑行道路方案融入了创新，可持续技术以及环保概念，为未来景观建筑树立了榜样。

03 大桥创建了一个生机勃勃的空间，自竣工起就受到所有居民的喜欢

04 因为安装了电动扶梯，所以各种使用者都可轻松通行

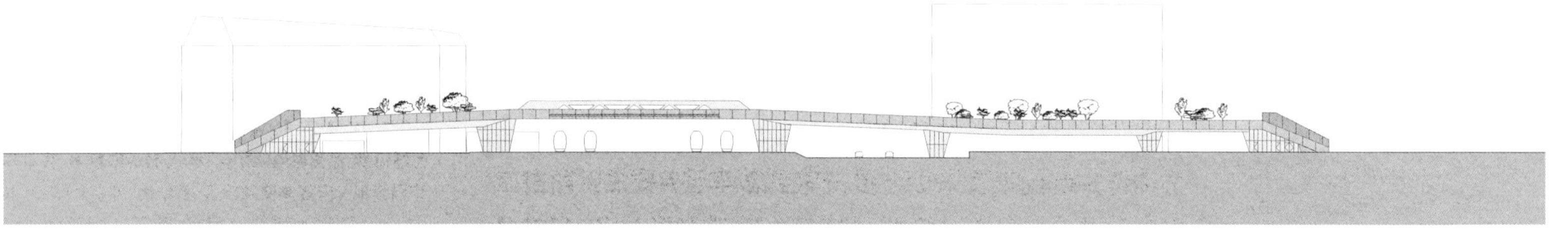
立面图

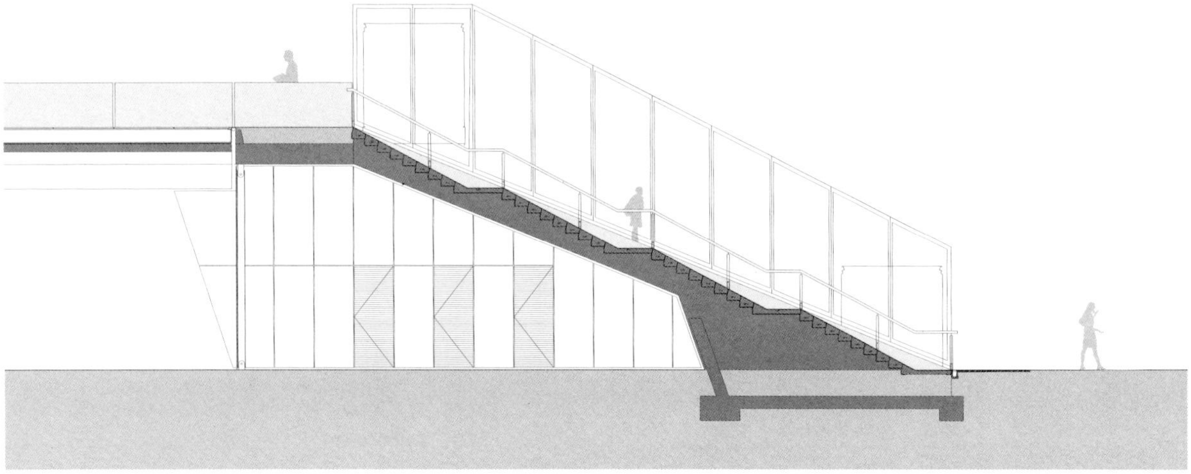
楼梯和电梯

03

04

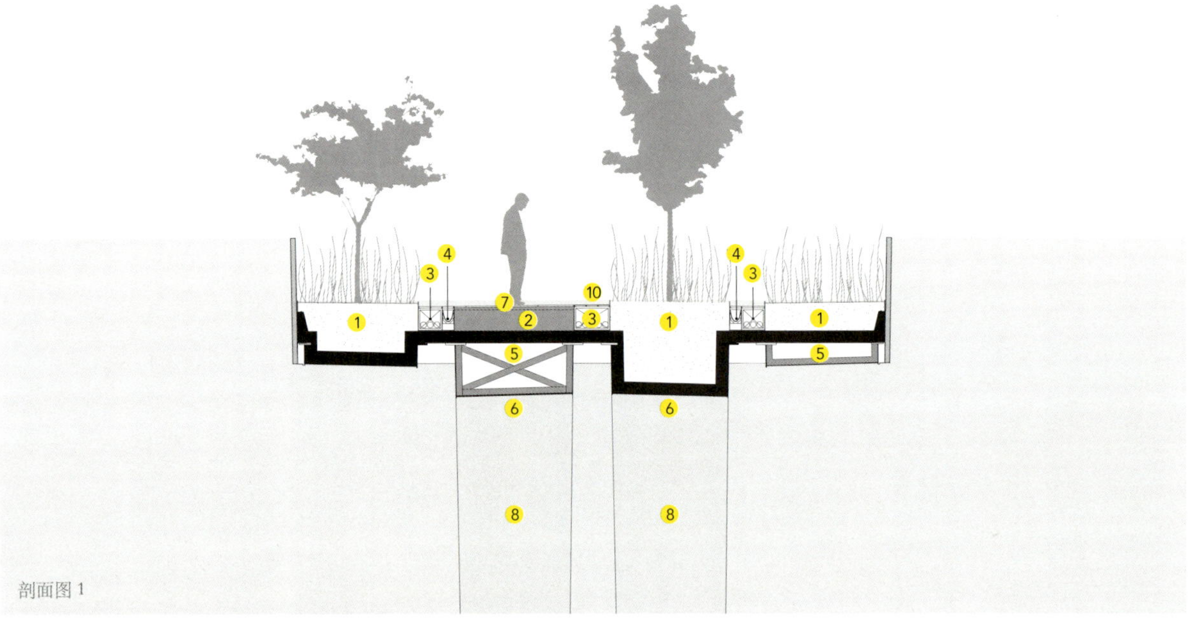

剖面图 1

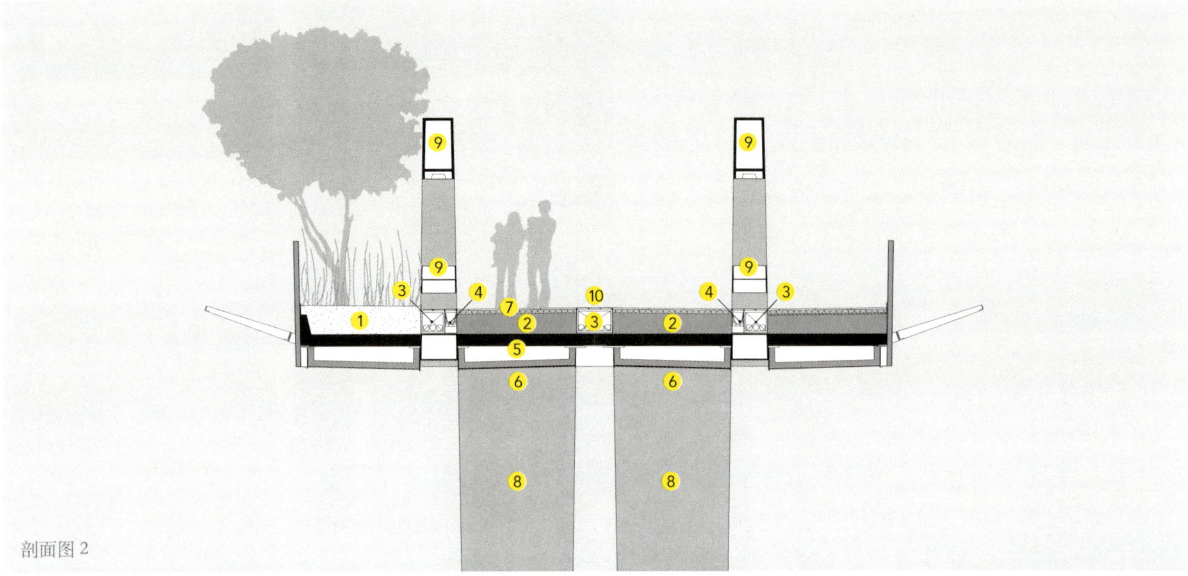

剖面图 2

1 植物区
2 步道
3 电缆沟
4 排水沟
5 混凝土
6 耐候钢
7 路面以及地面供暖系统
8 混凝土柱
以及耐候钢
9 桁架
10 耐候钢立柱

05

05 玻璃电动扶梯是它的一个独特特征
06 桥上设计了迂回曲折的绿化带和长椅
07 大桥不仅仅是交通设施，其漂亮的长凳和良好的照明还能吸引人们驻足

06

07

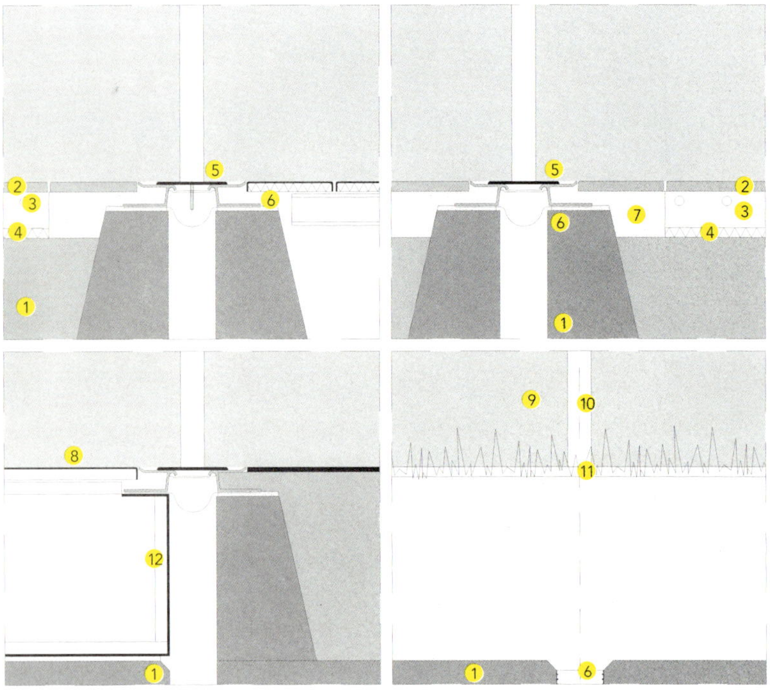

细节图

1 混凝土
2 瓷砖
3 贴砖砂浆层
4 合成地板及供热系统
5 不锈钢条
6 膨胀截面
7 收缩薄浆
8 耐候立柱钢板
9 栏杆立柱
10 栏杆连接处
11 花圃
12 槽钢

细部图

08

08 大桥形成了独特的风景，可从两侧看到铁道以及城市风光
09 设计结构非常牢固，与工业环境相适应
10 大桥成为了众多斯海尔托亨博斯市民的喜爱地点

沃洛特自行车桥

总体规划

● 地点 / 荷兰，蒙斯特市 ● 长度 / 25 米 ● 竣工时间 / 2015 年 ● 景观设计 / NEXT 建筑设计工作室 ● 摄影 / 雷蒙德·路汀，NEXT 建筑设计工作室 ● 客户 / 瓦特灵恩市政府 ● 预算 / 700,000 欧元

沃洛特自行车桥，有时也称蝙蝠桥，是一座特别的桥。这座桥不仅提供了通往皮奥尔佐尼的步行和骑行道路，还是可以容纳各种蝙蝠的理想栖息地。它在具有实用功能的同时还服务于自然，并在这方面成为了教科书式的榜样。

这座新桥跨越沃洛特河，绕过两个现有山坡，标示了通往奥尔佐尼的路口。自行车桥在最高点转了一个弯，在此处可清楚观看到该区的全貌。木板之间留有空隙，从中可观看河流的自然风景。混凝土桥拱长 25 米，跨越整个了沃洛特河面。S 型桥面由桥底下倾斜的承压拱形支撑。

该工程位于数种蝙蝠的飞行路线上。为了让自行车桥能给蝙蝠提供合适的栖息地，桥的结构以混凝土制作。大体积混凝土提供了一个稳定而舒适的气候环境。桥的底面制作了入口槽孔，表面粗糙，适于抓握。槽孔是混凝土桥拱的凹槽图案的一部分。设计师巧妙地利用连接处的结构空间建造巢穴。

沃洛特自行车桥如今已成为了皮奥尔佐尼的一部分。它不仅是步行和自行车桥，还是位于斯格逢洛迪、纳尔德维克和蒙斯特中心之间的湿地的扩展区域。新的绿色娱乐区将沿着河流两岸建立，包括自然河岸以及鱼类产卵点。这种景观设计旨在加强现有绿色和生态联系，其中自然和娱乐价值相辅相成。

桥头截面图、冬季蝙蝠住所和桥的入口

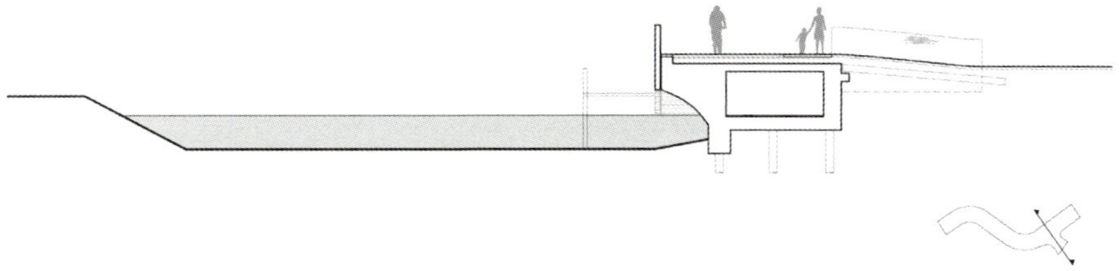

桥梁截面图、竖向板条结构和桥头的冬季蝙蝠住所

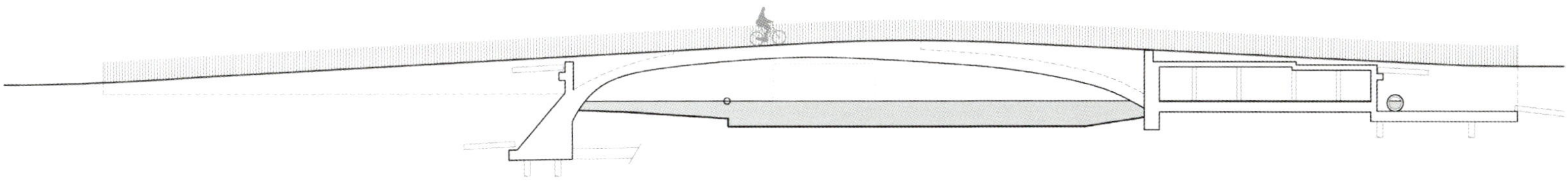

桥梁横截面图和竖向板条结构

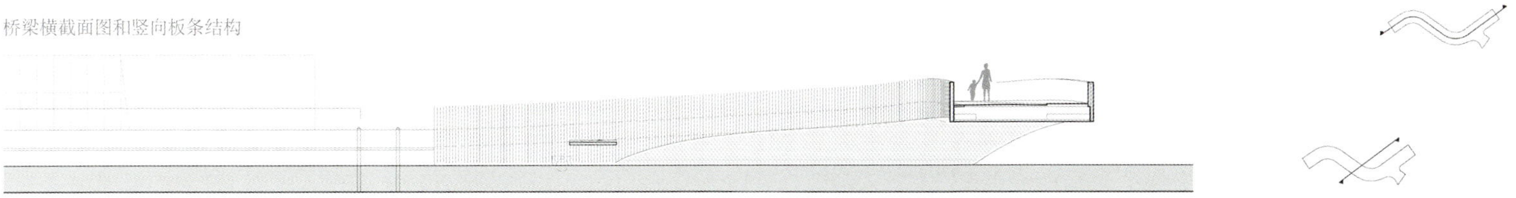

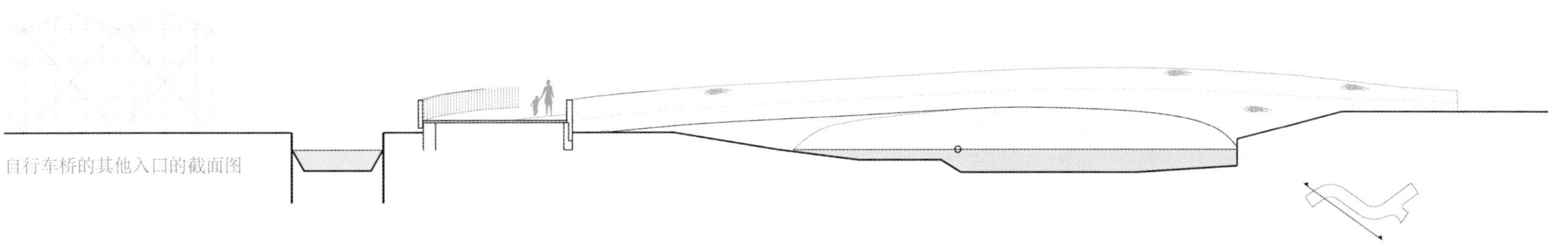

自行车桥的其他入口的截面图

01 蝙蝠冬季住所的入口

02

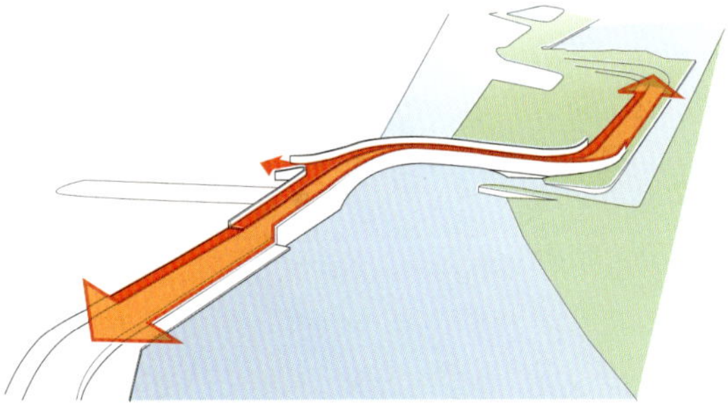

步道桥与其他道路的接续性

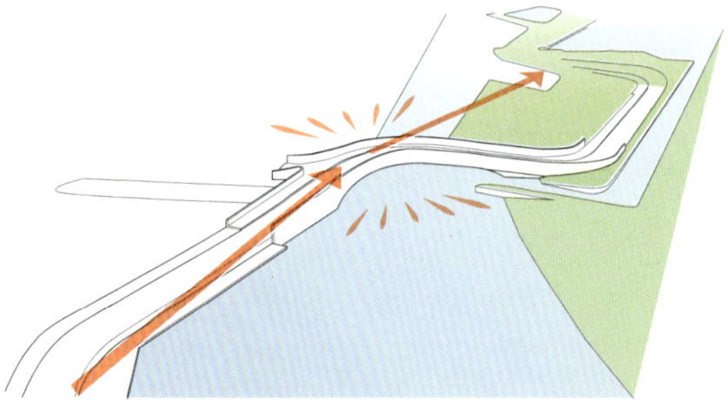

自行车桥作为附近道路的入口

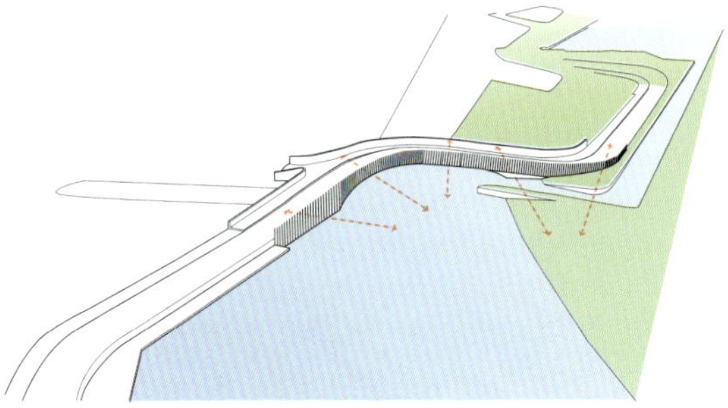

目标入口的不对称性

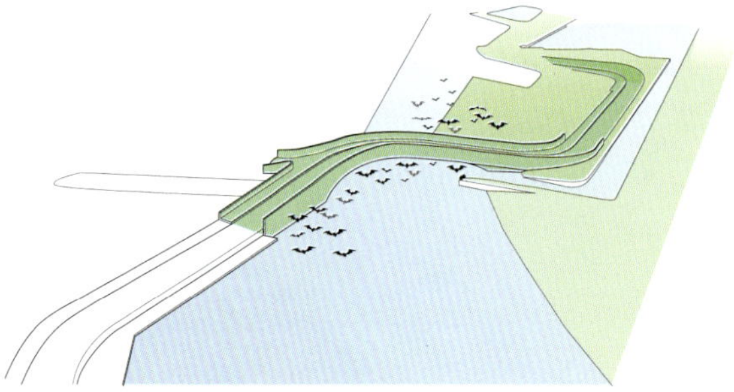

自行车桥为蝙蝠提供住所

02 自行车桥外景图
03 桥体与周边环境融为一体
04 桥下的蝙蝠夏季住所

05

06

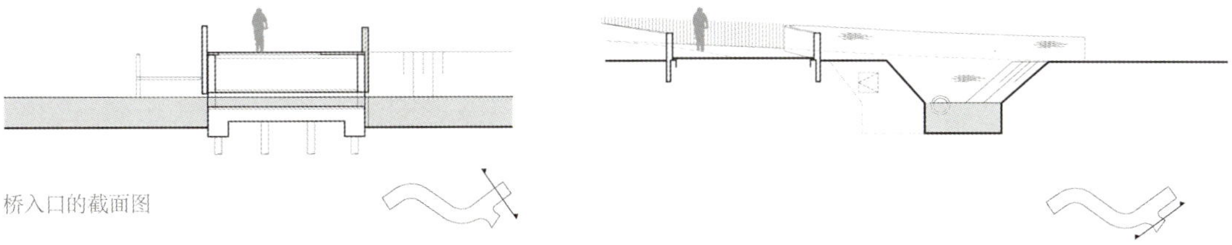

桥入口的截面图

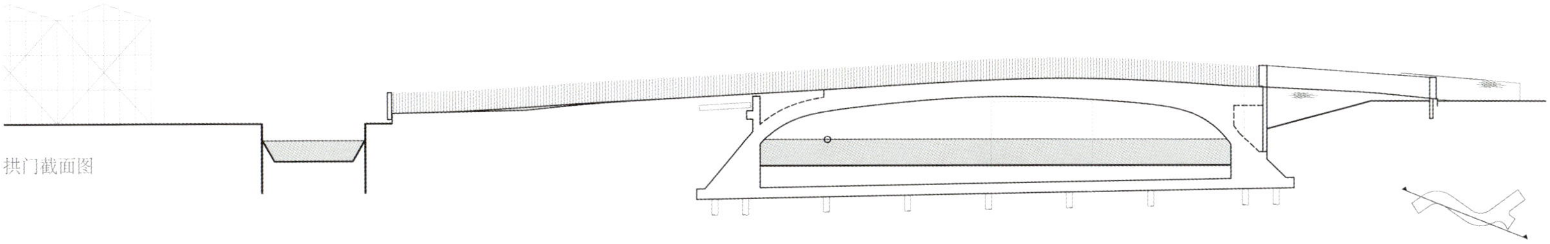

拱门截面图

05 砖和木结构形成材料上的对比效果
06 汽车停车位入口
07 临近自行车道的步道区
08 非洲腊木结构

07

08

拉萨拉兹步行桥

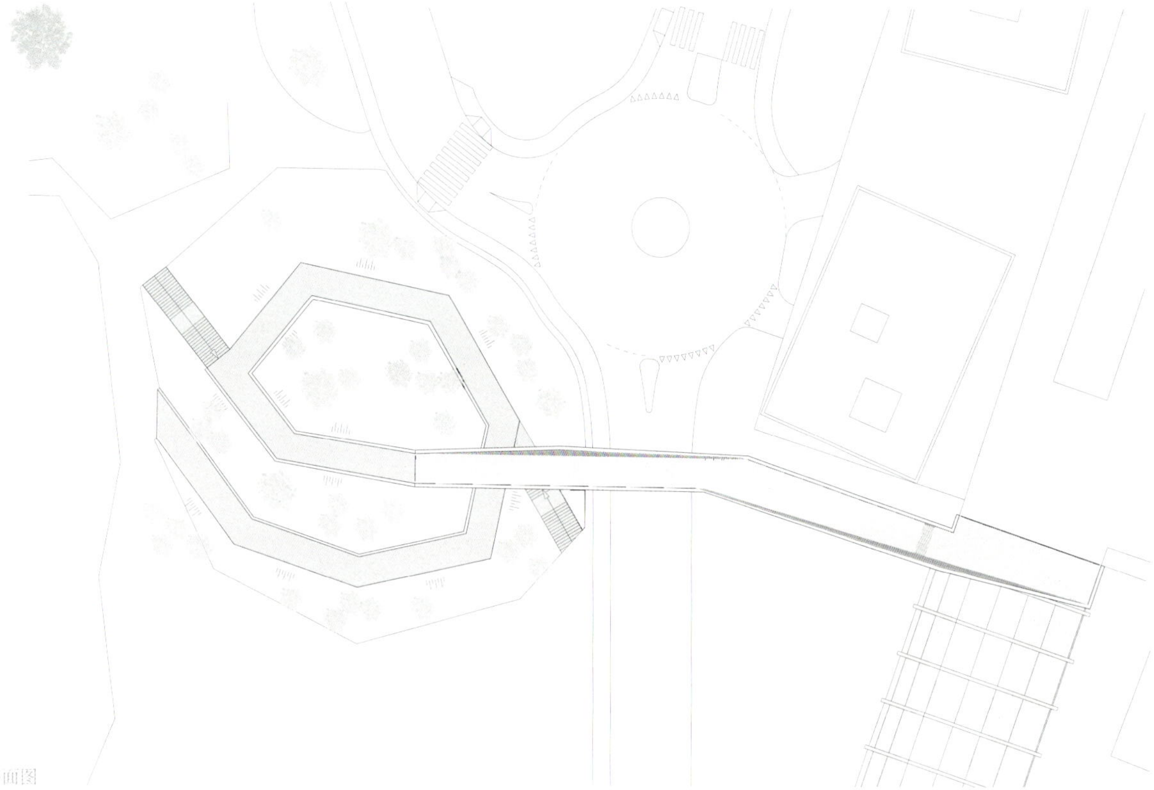

总平面图

● 地点 / 瑞士，洛桑 ● 长度 / 71 米 ● 竣工时间 / 2012 年 ● 景观设计 / 塞西尔·阿尔巴纳·普瑞塞特工作室事 ● 建筑设计 / 2b 建筑设计工作室 ● 摄影 / 罗杰·弗雷 ● 客户 / 洛桑市政府 ● 预算 / 保密

拉萨拉兹步行桥是连接地铁站和布瓦·德·索瓦贝林的步行设施。设计团队旨在将城市环境与人工自然景观连接起来。不同几何形状的二元结构以及广场上的四角建筑结构成为了这座天桥的主要元素。无论是桥梁上方，还是桥底，拉萨拉兹天桥的设计都展现了广场和街道之间的十字交叉结构，并构成一个特别的形状。步行桥能为人们提供一种愉快而新鲜的体验，同时也是城市入口一道引人注目的景观。

关于建筑材料，为了表明天桥既是城市新大门又是慢行交通连接元素的的双重角色，设计采用了木材和混凝土两种相互补充的材料。不同材料特性的互相作用形成一种对比效果，给穿过桥底的驾车者和通过天桥的步行者带来两种不同的体验。拉萨拉兹天桥的一端坐落在路边修建地铁时堆放的碎石堆上。这里，悬空道路顺着缓坡，穿过浓密的装饰灌木，螺旋式下降到地面。整条天桥的栏杆底部均安装照明设施，为行人提供了一个安全的夜间步行环境，同时也为驾车入城者提供了一个漂亮的路标。

01 从道路看向混凝土梁和柱的视图
02 螺旋坡道入口
03 天桥内侧的木饰面

(04) 坐落在山上的混凝土步道桥
(05) 木饰面细节图
(06) 面向索瓦贝林森林的步行天桥内视图
(07) 天桥的夜间全景图
(08) 整座天桥的栏杆底部都安装了照明设施

细节剖面图

04

05

06

07

08

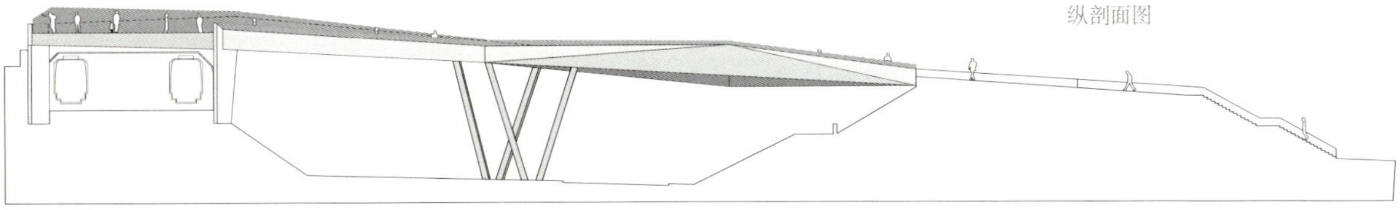

纵剖面图

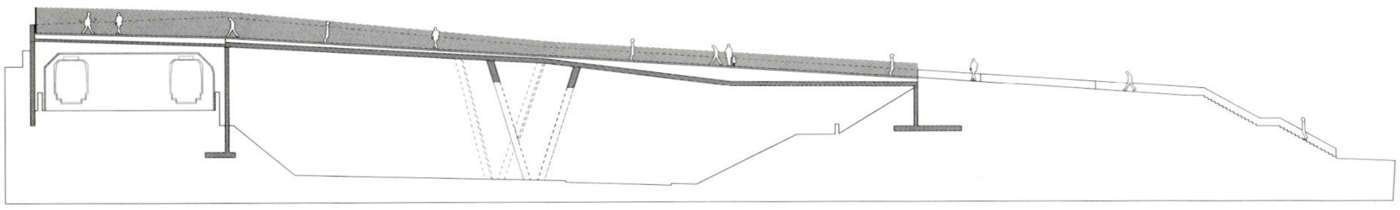

阿兰扎地公园的步道桥

01

● 地点 / 西班牙，纳瓦拉 ● 面积 / 2.74 公顷 ● 竣工时间 / 2015 年 ●景观设计 / 佩拉尔塔·阿耶萨建筑设计所 ● 摄影 / 佩德罗·佩格诺特，爱德华多·贝瑞安 / 希德罗内 ● 客户 / 潘普洛纳市政府 ●预算 / 92,993,174 欧元

该项目旨在改善公园和城市之间的通道。在公园中，这座桥不仅仅是一项独立工程，还是步道和自行车道系统设计的一部分。步道桥起于埃罗塔扎尔街，跨越河流，形成了一条空中通道，连通公园和环境教育博物馆。同时，它还为游客观看公园全景提供了一个理想的观景台。阿兰扎地公园的阶梯平台位于德·洛斯·曼扎诺斯广场的最高点，与阿尔加河岸相邻，是穿过周围区域前往广场的行人和骑行者的聚集点。

天桥设计成 L 形，有两条桥梁分道互成直角，朝不同的方向延伸。每条桥梁分道均结构简单清晰，但根据形状具有完全不同的功能。步道桥与河流并行，部分位于浅水区，路面铺石，并锚固在地面上。坡度小于 6%，与河的流向相同，不会妨碍将来的街道建设，与天桥、坡道和公园的混凝土道路保持一致。正交水平的设计结构轻巧、简洁。护栏及路面都采用穿孔耐候钢，既减轻了天桥的重量，增加了透明度，又与自然环境融合在一起。

照明系统的设计以突出每个部分的特征为重点。公园沿线的混凝土道路都安装了照明系统，悬空的投光灯提供了统一、温和的照明。耐候钢板下暗藏了两条暖光照明线路，从背面照亮穿孔面板，突出其温和随意的性质。

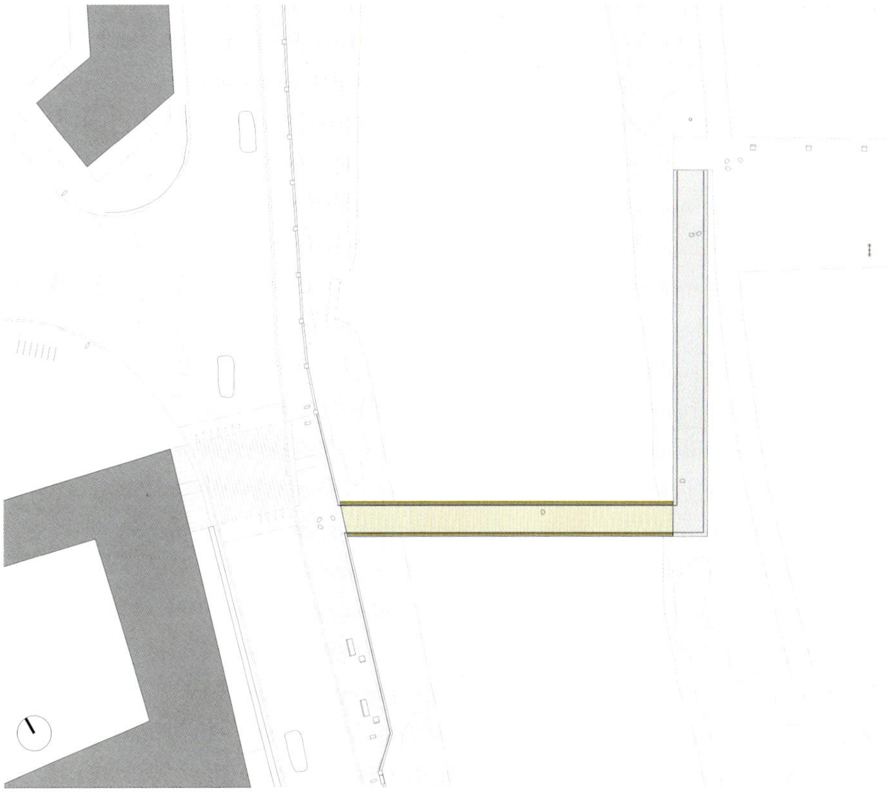

总平面图

01 阿兰扎地公园视角的步道桥鸟瞰图
02 混凝土入口缓坡及耐候钢板桥体

02

公园立面图

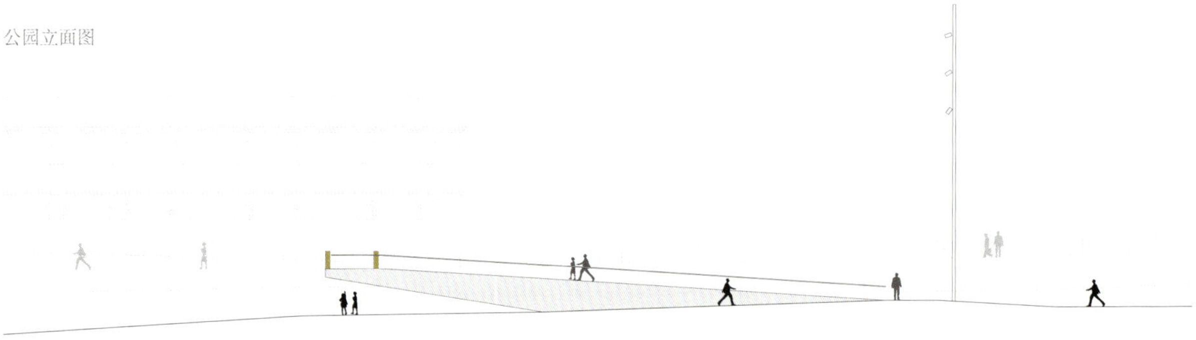

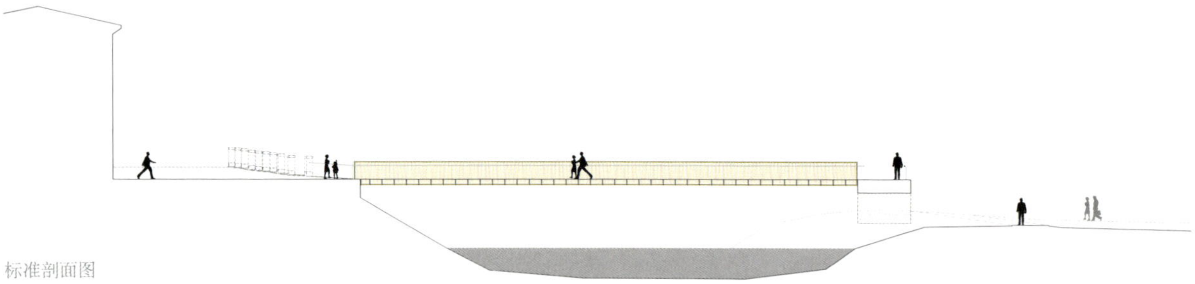

标准剖面图

03

04

05

(03) 环境教育博物馆视角的步道桥俯视图
(04) 悬浮在阿尔加河上方的耐候钢制桥体
(05) 从阿兰扎地公园视角远望步行桥

步行天桥剖面图

纵剖面图

07

08

(06) 桥板上的照明设施
(07) 护墙和桥面都采用穿孔耐候钢，
增加了桥体浮力和透明度
(08) 隐藏在桥面下的两条暖光照明线路，
以逆光方式点亮了穿孔桥体

蛇形自行车道

总平面图

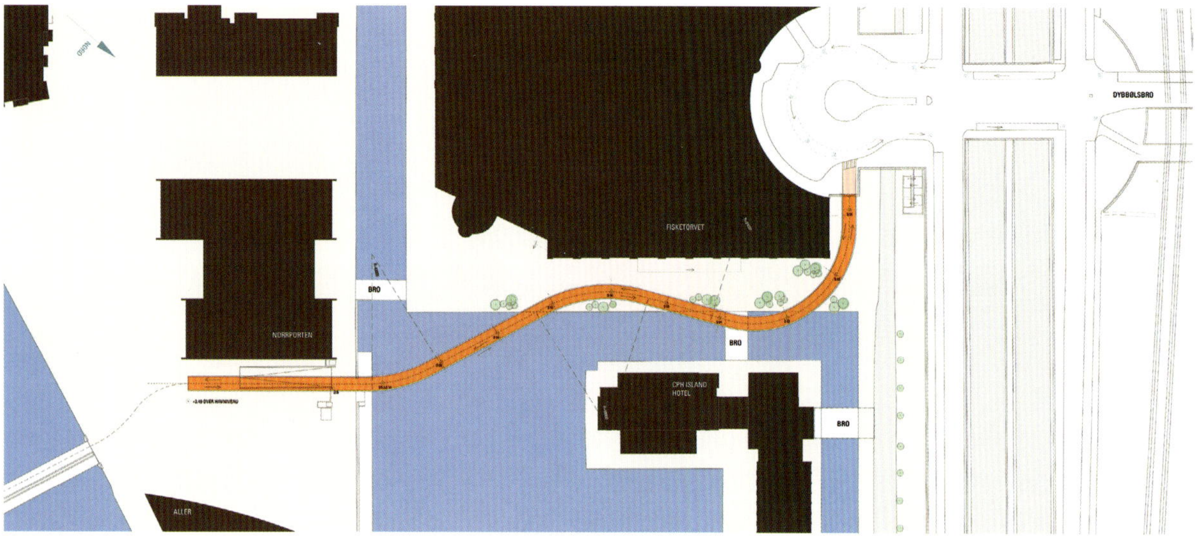

● 地点 / 丹麦，哥本哈根 ● 长度 / 230 米 ● 竣工时间 / 2014 年 ● 建筑设计 / 迪斯 + 威特琳建筑设计工作室 ● 景观设计 / 玛丽安娜·乐维森·兰德斯卡布 ● 摄影 / 奥勒·马林， 拉斯马斯·约特斯基 / 海岸工作室，迪斯 + 威特琳建筑设计工作室 ● 客户 / 哥本哈根市政府 ● 预算 / 38,000,000 丹麦克朗

在 2011—2015 年发展规划中，哥本哈根市政府计划将哥本哈根打造成世界上最棒的自行车城，倡导更加健康的生活方式，以期到 2025 年实现零碳排放城市的目标。蛇形自行车道是为推行该发展规划而采取的一系列措施之一。哥本哈根内港从商业活动中心转变为居住和零售区后经历了显著变化。第一条步行和骑行过街天桥——布鲁日桥就是这种转变的结果。布鲁日桥连接了港口和布鲁日两个区，但是从港口的东面进出布鲁日桥时，骑行者必须扛着自行车上下一整段台阶。为了解决这一问题，才修建这座 230 米长的蛇形自行车道，作为上下布鲁日桥的捷径。它连接了布鲁日桥位于港口东面的一端，之后蜿蜒转向一条主干路卡尔夫博德·布鲁日路，桥身凌空 5.5 米架于码头之上。

事实上，客户的诉求只是修建一条尽可能短的自行车坡道，作为台阶的一个替代选择。但是，设计师发现了新坡道的巨大潜能，建成后将不仅仅能够代替台阶。坡道从台阶的一角延展开来，蜿蜒穿过各种建筑，跨越河流，最后落在布鲁日桥，由此形成一条通畅的通道。该设计方案使桥身坡道更小，弧度更和缓，让骑行成为一种愉悦的体验，并将一个建筑风格各异的区域连成了一体。此外，弯曲的车道还能让骑行者自觉减速，创造一个安全的骑行环境。

设计师尽力缩小天桥规模，所有部分都采用结构性架构，以减小视觉冲击。天桥采用刷漆防水的焊接钢结构，以一根 75 厘米的箱型梁做为中心承重钢脊，多根钢制悬臂用于支撑钢板桥面。桥的护栏由一系列钢管以向内桥倾斜的方式构成，好似一种没有模块层次感的透明膜，突出在该空间通行的流畅性，并起到宣传骑行运动的作用。这座天桥的设计风格与布鲁日桥非常相似，只是细节处有所不同，以反映其功能、结构以及环境。防滑路面由碎石铺在丙烯酸化合物上铺设而成。LED 灯带被置入栏杆扶手中，细长立柱在夜间形成背光照明，更加凸显桥身婉转曲折的形态。蛇形自行车道如今日均使用率达到 12,500 人次。这条超级自行车道为骑行通勤者提供了更好的环境，鼓励更多的人们选择骑行出行，代表了哥本哈根自行车城的形象。

(01) 蛇形自行车道俯瞰图
(02) 天桥架空在码头上方约 5.5 米处
(03) 桥体在建筑之间像蛇一样蜿蜒而行

04–05 天桥完全将自行车和行人隔离开来
06 港湾区的活动
07 骑行者在天桥上行驶

04

06

06

07

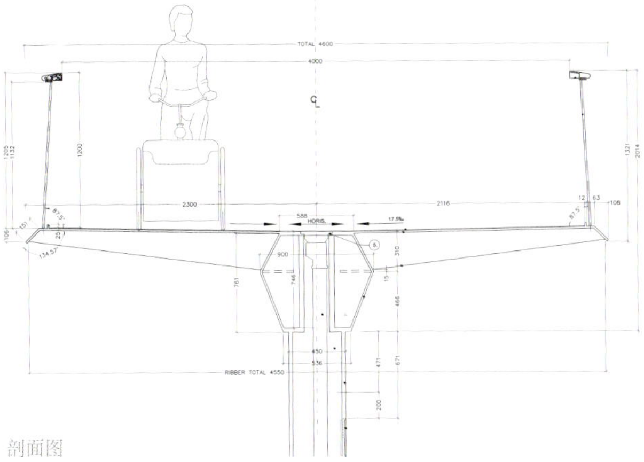
剖面图

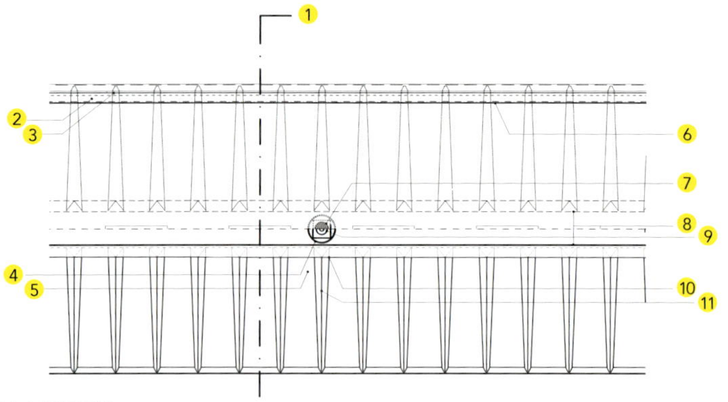

天桥底部平面图

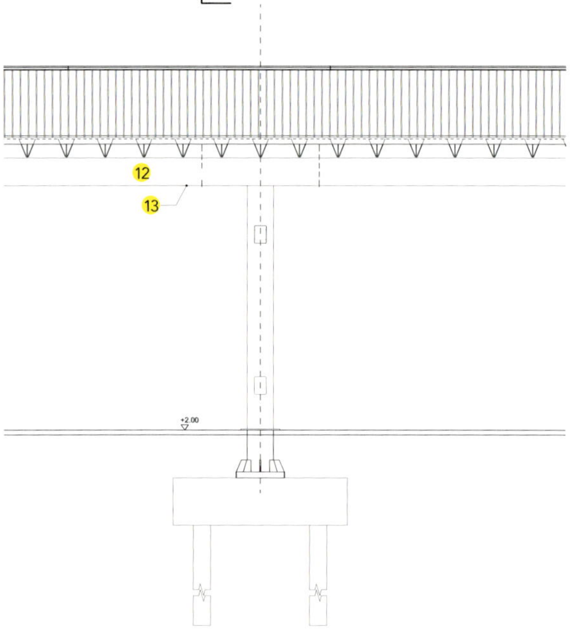

西北立面图

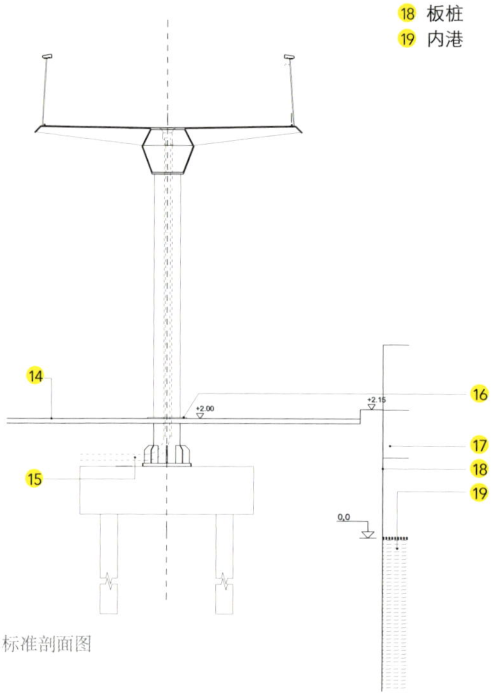

标准剖面图

1 标准剖面图
2 扶手
3 栏杆
4 立柱
5 钢板桥面的底面
6 内置照明系统的扶手
7 排水格栅
8 桥面脊梁的底面
9 排水管道
10 隔板边缘
11 悬臂横肋
12 桥面的中心线
13 桥面脊梁
14 现有码头的标准标高
15 连接现有污水管的排水系统
16 踏板
17 步道桥
18 板桩
19 内港

08

⑧ 从桥下看到的天桥风景
⑨ 天桥底部结构
⑩-⑪ 护栏简单透明，突出了通行的流畅性

09

10

11

索引

2b architects
P. 254 Av. de Beaumont 22a, CH–1012 Lausanne, Switzerland
Telephone ● +41216175817
Fax ● +41216175833
Website ● www.2barchitectes.ch

Agraz Arquitectos
P. 120 San Felipe #872 Col. Capilla de Jesús C.P. 44200 Guadalajara, Jalisco, Mexico
Telephone ● +523338274500
Website ● agrazarquitectos.com

Alta/Greenways, LLC
P. 190 111 East Chapel Hill Street, Suite 100, Durham, NC 27701, United States
Telephone ● +319194848448
Website ● altaplanning.com

Arplan, Ltd
P. 48 10/12 Meistaru Street, LV-1050, Riga, Latvia
Telephone ● +37167227102
Fax ● +37167227103
Website ● www.arplan.lv

ASPECT Studios
P. 78 Studio 61, Level 6, 61 Marlborough Street, Surry Hills, NSW, 2010, Australia
Telephone ● +61296997182
Fax ● +61296997192
Website ● www.aspect.net.au

Benthem Crouwel Architects
P. 240 Generaal Vetterstraat 61, NL-1059 BT Amsterdam NL, The Netherlands
Telephone ● +31206420105
Website ● benthemcrouwel.com

BKK Architects
P. 100 Level 9, 180 Russell St, Melbourne 3000, Victoria, Australia
Telephone ● +61396714555
Website ● www.b-k-k.com.au

BMLA Ltd.
P. 198 Wanganui Avenue, Herne Bay, 1011, Auckland, New Zealand
Telephone ● +642142477524
Website ● www.bmla.co.nz

CANAPÉ Cantieriaperti – Architecture and Urban design
P. 186 Via Fondobanchetto, 22 _ 44100 Ferrara, Italy
Telephone ● +390532760050
Fax ● +3905321862362
Website ● www.progettocanape.eu

Corkery Consulting Pty. Ltd.
P. 84 Suite 3, 38 Albany Street, St Leonards NSW 2065, Australia
Telephone ● +61299066636
Website ● www.corkeryconsulting.com

Cristina Mazzucchelli Green Design
P. 180 Via Valentino Pasini, 420129 Milano, Italy
Telephone ● +39335485336
Website ● cristinamazzucchelli.com

CZstudio associate
P. 106 Via della Pila, 38, 30175 Porto Marghera (VE), Italy
Telephone ● +390410990566
Fax ● +390410990565
Website ● czstudio.com

DISSING+WEITLING architecture
P. 264 Dronningensgade 68, 1420 København K, Denmak
Telephone ● +4532835000
Website ● www.dw.dk

Estudio Carme Pinós
P. 174 Avd. Diagonal 490, 3-2 08006 Barcelona, Spain
Telephone ● +34934160372
Fax ● +34932181473
Website ● www.cpinos.com

Group GSA
PP. 126, 132, 146 Level 7, 80 William Street, East Sydney, NSW 2011, Australia
Telephone ● +61293614144
Website ● www.groupgsa.com

Grupo Aranea Ltd.
P. 214 Avenida General Marvá n˚7 3˚A/1˚B, cp/ 03005, Alicante, Spain
Telephone ● +34965921695
Website ● grupoaranea.net

Häfner Jiménez Betcke Jarosch Landschaftsarchitektur Gmbh

P. 226 Schwedter Str. 263, 10119 Berlin, Germany
Telephone ● +4903044324160
Fax ● +4903044324159
Website ● www.haefner-jimenez.de

ipv Delft

PP. 210, 234 Oude Delft 39, 2611 BB Delft, The Netherlands
Telephone ● +310157502575
Website ● www.ipvdelft.com/www.ipvdelft.nl

LandLAB

P. 78 Level 2, 17 Sale Street, Freemans Bay, Auckland 1010
Telephone ● +6493795805
Website ● www.landlab.co.nz

M42KStudio

P. 56 Santiago, Chile
Telephone ● +56223547710
Website ● www.mapocho42k.cl

NEXT Architects

P. 248 P.van Vlissingenstr 2a, 1096 BK Amsterdam, The Netherlands
Telephone ● +31020463046
Website ● http://www.nextarchitects.com

Peralta Ayesa Architectos

P. 258 Cultura 1 Oficinas Entreplanta, C3010 Barañáin Navarre, Denmark
Telephone ● +45948183715
Website ● www.peraltaayesa.com

scape Landschaftsarchitekten GmbH

P. 166 Friedrichstrasse 115a, 40217 Düsseldorf, Germany
Telephone ● +492113020370
Fax ● +4921130203720
Website ● www.scape-net.de

Stradivarie Associated Architects

P. 114 Piazza Benco 4-Trieste 34122, Italy
Telephone ● +390400640442
Website ● www.stradivarie.it

Sturgess Architecture

P. 220 200, 724 11 Avenue SW, Calgary AB T2R 0E4, Canada
Telephone ● +4032635700
Fax ● +4032625710
Website ● www.sturgessarchitecture.com

Urban Agency

P. 92 Kirsten Walthers Vej 9, 2500 Valby, Copenhagen, Denmark
Telephone ● +4533245420
Website ● www.urban-agency.com

Urbicus

P. 64 3, Rue Edme Frémy, 78000 Versailles, France
Telephone ● +330139531435
Fax ● +330139494623
Website ● www.urbicus.fr

Valeri.Zoia Architetti Associate

P. 114, 30010 cavallino-treporti, Venice, Italy
Telephone ● +0415370277
Fax ● +0415379812
Website ● www.valerizoia.it

West 8

PP. 140, 152, 160 Schiehaven 13M, 3024 EC Rotterdam, The Netherlands
Telephone ● +310104855801
Website ● west8.com

Wowhaus Architects

P. 72 Address: Bldg. 4, 4th Floor, Bersenevsky per., 5, Moscow 119072, Russia
Telephone ● +74959882094
Website ● en.wowhaus.ru

ZUS

P. 204 Schieblock, Schiekade 189, Unit 303, 3013 BR Rotterdam, The Netherlands
Telephone ● +31102339409
Website ● www.zus.cc

图书在版编目(CIP)数据

慢行系统：步道与自行车道设计 / (意)塞克恩，(意)詹皮莉编；贺艳飞 译. —桂林：广西师范大学出版社，2016.4
ISBN 978-7-5495-7895-5

Ⅰ. ①慢… Ⅱ. ①塞… ②詹… ③贺… Ⅲ. ①路侧人行道-设计 ②非机动车道-设计 Ⅳ. ①U412.37

中国版本图书馆 CIP 数据核字(2016)第 024299 号

出 品 人：刘广汉
责任编辑：肖 莉 冯晓旭
版式设计：张 晴

广西师范大学出版社出版发行
(广西桂林市中华路 22 号 邮政编码：541001
网址：http://www.bbtpress.com)
出版人：何林夏
全国新华书店经销
销售热线：021-31260822-882/883
恒美印务(广州)有限公司印刷
(广州市南沙区环市大道南路 334 号 邮政编码：511458)
开本：635mm×1 016mm 1/8
印张：34 字数：82 千字
2016 年 4 月第 1 版 2016 年 4 月第 1 次印刷
定价：298.00 元

城市步行和自行车交通系统
规划设计导则

住 房 城 乡 建 设 部

目录

前言……II
1 总则……1
2 术语和定义……2
3 基本规定……5
4 步行网络规划……8
5 步行空间设计……14
6 步行环境设计……22
7 自行车网络规划……27
8 自行车空间与环境设计……31
9 自行车停车设施设计……35
10 公共自行车系统……38
11 步行和自行车与公共交通的结合……42
12 步行和自行车与机动车交通的协调……46
13 其他要求……51
附录 1：城市步行和自行车交通系统规划编制大纲……54
附录 2：建筑控制线和贴线率的计算规则……64
附录 3：本导则用词说明……66

前言

步行和自行车交通出行灵活、准时性高，在我国具有良好的发展基础，是解决中短距离出行和与公共交通接驳换乘的理想交通方式，是城市综合交通体系中不可缺少的重要组成部分。《国务院关于加强城市基础设施建设的意见》（国发〔2013〕36号）明确提出要加强“城市步行和自行车交通系统建设”，“切实转变过度依赖小汽车出行的交通发展模式”，住房城乡建设部、发展改革委、财政部印发的《关于加强城市步行和自行车交通系统建设的指导意见》（建城〔2012〕133号）对城市步行和自行车交通系统建设提出了明确的发展目标，要求设市城市政府“组织编制完成城市步行和自行车交通系统规划”，“合理规划步行、自行车道及停车设施，并提出近期建设方案”。

为科学、规范地编制城市步行和自行车交通系统规划，加强城市步行和自行车交通系统建设，切实改善居民出行环境，保障出行安全，推动绿色出行，住房城乡建设部组织开展了《城市步行和自行车交通系统规划设计导则》（以下简称《导则》）的编制工作。导则参照既有标准和规范，借鉴国外最新发展经验和国内示范项目实践，广泛征求各有关方面意见，提出了步行和自行车交通规划设计原则、系统控制指标、各要素技术指引和规划编制大纲，对编制各层次城市规划及专项规划，具有指导意义，对既有道路改善、道路工程设计、城市绿道建设等涉及步行和自行车交通相关内容，也具有参考价值。

《导则》主要内容包括：总则、术语和定义、基本规定、步行网络规划、步行空间设计、步行环境设计、自行车网络规划、自行车空间与环境设计、自行车停车设施设计、公共自行车系统、步行和自行车与公共交通的结合、步行和自行车与机动车交通的协调、其他要求等章节。城市步行和自行车交通规划设计除应符合导则外，还应符合现行的国家相关标准和规范。

《导则》由住房城乡建设部组织编制，参加编写工作的主要单位是：中国城市规划设计研究院、宇恒可持续交通研究中心、北京市城市规划设计研究院、北京工业大学等单位。

1 总则

1.1.1 为建设可持续发展的城市交通系统，落实国家节能减排和生态文明战略，指导全国各城市步行和自行车交通系统规划设计，提高步行和自行车交通系统设施水平和环境品质，特制订《城市步行和自行车交通系统规划设计导则》，以下简称《导则》。

1.1.2 本《导则》适用于各层次城市规划及专项规划中步行和自行车交通系统规划指引，以及道路方案设计阶段的设计指引。城市交通要树立行人优先的理念，倡导绿色出行，积极发展步行和自行车交通，改善居民出行环境，保障出行安全。应建设完善的步行和自行车交通系统，加强行人过街设施、自行车停车设施、道路林荫绿化、照明等设施建设，切实转变过度依赖小汽车出行的交通发展模式，倡导以步行和自行车交通组织城市或片区的用地功能和空间布局。

1.1.3 步行和自行车交通系统是城市综合交通体系的重要组成部分，步行交通是居民出行的基本方式，自行车交通是居民出行的重要方式之一。特大城市、大城市发展步行和自行车交通，重点是解决中短距离出行和与公共交通的接驳换乘；中小城市要将步行和自行车交通作为主要交通方式予以重点发展。

1.1.4 步行和自行车交通系统规划可在全市范围内编制，也可针对重点城市功能片区编制，编制完成后应定期修编。步行与自行车交通系统规划可同时编制，也可分别编制，且均应满足本《导则》的相关规定。应统筹安排涉及步行和自行车网络、空间、环境、交通衔接相关的各类资源和要素，需要将包括建筑前区、沿河绿化带、道路红线外沿路绿化带、城市绿道等在内的步行和自行车设施统一纳入规划设计范围。

1.1.5 本《导则》没有规定的应按国家相关规范和标准执行。

2 术语和定义

2.1.1 路侧带

车行道外侧立缘石的内缘与道路红线之间的范围。路侧带一般由人行道、绿化带和设施带等组成。

2.1.2 步行道

沿城市道路两侧布置的步行通道，包括人行道、绿化带和设施带，有临街建筑时可包括路侧带外的建筑退线空间（参见图5.1.2）。

2.1.3 人行道

路侧带中专供行人通行的部分，也称步行通行区或步行通行带，其宽度为步行道的有效宽度。

2.1.4 绿化带/设施带

绿化带指路侧带中为行车及行人遮阳并美化环境，保证植物正常生长的条形场地。设施带指路侧带中为护栏、灯柱、标志牌、座椅、自行车停车设施、公交站台、变电箱、书报亭等公共服务设施提供的条形场地。绿化带与设施带都是城市步行道的重要组成部分，可根据实际情况将绿化带与设施带结合设置。

2.1.5 行人决策点

指行人在行进的过程中需要对路径做出决策的地点，如步行道起止点、转折处、分岔处等。

2.1.6 建筑退线

要求部分或全体建筑构造或其附属设施外立面水平退离道路红线进行建造的三维控制线。

2.1.7 建筑前区

建筑前区指人行道与临街建筑之间的区域，为开门、台阶、建筑雨棚、市政设施、橱窗、标志牌和人流集散等提供必要的空间，是城市步行道的重要组成部分，可包括建筑退线空间和绿化带或设施带。

2.1.8 建筑贴线

为保证街道界面的完整性与城市空间的整体性所划定的三维控制线，要求部分或全体建筑物外立面在一定高度内需紧贴该线建造。

2.1.9 路侧自行车停车场

道路沿线两侧结合绿化带、设施带、建筑退线空间等设置的自行车停车场。

2.1.10 自行车过街带

通过地面标志标线或铺装指示规范自行车过街的通行区域，提高自行车过街的安全性。

2.1.11 公共生活-公共空间调研方法

公共生活-公共空间调研方法（PLPS 方法），是一种专门针对步行、自行车交通和设施空间环境的调研方法。包括公共生活（行人流量、行人停留）和公共空间两方面的调研，通过了解人在公共空间中行为活动的特点和规律，评价现状公共空间的质量，为步行和自行车交通系统规划设计提供依据。

2.1.12 导向标志

由图形标志、文字标志、距离信息与箭头符号组合形成，用于指示通往预期目的地路线的公共信息标志。

2.1.13 安全标志

通过颜色与几何形状的组合表达通用的安全信息，并且通过附加图形符号表达特定安全信息的标志。

2.1.14 位置标志

由图形标志和（或）文字标志形成，用于标明服务设施或服务功能所在位置的公共信息标志。

2.1.15 无障碍标志

由专为轮椅利用者（老年人、肢体残疾人、伤病人等）、视觉障碍者使用的图形符号、文字（包括盲文）和有关设备设施等构成，用于提高导向、位置、综合信息服务的标志。

2.1.16 稳静化措施

稳静化措施是道路设计中一系列工程和管理措施的总称，目的是降低机动车车速、减少机动车流量，以改善道路周边居民的生活环境，同时保障步行和自行车交通使用者的安全。

3 基本规定

3.1.1 城市步行和自行车交通系统规划设计应遵循安全性原则。

1) 应优先保障步行和自行车交通使用者在城市交通系统中的安全性，在满足安全性的前提下统筹考虑连续性、方便性、舒适性等要求。
2) 应保障步行和自行车交通通行空间，不得通过挤占步行道、自行车道方式拓宽机动车道，杜绝安全隐患。
3) 步行和自行车道应通过各种措施与机动车道隔离，不应将绿化带等物理隔离设施改造为护栏或划线隔离，不得在人行道及自行车道上施划机动车停车泊位。
4) 在过街设施、道路照明、市政管线、街道界面等的设计和维护中应考虑步行和自行车交通使用者的安全，降低交通事故或受犯罪侵害的风险。

3.1.2 城市步行和自行车交通系统规划设计应遵循连续性原则。

1) 应根据不同等级的城市道路布局与两侧用地功能，结合滨水、公园、绿地空间，形成由城市道路两侧步行道、自行车道与步行专用路、自行车专用路构成的步行和自行车交通网络，保证行人和自行车通行的连续、通畅。
2) 在步行和自行车交通网络与铁路、河流、快速路等相交时，应通过工程及管理措施保障步行和自行车交通安全、连续通行。
3) 应研究探索步行和自行车交通穿越公园、小区以及大院的可行措施，增强网络密度，提高连通性。
4) 在设计道路交叉口和过街设施时，应特别注意人行道和自行车道的连续性，避免出现断点。

3.1.3 城市步行和自行车交通系统规划设计应遵循方便性原则。

1) 在既有城区改造、新区建设、轨道交通、环境综合整治等重大项目实施过程中，应充分考虑步行和自行车交通系统设施布局，并可贯通周边公园、大型居住区内部路网，作为城市路网补充，形成步行和自行车交通系统的便捷路径，完善步行和自行车微循环系统。
2) 鼓励结合城市水体、山体、绿地、大型商业购物区和文体活动区，建设步行和自行车专用道路或禁车的步行街（区）。在城市滨水空间和公园绿地中应设置步行专用路和自行车专用路，方便居民休闲、健身和出行。
3) 步行和自行车网络布局应与城市公共空间节点、公共交通车站等吸引点紧密衔接，步行网络应与目的地直接连通，自行车停车设施应尽可能靠近目的地设置，以提高效率和方便使用。

4） 应特别注意步行和自行车系统的无障碍设计，以方便老人、儿童及残障人士出行。

3.1.4 城市步行和自行车交通系统规划设计应遵循舒适性原则。

1） 在道路新建、改造和其他相关建设项目过程中，应保证步行和自行车通行空间和环境品质，保障系统舒适性，增强吸引力。

2） 除满足基本通行需求外，应结合不同城市分区特点，结合周围建筑景观，建设完善的林荫绿化、照明排水、街道家具、易于识别的标志及无障碍等配套设施，尽量提供遮阳遮雨设施，提高舒适程度和服务水平。

3） 应与城市景观、绿地、旅游系统相结合，将步行道和自行车道与城市景观廊道、绿色生态廊道、休闲旅游热线合并设置，尽可能串联城市重要景观节点和公共开敞空间，提升整体环境品质。

4） 在兼顾经济实用的前提下，应考虑地面铺装、植物配植、照明、标识及城市家具的美观性，力求体现当地环境特色，彰显地方文化特质。

3.1.5 城市步行和自行车交通系统规划设计还应注意以下问题：

1） 应着重处理好步行和自行车交通系统与公共交通系统的衔接，优化换乘环境，密切车站与目的地的联系，形成贯通一体的出行链，拓展公共交通覆盖范围，增强公共交通的吸引力。

2） 市政设施、管线应结合绿化带、设施带布置，并考虑与周边环境的适应和协调，不得影响行人和自行车通行。

3） 公共服务设施应结合沿线区域的需求进行设置，并考虑与周边建筑已有服务设施整合，避免重复，不得影响行人通行的安全与顺畅。

4） 核心商业区、活动聚集区、广场等行人流量较大的区域，应适当提高步行和自行车交通设施标准，满足行人通行和休憩要求。

3.1.6 城市绿道系统规划设计应符合以下规定，并参照各地相关规范标准：

1） 城市绿道应结合城市水体、山体布置，并尽可能延伸到城市中心，与城市公园、绿地、公共空间相互贯通，连线成网，丰富和补充自行车交通系统，为步行和自行车出行和休闲提供良好的空间环境。

2） 城市绿道除休憩健身功能外，在中心城区应同时考虑交通功能，如设置最短路径的自行车道，并与城市道路相连通，使城市绿道系统与城市步行和自行车交通系统有效衔接。

3） 城市绿道应在铺装、街道家具、绿化景观、指示标识等方面满足步行和自行车交通的需求。

4) 城市绿道中涉及步行和自行车交通的内容，应参照本导则中步行专用路和自行车专用路相关条款。

3.1.7 山地城市及《建筑气候区划标准》（GB50178-93）中的严寒地区城市，自行车交通系统的规划建设标准可适当调整，鼓励通过设计创新克服不利环境因素。

3.1.8 本导则中的自行车系指普通人力自行车，电动自行车的规划设计也可参照使用。电动自行车在非机动车道内行驶时，应按人力自行车速度行驶，最高速度不得超过 15 公里/小时。应加强对电动自行车的管理，引导居民合理使用符合国家标准的电动自行车。

4　步行网络规划

4.1　一般规定

4.1.1　步行网络由各类步行道路和过街设施构成，步行道路可分为步行道、步行专用路两类。

4.1.2　步行道指沿城市道路两侧布置的步行通道。

4.1.3　步行专用路主要包括如下类型道路或通道空间：

1）空间上独立于城市道路的步行专用通道，如公园、广场、景区内的步行通道，滨海、滨河、环山的步行专用通道和专供步行通行的绿道。
2）建筑物及其他城市设施间相连接的立体步行系统。
3）通过管理手段、铺装差异等措施禁止（或分时段禁止）除步行外的交通方式通行的各类通道，如商业步行街，历史文化步行街等。
4）横断面或坡降设置上不具备机动车通行条件，但步行可以通行的各类通道，如横断面较窄的胡同、街坊路、小区路等。
5）其他形式的步行专用通道。

4.1.4　公园、景区内的步行专用通道为城市步行专用路的重要组成部分，应向社会开放。如现阶段确需封闭管理的，应预留远期开放的可能性。

4.1.5　步行网络规划中应明确步行交通应承担的功能，明确步行分区及步行道路分级。

4.1.6　山地城市应充分利用山地地形，布设独立于城市道路网络的便捷的步道网络，如山城步道、步行隧道或立体步行系统等，并加强标识引导。

4.2　步行分区

4.2.1　步行分区主要目的是体现城市不同区域之间的步行交通特征差异，确定相应的发展策略和政策，提出差异化的规划设计要求。

4.2.2　步行分区方法应结合步行系统规划发展目标，重点考虑步行交通聚集程度 、地区功能定位、公共服务设施分布、交通设施条件等因素确定。各城市可根据具体情况确定分区类别与原则。

4.2.3 步行分区一般可划分为三类：

1) 步行 I 类区：步行活动密集程度高，须赋予步行交通方式最高优先权的区域。应覆盖但不限于：人流密集的城市中心区；大型公共设施周边（如大型医院、剧场、展馆）；主要交通枢纽（如火车站、轨道车站、公共交通枢纽）；城市核心功能区（如核心商业区、中心商务区和政务区）；市民活动聚集区（如滨海、滨河、公园、广场）等。
2) 步行 II 类区：步行活动密集程度较高，步行优先兼顾其他交通方式的区域。应覆盖但不限于：人流较为密集的城市副中心；中等规模公共设施周边（如中小型医院、社区服务设施）；城市一般功能区（如一般性商业区、政务区、大型居住区）等。
3) 步行 III 类区：步行活动聚集程度较弱，满足步行交通需求，给予步行交通基本保障的区域。主要覆盖上两类区域以外的地区。

4.2.4 步行 I 类区应单独进行专项步行交通设计，建设高品质步行设施和环境，并通过有效的交通管制措施，合理地组织机动车交通和停车设施，鼓励设置行人专用区，创造步行优先的街区。

4.2.5 步行 I 类区内大型商业、办公、公共服务设施集中的区域可根据实际需要，建立高效连通和多功能化的立体步行系统，将地面步行道、行人过街设施和公共交通、公共开放空间、建筑公共活动空间等设施有机连接，形成系统化的步行网络。

4.2.6 步行 I 类区应采取严格的交通管制措施，积极实行交通稳静化，主干路以下道路机动车应限速行驶，主、次干路严禁路边停车。

4.2.7 步行 II、III 类区域应重点协调步行与其他方式的关系，保障步行的基本路权，以及安全、连续、方便的基本要求，在人行道宽度、步行网络密度、过街设施间距与形式等方面体现不同分区的差异性。

4.2.8 不同分区步行道路密度和平均间距应满足表 4.2.8 的规定[1]。对于城市建成区，步行道路密度偏低的分区宜加强步行专用路建设。

表 4.2.8 不同分区步行道路布局推荐指标

步行分区	步行道路密度	步行道平均间距
I 类区	14～20km/km^2	100～150m
II 类区	10～14km/km^2	150～200m
III 类区	6～10km/km^2	200～300m

4.3 步行道路分级

4.3.1 步行道路分级主要目的是明确不同类型步行道路的功能和作用，体现步行道路级别与传统城市道路级别之间的差异性和关联性，并提出差别化的规划设计要求。

4.3.2 步行道路级别主要由其在城市步行系统中的作用和定位决定，考虑现状及预测的步行交通特征、所在步行分区、城市道路等级、周边建筑和环境、城市公共生活品质等要素综合确定。

4.3.3 沿城市道路两侧布置的步行道，可分为三级：

1) 一级步行道：人流量很大，街道界面活跃度较高，是步行网络的重要构成部分。
   主要分布在城市中心区、重要公共设施周边、主要交通枢纽、城市核心功能区、市民活动聚集区等地区的生活性主干路，人流量较大的次干路，断面条件较好、人流活动密集的支路，以及沿线土地使用强度较高的快速路辅路。
2) 二级步行道：人流量较大，街道界面较为友好，是步行网络的主要组成部分。
   主要分布在城市副中心、中等规模公共设施周边、城市一般功能区（如一般性商业区、政务区、大型居住区）等地区的次干路和支路。
3) 三级步行道：以步行直接通过为主，街道界面活跃度较低，人流量较小，步行活动成分多为简单穿越，与两侧建筑联系不大，是步行网络的延伸和补充。

[1]步行道路密度指步行专用路和城市道路两侧步行道的密度之和，其中城市道路两侧步行道密度按照城市道路路网密度计算，应符合《城市道路交通规划设计规范》（GB50220-95）中相关规定。

主要分布在以交通性为主，沿线土地使用强度较低的快速路辅路、主干路，以及城市外围地区、工业区等人流活动较少的各类道路。

4.3.4 步行道路的隔离方式应综合考虑步行道路是否专用，道路横断面宽度，机动车车速与流量、两侧建筑环境等要素，并符合以下规定：

1) 步行专用路应采取有效的管理措施禁止机动车进入，允许自行车通行的应采取隔离措施。
2) 步行道应和相邻的机动车或自行车道物理隔离，可采取绿化带隔离、设施带隔离、高差隔离等。
3) 应避免步行道与自行车道共板设置，以保障行人安全。

4.3.5 步行专用路的宽度应根据步行流量、承担功能、两侧用地性质等因素综合确定。

4.3.6 在城市道路横断面设计时，应按照《城市道路工程设计规范》(CJJ37-2012)的规定，将路侧带划分为人行道和绿化带、设施带，并明确给出各部分宽度。路侧带总宽度和各部分宽度应符合以下要求：

1) 路侧带总宽度应主要考虑道路步行道等级和所在步行分区，并符合表4.3.6 规定[2]。一般情况下，I 类区的各级步行道横断面宽度取上限值，II 类区取中间值，III 类区取下限值。

表 4.3.6 各级步行道的路侧带单侧宽度要求（单位：m）

步行道等级	路侧带宽度
一级	4.5～8.0
二级	3.0～6.0
三级	2.5～4.0

2) 人行道、绿化带、设施带宽度应满足 5.2“步行道宽度”中的相关规定。

[2]本表中路侧带宽度的下限值主要参考了《城市道路工程设计规范》(CJJ37-2012)中人行道宽度下限值，由于路侧带包含绿化带和设施带，故其宽度下限值在人行道宽度下限值基础上做了不同程度提高。对于中心商务区、核心商业区、交通枢纽周边、立体过街设施周边等特殊区域的城市道路或路段，路侧带宽度应通过专项计算确定，保证通行需求和设施净宽要求。

4.4 过街设施布局

4.4.1 过街设施包括交叉口平面过街、路段平面过街和立体过街。一般情况下应优先采用平面过街方式。

4.4.2 居住、商业等步行密集地区的过街设施间距不应大于250m，步行活动较少地区的过街设施间距不宜大于400m。不同分区、不同级别步行道过街设施间距推荐指标如表4.4.2[3]：

表4.4.2 过街设施间距推荐指标（单位：m）

	步行I类分区	步行II类分区	步行III类分区
一级步行道	130～200	200～250	250～300
二级步行道	150～200	200～300	300～400
三级步行道	200～250	250～400	400～600

4.4.3 重点公共设施出入口与周边过街设施间距宜满足下列要求[4]：

1）过街设施距公交站及轨道站出入口不宜大于30m，最大不应大于50m；
2）学校、幼儿园、医院、养老院等门前应设置人行过街设施，过街设施距单位门口距离不宜大于30m，不应大于80m；
3）过街设施距居住区、大型商业设施公共活动中心的出入口不宜大于50m，不应大于100m。

4.4.4 跨越城市快速路主路时应设置立体过街设施，以下情况可优先采用立体过街方式，并应与周边建筑出入口整合考虑：

1）高密度人流集散点附近且机动车流量较大区域，如大型多层商业建筑、轨道车站、快速公交（BRT）车站、交通枢纽、大型文体场馆、学校等周边地区；
2）曾经发生重、特大道路交通事故的地点，且在分析事故成因基础上认为确有必要设置立体过街的。

---

[3]参考《城市道路交通规划设计规范》(GB50220-95）第5.2.4条，同时参照《城市道路人行过街设施规划与设计规范 浙江省工程建筑标准》第4.1.3条，结合步行分区分级特性对于不同区域、功能的步行道过街设施间距进行规定。

[4]参照《道路交通管理设施设置技术标准第4部分：人行过街设施 深圳市地方标准》第6.1.2条，同时考虑重要公共设施过街便捷性，进一步调整了间距指标。

4.5 立体步行系统

4.5.1 立体步行系统指将平面步行系统与空中步行系统、地下步行系统进行网络化整合，把各类步行交通组织到地上、地面和地下三个不同平面中，实现建筑之间、建筑与轨道车站之间以及与道路空间内部便捷联系的步行系统。

图 4.5.1 空中步行系统（左）与地下步行系统（右）

4.5.2 设置立体步行系统时，应同时保证地面步行和自行车空间的连续性，并结合人行天桥、人行地道等设施，有效衔接立体与地面步行空间。

4.5.3 空中步行系统应与地上轨道交通车站，以及建筑的商业娱乐、观光休憩、入口广场和共享平台等功能空间结合设置。

4.5.4 地下步行系统应与地下轨道交通车站、地下停车库、地下人防设施等紧密衔接，共享通道和出入口。

4.5.5 设置立体步行系统时，应建立投资、建设、运营、维护的协调保障机制，确保立体步行系统安全、连续、整洁、有序运行。

5　步行空间设计

5.1　步行道横断面

5.1.1　步行道横断面设计应结合城市区位、功能定位和路侧用地属性，兼顾行人通行和停留需求。应妥善协调步行道与自行车道、路侧停车的关系。

5.1.2　步行道横断面可划分为人行道、绿化带或设施带，以及建筑前区。各分区应保证连续，避免分区间发生重叠或冲突[5]。

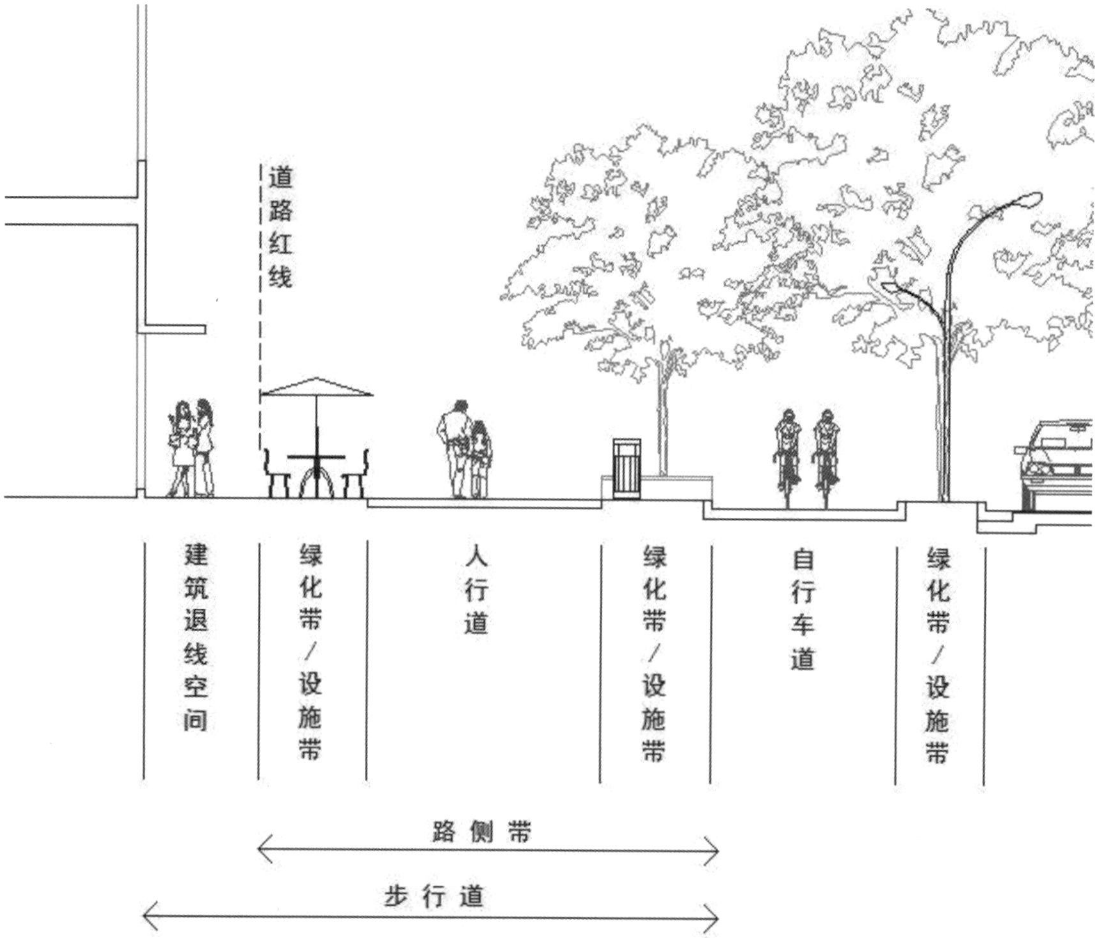

图 5.1.2－1 步行道和自行车道横断面示意

[5]几点说明：(1) 步行道横断面分区主要目的是明确不同分区的功能和作用，并提出自身连续性以及差别化的设计要求，实现步行道的精细化设计。(2)《城市道路工程设计规范》(CJJ37-2012) 规定人行道外缘与道路红线之间可设置绿化带或设施带；本导则建议将其与建筑退线空间共同作为建筑前区（除路侧用地确需封闭管理的情况），在设计道路横断面和建筑时一体化考虑，灵活布置绿化或街道家具，弱化道路红线对步行空间的分割。(3) 分隔机动车道与步行道或自行车道的设施带或绿化带也称机非隔离带。

图 5.1.2－2 步行道横断面分区实例

5.2 步行道宽度

5.2.1 除不设辅路的快速路外，城市各等级道路应设置人行道。人行道单侧宽度一般应符合表 5.2.1 中的数值[6]。

表 5.2.1 人行道单侧宽度推荐值（单位：m）

步行道等级 / 城市道路等级	一级	二级	三级
快速路（辅路）	4.0～5.0	2.5～4.5	2.5～3.0
主干路	4.5～7.0	3.5～5.5	3.0～3.5
次干路	4.5～6.5	3.5～5.0	3.0～3.5
支路	4.0～5.0	2.5～4.5	2.0～2.5

注：对于步行道分级的规定参见 4.3.3

5.2.2 设施带或绿化带的宽度不得小于 0.5m，有行道树的不得小于 1.5m，并应满足表 5.2.2 中不同街道家具的最小净宽要求。

[6]对于中心商务区、核心商业区、交通枢纽周边等人流量特别大的特殊区域，人行道宽度应通过专项计算确定，以满足通行需求。

表 5.2.2 不同街道家具的最小净宽（单位：m）

0.25～0.5	0.5～1.0	1.0～1.6	1.6～2.0	2.0～2.5	3.0～6.0
护栏	路灯 垃圾箱 邮箱 报刊栏 咪表 小型变电箱 电线杆 小型设备箱 指示牌	座椅 电话亭	报刊亭 设备箱 变电箱 检修井	自行车停车设施 常规公交车站站台	快速公交车站站台 人行天桥楼梯 人行地道出入口 轨道车站出入口

5.2.3 当行道树池上铺设有与人行道共面的透水材料时，行道树设施带的 1/2 宽度可计入人行道宽度。

5.2.4 改建路段若受实际条件限制，步行道宽度可适当调整，但不得小于原有宽度。应优先保证人行道宽度及连续性。步行道横断面各分区的宽度调整原则参见 12.2.2、12.2.3。

5.3 步行专用路

5.3.1 步行专用路应保持适宜的街道空间尺度，道路空间宽度与道路空间两侧围合物（建筑或绿化）高度的比值宜为 1:1~1:1.5[7]。

5.3.2 步行街的设计应符合下列规定[8]：

1) 步行街的规模应适应各重要吸引点的合理步行距离，步行街长度不宜超过 800m。
2) 步行街的宽度可采用 10m~15m，其间可配置小型广场，步行道路和广场的面积，可按每平方米容纳 0.8 人~1.0 人计算。
3) 步行街与两侧道路的距离不宜大于 200m，步行街进出口距公共交通停靠站的距离不宜大于 60m。
4) 步行街附近应有一定规模的自行车停车场，且自行车停车场距步行街进出口的距离不宜大于 50m。
5) 步行街应满足消防车、救护车、送货车和清扫车等的通行要求。

[7]参考《上海市控制性详细规划技术准则》（2011）第 4.4.8 条规定。

[8]主要参照《城市道路工程设计规范》（CJJ37-2012）第 9.2.6 条规定。

5.4 步行过街设施

5.4.1 除城市快速路主路以外，一般情况下应优先采用平面过街方式，视过街行人与道路机动车流量大小，可分别采用信号灯管制或行人优先的人行横道过街。

5.4.2 交叉口平面过街和路段平面过街应保持路面平整连续、无障碍物，遇高差应缓坡处理。

图 5.4.2 路缘石缓坡处理正例

5.4.3 应尽量遵循行人过街期望的最短路线布置人行横道等设施。人行横道线较宽时，应设置阻车桩防止机动车进入或借道行驶，以保护行人安全。

图 5.4.3 人行横道阻车桩设置正例

5.4.4 具有两条及以上车道的道路，机动车停止线距离人行横道线不宜小于 3m，以提升外侧机动车道视野、减少交通信号交替时可能导致的行人与机动车冲突。

图 5.4.4 人行横道线与机动车停止线保持安全距离反例与正例

5.4.5 对于行人过街需求较高的交叉口平面过街以及城市生活性道路上的路段平面过街，可采用彩色人行横道、不同路面材质的人行横道或抬高人行横道（抬高交叉口）来区分和提示过街区域。

图 5.4.5 人行横道做法正例

5.4.6 应尽量减少或妥善解决交叉口渠化或拓宽给行人过街造成的不便。确需对交叉口渠化或拓宽时，一条进口车道宽度可取 2.8m~3.0m，不宜大于 3.25m[9]。

[9]《城市道路交叉口设计规程》（CJJ152-2010）第 4.2.9 条规定“平面交叉口一条进口车道的宽度宜为 3.25m，困难情况下最小宽度可取 3.0m；当改建交叉口用地受到限制时，一条进口车道的最小宽度可取 2.80m。”本导则认为交叉口渠化或拓宽旨在方便机动车，但使行人过街的安全性降低、距离增加，而行人信号周期随之变长，实际上也损失了机动车的通行时间，故在现有规定基础上采用更为限制性的表述。

5.4.7 在设置机动车右转安全岛时，应采取机动车减速、标志标线等提示措施减弱过街行人和右转机动车的冲突，保障行人过街安全。

5.4.8 当人行横道长度大于 16m 时（不包括非机动车道），应在分隔带或道路中心线附近的人行横道处设置行人过街安全岛，安全岛宽度不应小于 2.0m，困难情况下不应小于 1.5m。

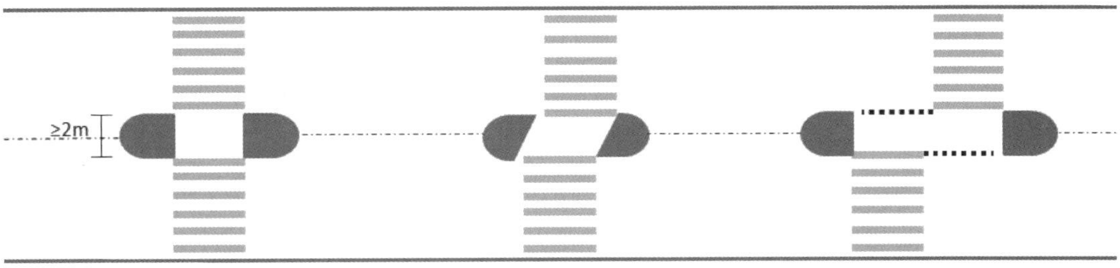

（1）垂直式　　（2）倾斜式　　（3）栏杆诱导式

图 5.4.8 安全岛类型示意

5.4.9 行人过街绿灯信号相位间隔不宜超过 70 秒[10]，不得大于 120 秒。鼓励行人过街与机动车右转的信号相位分离设置，并实行行人过街信号优先。

5.4.10 立体过街应设置适合自行车推行及为残障人群使用的坡道，有条件的应安装电梯、自动扶梯。宜与周边建筑、公交车站、轨道车站出入口以及地下空间整合设置，形成连续、贯通的步行系统。

5.4.11 环岛的交通组织应优先保障行人过街的安全，环岛各相连道路入口处应设置人行横道，行人过街需求较大的应设置行人过街信号灯，并与机动车信号灯相协调。

[10]沿用《城市道路交叉口设计规程》（CJJ152-2010）第 4.5.6 条规定。

5.5 交叉口转角空间

5.5.1 无自行车道的交叉口转角路缘石转弯半径不宜大于 10m，有自行车道的路缘石转弯半径可采用 5m[11]，采取较小路缘石转弯半径的交叉口应配套设置必要的限速标识或其他交通稳静化措施。

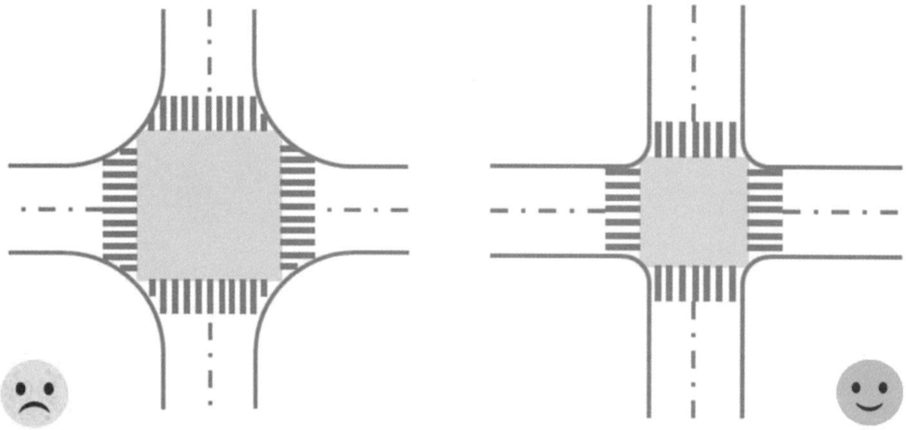

图 5.5.1 交叉口转角路缘石小转弯半径反例与正例

5.5.2 交叉口转角路缘石应缓坡处理，坡面宽度大于 2.0m 时应设置阻车桩，防止机动车进入，保护行人安全。

图 5.5.2 交叉口转角设置阻车桩反例与正例

[11]长期以来我国对于交叉口转角路缘石转弯半径的规定值偏大，鼓励机动车快速右转，对行人和自行车过街的安全构成威胁，且易导致人行横道和自行车过街带远离交叉口中心而增加过街距离。本导则认为交叉口右转弯行车设计时速宜为 20km/h，对于行人和自行车过街流量特别大的路口宜为 15km/h。参照《城市道路交叉口规划规范》（GB50647-2011）第 3.5.2-2 条右转弯行车计算速度和路缘石转弯最小半径的对应关系表，得到条文规定数值，且取上限。

5.5.3 交叉口转角空间设置交通设施、绿化和街道家具时不应影响行人通行和机动车视距。视距三角形限界内，不得布设任何高出道路平面标高 1.0m 且影响驾驶员视线的物体。

图 5.5.3 交叉口转角阻碍通行反例

6 步行环境设计

6.1 路面铺装

6.1.1 步行路面铺装应平整，并保证排水坡度。高差变化时应采用缓坡处理，不应采用台阶踏步形式。

图 6.1.1 人行道遇高差处理反例与正例

6.1.2 铺装应采用透水性、防滑、舒适、耐久、经济的材料。

6.1.3 在步行道起止点、转折处、分岔处等行人决策点，可变换路面铺装的材质、色彩或铺排方式，以示区分。

6.2 街道家具

6.2.1 街道家具泛指在步行道内为各类使用需求而设置的设施。应舒适、耐久、实用、易于维护。宜统一风格、有识别性，并与周边建筑和环境相协调。

6.2.2 街道家具应布置在设施带、绿化带或建筑前区内，避免占用人行道或阻碍通行。市政及其附属设施宜结合绿化带设置，并采取安全防护措施。各类街道家具的最小净宽要求参见表 5.2.2。

图 6.2.2 街道家具布置反例与正例

6.2.3 座椅、遮蔽设施和公共艺术是提升步行环境品质的重要元素，其设计应符合以下规定：

1) 座椅应结合公交站点、公共建筑出入口、绿道等人流量较大的路段和场所布置，宜使用木材为主，设置靠背和扶手，并通过设计或材料达到透水、宜干的效果。

2) 遮蔽设施包括建筑挑檐、独立构筑物和骑楼等。鼓励在重点步行片区内形成连续、有效、美观的遮蔽设施系统，以遮荫为主要功能的宜结合乔木绿化一体化设置。

3) 公共艺术应与周边环境的空间尺度相协调。鼓励公共艺术与街道家具一体化设计，提升街道或区域的特色。

6.2.4 照明是保证步行环境安全的重要元素，路灯的间距和照度应保证夜间安全，并避免光污染。安全问题突出的重点区域应加强照明。宜采用节能灯具，并使用暖色调光源。

6.3 绿化

6.3.1 绿化是步行系统重要的组成部分，可采用乔木、灌木、地被植物相结合，竖向宜与道路排水设计相协调，实现雨水的资源化利用。

6.3.2 应优先采用乔木绿化，发挥其遮荫功能，并与座椅、自行车停车设施等街道家具结合设置，方便人们等候、停留和活动。

图 6.3.2 乔木结合座椅设置反例与正例

6.3.3　行道树绿化宜采用平树池形式，即树池缘石与人行道的地面铺装平齐，可上置盖板，方便行人借用通行。

图 6.3.3 平树池正例

6.3.4　当城市生活性道路的绿化带采用灌木绿化或草坪绿化时，不应长距离连续设置，避免对行人灵活穿越造成阻隔。

图 6.3.4 绿化带设置反例（绿化带阻隔行人穿越）与正例

6.3.5　应优先选用适宜本地、生长快、树冠分散、高度适宜、无毒无害的绿化植物。不得滥用名贵树种。避免选择根系过于发达的树种，以免损害市政设施。

6.3.6　被人行横道或道路出入口断开的分车绿带端部，苗木设置高度应在 0.9m 以下，控制长度范围应满足停车视距要求，保证行人和车辆的视线通透[12]。

[12]根据行车速度和驾驶员制动反应距离，建议主干路、次干路、支路路段平面过街设施前（来车方向）绿化带的限高长度分别取 60m、40m、25m，在交叉口平面过街设施前绿化带的限高长度取 20m。

6.4 指示标识

6.4.1 指示标识应为行人和骑车人提供连续、有效、充足的指路服务信息，宜通过与其他街道家具的整合设计构建统一、完整系统[13]。

图 6.4.1 指示标识反例与正例

6.4.2 指示标识应设置在行人决策点的醒目位置。城市的主要吸引点、公交和轨道车站应设置区域引导图和指示牌。指示牌指引信息的高度不宜大于 2.5m。

6.4.3 非路面喷涂的指示标识应设置在设施带内，条件不足的可设置在绿化带内，以避免妨碍行人和自行车通行。

6.4.4 鼓励指示标识的信息智能化，以满足指示路况、停车空位、交通事故、交通管控和天气等信息的时效性要求。

6.5 街道界面

6.5.1 建筑贴线率是指建筑贴近建筑界面控制线建设的比例。宜通过底层建筑界面控制线和建筑贴线率进行街道界面控制，以加强街道、广场等公共空间的整体性和沿街界面的丰富性和活跃程度。

6.5.2 对于步行重点片区和生活性道路，底层建筑界面控制线退让红线距离不宜大于 10m，建筑贴线率不宜小于 70%[14]。

---

[13]指示标识信息宜包括地名、交通设施、游客中心、公园及景点、商贸购物、公共机构、公厕等。鼓励因地制宜设置节能、高效、易于维护的智能信息标识。

[14]参考《上海市控制性详细规划技术准则》（2011）第 4.5.7 条规定。建筑贴线率的具体算法参见附录 2。

6.5.3 建筑前区内宜布置街道家具和绿化遮荫，不应设置机动车停车位。

图 6.5.3 建筑前区布置反例与正例

6.5.4 沿街建筑底层宜作为商业、文化、娱乐等用途使用，并采用小尺度、通透和开敞的设计形式，以提升街道活力。一般应避免设置大面积、连续的围墙或栅栏[15]。

图 6.5.4 沿街建筑底层反例与正例

6.5.5 对于长期施工造成的消极街道界面，宜对围挡进行美化和人性化设计。

图 6.5.5 施工围挡反例与正例

[15]对于医院、学校、厂房等因安全要求确需封闭管理的，宜采用栅栏、绿篱等通透性围挡，避免形成消极的街道界面。

7 自行车网络规划

7.1 一般规定

7.1.1 自行车网络由各类自行车道路构成，可分为自行车道和自行车专用路两类。

7.1.2 自行车道指沿城市道路两侧布置的自行车道。

7.1.3 自行车专用路主要包括以下类型道路或通道空间：

1) 公园、广场、景区内的自行车通道，滨海、滨水、环山的自行车专用通道和自行车绿道等；
2) 通过管理手段、铺装差异等措施禁止（或分时段禁止）除自行车和步行之外的交通方式通行的各类道路，允许自行车通行的步行街（区）等；
3) 不具备机动车通行条件、但自行车可以通行的各类通道，如较窄的胡同、街坊路、小区路等。
4) 其他形式的自行车专用通道。

7.1.4 自行车网络规划应明确自行车交通应承担的功能，明确自行车交通分区及自行车道路分级。

7.2 自行车交通分区

7.2.1 自行车交通分区主要目的是体现城市不同区域的自行车交通特征差异，明确不同分区的自行车交通发展政策，根据分区内自行车交通出行特征的不同，提出差异化的规划设计要求。

7.2.2 自行车交通分区方法应结合城市自行车系统的发展定位，重点考虑现状和规划的土地使用情况、城市空间布局、大型公共设施分布、地形地貌、天气气候等要素，各城市可根据具体情况确定分区类别与原则。

7.2.3 自行车交通分区一般可划分为三类：

1) 自行车 I 类区：优先考虑自行车出行的区域，自行车道路网络密度高，自行车系统设施完善。应覆盖但不限于：城市中心区、重要公共设施周边、主要交通枢纽、城市核心商业区和政务区，以及滨海、滨水、公园、广场等市民聚集区等。
2) 自行车 II 类区：兼顾自行车和机动车出行的区域，自行车道路网络密度较高，配置一定自行车专用设施。应覆盖但不限于：城市副中心、中等规模公共设施周边、城市一般性商业区和政务区，以及大型居住区。

3) 自行车 III 类区：对自行车出行予以基本保障的区域。主要包括上两类自行车交通分区以外的地区。

7.2.4 不同自行车交通分区的自行车道路网络密度和平均间距应满足表 7.2.4 的规定[16]。对于城市建成区，自行车道路密度偏低的分区宜加强自行车专用路建设。

表 7.2.4 不同分区自行车道路布局推荐指标

自行车交通分区	自行车道路密度	自行车道路平均间距
I 类区	12～18km/km^2 其中自行车专用路的密度不低于 2km/km^2	110～170m 其中自行车专用路的间距不大于 1km
II 类区	8～12km/km^2	170～250m
III 类区	5～8km/km^2	250～400m

7.3 自行车道路分级

7.3.1 自行车道路分级的主要目的是明确不同道路的自行车功能和作用，体现自行车道路级别与传统城市道路级别之间的差异性和关联性，并提出差异化的规划设计要求。

7.3.2 自行车道级别主要由其在城市自行车交通系统中的作用和定位决定。考虑现状及预测的自行车交通特征、所在自行车交通分区、城市道路等级、周边建筑和环境等要素综合确定。

7.3.3 沿城市道路两侧布置的自行车道，可分为三级：

1) 一级自行车道：以满足城市相邻功能组团间或组团内部较长距离的通勤联络功能为主，自行车流量很大，同时承担通勤联络、到发集散、服务周边等多种复合型功能，是自行车网络的骨干通道。

---

[16]自行车道路密度指自行车专用路和城市道路两侧自行车道的密度之和，其中城市道路两侧自行车道密度按照城市道路路网密度计算，应符合《城市道路交通规划设计规范》（GB50220-95）中相关规定。对于现状道路网络稀疏且难以改变的城市建成片区，自行车道路密度可适当调整，但不得小于片区内原有的城市道路密度。

主要分布在城市相邻功能组团之间和组团内部通行条件较好，市民通勤联络的主要通道上，以生活性主干路、两侧开发强度较高的快速路辅路、和自行车流量较大的次干路为主。

2) 二级自行车道：以服务两侧用地建筑为主，自行车流量较大，自行车交通行为以周边地块的到发集散为主，与两侧建筑联系紧密，但中长距离通过性自行车交通比例较小，是自行车网络的重要组成部分。

主要分布在城市主（副）中心区、各类公共设施周边、交通枢纽、大中型居住区、市民活动聚集区等地区的次干路以及支路。

3) 三级自行车道：功能以直接通过为主，自行车流量较小，以通过性的自行车交通为主，与两侧建筑联系不大，是自行车网络的延伸和补充。

主要分布在两侧开发强度不高的快速路辅路、交通性主干路，以及城市外围地区、工业区等人流活动较少的地区的各类道路。

7.3.4 自行车道的宽度和隔离方式应综合考虑自行车道等级及其所在自行车交通分区，且符合表 7.3.4 规定[17]。一般情况下，I 类区的各级自行车道宽度取上限值，II 类区取中间值，III 类区取下限值。

表 7.3.4 各级自行车道宽度和隔离方式要求（单位：m）

自行车道等级	自行车道宽度	隔离方式
自行车专用路	单向通行不宜小于 3.5，双向通行不宜小于 4.5	应严格物理隔离，并采取有效的管理措施禁止机动车进入和停放
一级	3.5～6.0	应采用物理隔离
二级	3.0～5.0	应采用物理隔离
三级	2.5～3.5	主干路、次干路应采用物理隔离，支路宜采用非连续物理隔离

[17]本表中自行车道宽度的下限值主要参考了《城市道路工程设计规范》（CJJ37-2012）中自行车道道宽度下限值。各类规划确定道路横断面时应优先考虑自行车道的功能等级，再考虑城市道路的主次支级别。按照主次支路划分的城市道路自行车道宽度要求参见 8.1 节的相关规定。

7.4 自行车停车设施布局

7.4.1 自行车停车设施包括建筑物配建自行车停车场、路侧自行车停车场和路外自行车停车场。建筑物配建自行车停车场是自行车停车设施的主体。

7.4.2 应明确规定建筑物自行车停车配建指标，新建住宅小区和建筑面积 2 万平方米以上的公共建筑必须配建永久性自行车停车场（库），并与建筑物同步规划、同步建设、同步投入使用。

7.4.3 路侧自行车停车场应按照小规模、高密度的原则进行设置，服务半径不宜大于 50m。

7.4.4 轨道车站、交通枢纽、名胜古迹和公园、广场等周边应设置路外自行车停车场，服务半径不宜大于 100m，以方便自行车驻车换乘或抵达。

7.4.5 对于建筑工程在地块内设置公共自行车停车场的，可适当折减建筑物自行车停车配建指标[18]。

[18]参照杭州市相关规定，可按照 1 个公共自行车存车位抵扣 3 个配建自行车停车位的比例折减建筑需配建的自行车停车指标。

8　自行车空间与环境设计

8.1　自行车道宽度

8.1.1　除快速路主路外，城市各等级城市道路应设置自行车道。应综合考虑城市道路等级和自行车道功能分级，设定自行车道宽度。新建道路的自行车道宽度应符合表 8.1.1 中数值。

表 8.1.1 自行车道单侧宽度取值一览表（单位：m）

城市道路等级 \ 自行车道等级	一级	二级	三级
快速路（辅路）	3.5～4.5	3.0～3.5	2.5～3.0
主干路	4.0～6.0	3.5～5.0	2.5～3.5
次干路	4.0～5.5	3.5～4.5	2.5～3.5
支路	3.5～5.0	3.0～3.5	2.5～3.0
自行车专用路	≥ 3.5（单向），≥4.5(双向)		

注：对于自行车道分级的规定参见 7.3.3

8.1.2　改建路段受实际条件限制时，自行车道宽度可在表 8.1.1 的基础上适当调整，但不得小于原有自行车道宽度。

8.2　自行车道隔离形式

8.2.1　城市主、次干路和快速路辅路的自行车道，应采用机非物理隔离。城市支路上的自行车道，可采用非连续式物理隔离。

1）机非物理隔离形式包括绿化带、设施带和隔离栏，条件允许时应采用绿化带或设施带。

图 8.2.1－1 自行车道采用机非物理隔离正例

2) 城市支路采用非连续式物理隔离时，间隔距离不宜过大，既方便行人和自行车灵活过街，又防止机动车驶入自行车道。

3) 非物理隔离形式包括自行车道彩色铺装、彩色喷涂和划线，确需采用时应有明确的自行车引导标志。

图 8.2.1－2 非连续式物理隔离正例

8.2.2 自行车道与步行道应分开隔离设置，自行车道应设置于车行道两侧，保证行人安全。

8.2.3 在宽度大于 3m 的自行车道入口处，应设置阻车桩，以阻止机动车驶入自行车道。阻车桩宜选用反光材料，确保安全醒目。

图 8.2.3 自行车道入口处设置阻车桩反例和正例

8.2.4 当上下游路段自行车道的隔离形式不一致时，应注意路口处的衔接引导，方便骑车人快速识别、规范行为。

8.2.5　当受条件限制时，可在交叉口附近路段局部设置机非物理隔离，保证交叉口自行车通行安全与秩序。

图 8.2.5 交叉口局部机非物理隔离正例

8.3　自行车过街带

8.3.1　自行车过街带应尽量遵循骑车人过街期望的最短路线布置。

图 8.3.1 自行车过街带沿期望线布置反例和正例

8.3.2　自行车过街带宜采用彩色铺装或喷涂，并设置醒目的自行车引导标志。

图 8.3.2 彩色自行车过街带正例

8.3.3 鼓励自行车过街与机动车右转信号相位分离设置，并对自行车过街信号实行优先。

8.3.4 鼓励将交叉口处的自行车停止线靠近交叉口设置；自行车有单独信号控制、且实施信号优先的，可将自行车停止线布置在机动车停止线之前。

图8.3.4 自行车停止线布置正例

9 自行车停车设施设计

9.1 设施选址

9.1.1 自行车停车设施的布局原则和要求参见 7.4。自行车停车设施的选址应设置在便捷醒目的地点，并尽可能接近目的地。

图 9.1.1 自行车停车场设置在便捷醒目的地点正例

9.1.2 建筑物配建停车场应在建筑物的人行出入口就近设置。

9.1.3 轨道车站、交通枢纽等应在各出入口分别设置路外自行车停车场，距离不应大于 30m。

9.1.4 路侧自行车停车场应在设施带或绿化带划定专门用地设置，不得占用人行道，防止阻碍行人通行。空间不足的，可采用斜向停车方式，节省停车空间。

9.2 设置规模

9.2.1 对于新建居住区和公共建筑的自行车停车场，其规模须严格遵照本地规划技术管理规定等相关配建指标设定。

9.2.2 单层自行车停车场的用地面积为自行车停放面积加上必要的通行空间。单位自行车的停车用地面积（含通行空间）宜取 1.5~2.2m^2/车[19]。

9.2.3 轨道车站、重要交通枢纽、城市大型综合体等设施周边的换乘自行车场地,平面设置时，其用地指标应考虑设施的预测高峰时段客流人次[20]，客流使用自行车的目标分担率和自行车的单位停车用地面积综合测算。立体停车场的用地面积可相应折减。

9.2.4 对于建成区自行车公共停车场，其规模应根据所服务的建筑或区域的日平均高峰吸引车次，平均停放时间及不均衡系数确定[21]。

9.3 设置形式

9.3.1 结合自行车停车设施的设施带、绿化带或建筑前区宽度取 2.0m~2.5m。斜向放置的，可为 1.5m。

---

[19]参考《城市道路工程设计规范》（CJJ37-2012）第 3.3.2 条，自行车总长，即自行车前轮前缘至后轮后缘的距离取 1.93m，自行车总宽，即车把的宽度取 0.6m。按照该设计外廓尺寸，分别计算当自行车从 30° ~90° 摆放时所需面积。

[20]假设使用自行车接驳的主要为通勤客流，则高峰时段的需求量（早高峰或晚高峰，取较大值）可以大致代表当日对停车位的最大需求量，所以没有考虑停车周转时间的影响。

[21]每日的停车需求和每车次的停放时间具有随机性，是一个波动的范围，在用平均值测算停车位规模的基础上，要进行修正，以便留有一定的安全量。不均衡系数就是根据波动程度的大小给定的修正系数。包括平均停车时间波动系数和平均日高峰吸引车次波动系数。两个系数相乘的值即为停车不均衡系数。

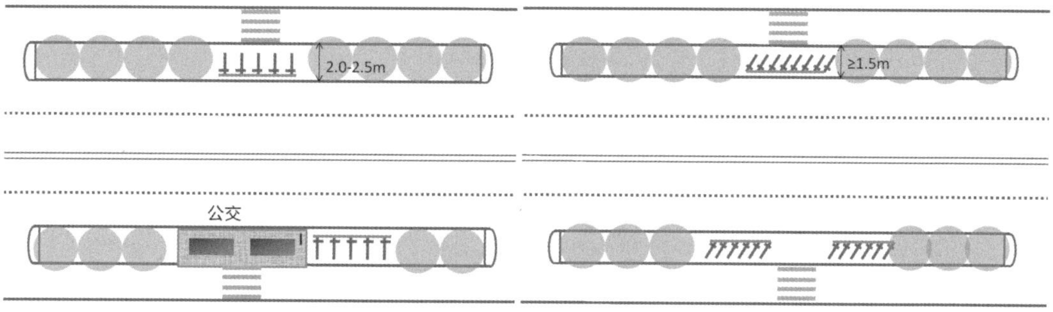

图 9.3.1 自行车停车设施结合绿化带、设施带设置示意

9.3.2 自行车停车场宜采取地面形式。因场地限制确需设置立体停车设施时，设施不宜超过两层。

9.3.3 自行车停车场应有清晰、明确的停车场标识，引导骑车者正确停放，减少乱停乱放对行人和机动车的影响。

9.3.4 自行车停车场设置应遵循安全、方便和节地的原则，提供舒适的停车环境，突出人性化服务，其设计应符合以下规定：

1) 自行车停车场出入口不宜少于 2 个，出入口宽度宜为 2.5m~3.5m[22]；
2) 人行道自行车停放亭（点）应当与行人通道、车辆出入口及相邻设施保持必要的安全距离；
3) 应选用节约空间、坚固美观、不易导致车辆损坏的自行车存车支架；
4) 应有充分的照明条件，有条件的应设置雨棚；
5) 鼓励在附近增设车辆维修点等便民设施。

图 9.3.4 自行车停车场设置雨棚反例与正例

[22]沿用《城市道路工程设计规范》（CJJ37-2012）第 11.2.6 条规定。

10 公共自行车系统

10.1 一般规定

10.1.1 公共自行车系统主要服务于中短距离通勤、公共交通出行最后一公里及休闲、旅游、健身等功能。

10.1.2 公共自行车系统是一种公共服务，是城市公共交通系统的重要补充，在规划、建设、运营、定价上应充分考虑其公益性的属性。

10.2 系统组成

10.2.1 公共自行车系统是一种自行车共享机制，应具备使用方便、使用成本低、面向大众、公益性的特点。系统组成包括车辆、使用凭证/介质、租赁点、维修点/中心、管理站和客户服务终端、调度车辆、调度控制中心等。

10.2.2 公共自行车车辆的外观、结构和材质等应采取个性化设计，便于运营、管理和维护。

10.2.3 公共自行车系统的使用凭证或介质宜采用信息集成程度高的 IC 卡等电子媒介，宜采用与公交卡、银行卡、手机电子钱包等兼容的付费系统。

10.2.4 公共自行车租赁点应配备车辆止锁装置、自助服务终端、必要的电源、照明、通讯设备以及信息服务设施。宜加装安全监控设备，并就近设置饮水、售卖亭等设施。

10.2.5 为保证系统的正常运营和效率，应配备实时监控调度系统、调度控制中心、调度车辆和流动维修人员，并设置维修点。调度车辆应采用清洁能源汽车。

10.2.6 调度控制中心应开辟规模适度的专用场所，提供设备和办公人员所需的空间。系统规模较大时，宜划拨专门用地建设设备、办公用房和调度车辆的停放场地[23]。

---

[23]调度中心应具备以下功能：动态掌握系统的基本运行状况，制定动态调度方案并发布调度指令；记录系统运行状态，生成运行状态文件和运营分析报表；利用网络等渠道实时发布系统的静态和动态信息，如租赁点的位置、可用车数、可用存车位数量等；事件管理和追溯等。

10.3 租赁点布局

10.3.1 租赁点应遵循安全高效、可见性好、可达性高、成片成网、规模适度、疏密有致、景观协调的原则布设。

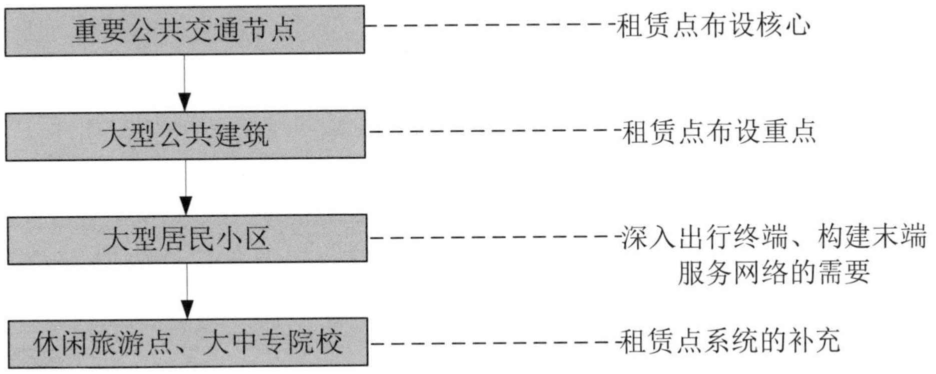

图 10.3.1 公共自行车布设思路

10.3.2 租赁点宜采用分区、分类的布设思路。以公共交通站点、大型公共建筑等主要人流集散点为核心，依据节点的辐射半径逐层推进、深入出行终端进行布设[24]。

10.3.3 综合考虑公共自行车租车人理想的步行距离及所服务腹地的人口密度等因素，租赁点间距宜为 200~500m，平均间距推荐取 300m；服务半径为 100~250m，平均服务半径推荐取 150m；租赁点密度为 4~25 个/平方公里，平均密度推荐取 11 个/平方公里[25]。

10.3.4 公共自行车租赁点应在居住小区、公共建筑、轨道车站等服务对象的出入口就近布置，距离不宜超过 30m；有多个出入口时，宜在各出入口分别布置。

---

[24]参考《深圳市步行和自行车交通规划设计导则》提出的布设思路。

[25]参考《深圳市步行和自行车交通规划设计导则》提出的布设依据。（1）按照《城市道路工程设计规范》（CJJ37-2012）第 10.3.2 条，常规公交站间距为 400～800m，平均步行距离则为 200～400m，而公共自行车如果定位为主要解决公交出行最后一公里的功能，则其平均步行距离应该比到达公交站的距离短。(2)假定理想的步行长度为 2～3 分钟的距离，则按照步行速度 3～4km/h，理想距离应为 100～200m。因此，公共自行车站点的密度应该位于 100～400m 区间。结合人口密度的疏密考虑，导则最终给出的站点适宜距离为 200～500m，平均取 300m，由此计算得出租赁站点的密度为 4～25 个/平方公里。

10.3.5 租赁点宜根据所服务区域人流的集散方向，在单点较大规模集中布置，或者在相近的多点小规模分散布置；条件允许时，宜优先采用近距离分散布置模式。

10.3.6 在保证人行道不小于表 5.2.1 所给定的下限值时，可以利用步行道空间设置公共自行车停车位。

10.4 设置规模

10.4.1 在具备详细的出行起讫点（OD）调查数据的情况下，宜综合考虑交通小区的出发量和到达量估算布点规模。在没有出行数据的情况下，可以根据服务半径内的建筑量、建筑性质和自行车使用情况综合确定。宜先开展小规模测试，再分步扩大布设规模。

10.4.2 一般情况下，每个租赁点的存车位数量应适当大于自行车的数量，建议公共自行车的数量为存车位数量的 60%~80%。对大规模集中布置的租赁点可结合空间条件就近设置与存车位分离的、用于车辆临时集中存放的场所。

10.4.3 单个租赁点的规模应结合所处地段的需求调研和经验判断综合确定，并保留一定弹性空间[26]。

---

[26]每个租赁点规模的确定，主要是基于经验或者对出行规律的调研。例如，在《杭州公共自行车交通发展专项规划（修编）》中，基于经验判断对服务点规模给出指导，其中固定式服务点的公交站配车位 40～100 个、轨道交通站配车位 100～200 个、大型公建点配车位 80～120 个、风景点约为 30～115 个、居住点和小型公建点为 20～40 个。

10.5 设置形式

10.5.1 租赁点可分为固定式和移动式。运营初期需求规模难以确定时，可采用移动式租赁点，方便后续根据实际情况灵活调整。

图 10.5.1 固定式租赁点（左）与移动式租赁点（右）

10.5.2 租赁点自行车的存放方式可分为直列式或斜列式。直列式存车位的间距一般不小于 60cm[27]；斜列式存车位的间距可适当缩小。

10.5.3 规模较大的租赁点宜设置人工服务站，提供会员办理和取消、付费、退费、结算、问询、实时故障处理等服务。

[27]60cm 约为车把的宽度和人肩部的计算宽度。

11 步行和自行车与公共交通的结合

11.1 规划设计原则

11.1.1 轨道车站和公交换乘枢纽周边 600m 范围是步行直接吸引区，应保障步行的优先通行，采取各种措施满足乘客直达站点需求，重点在出入口布局、过街设施、自行车接驳设施、标识系统等方面进行优化设计。

11.1.2 一般公交场站和站点应结合类型等级、周边用地特征，因地制宜采用有效措施，实现步行、自行车和公交系统便捷衔接，重点在过街设施、自行车接驳设施、通道与站台宽度、标识系统等方面进行优化设计。

11.1.3 公共交通场站配建的步行和自行车设施应与周边道路及临近的居住区、商业区、集散广场、游憩集会广场等设施紧密衔接，构成一个完整的步行和自行车系统。公共交通枢纽处的人行天桥、人行地道宜与两侧建筑物或地下空间直接衔接。

11.1.4 公共交通系统的步行设施应有利乘客集散，并应与其他交通换乘方便，各公共交通方式换乘距离应符合相关标准规定[28]。

11.2 出入口及过街设施

11.2.1 轨道车站应增加出入口数量。出入口应与车站周边的主要建筑物等客流吸引点直接联系，与人行天桥、人行地道等立体过街设施结合设置，并应满足进出站客流和应急情况下快速疏散的需要[29]。

11.2.2 快速公交车站和路中式常规公交车站应优先考虑在交叉口设站，利用交叉口平面行人过街设施，结合交通信号控制，解决车站乘客过街需求。当采用平面过街不能保证乘客过街安全时，可设置立体过街设施衔接车站与道路两侧步行系统。

11.2.3 为公交站设置的平面过街设施应和路段过街设施统一规划设计，位置间距与具体设计应满足 4.4 和 5.4 节的要求。设置平面过街设施应同时考虑服务道路两侧的公交站，并设置相应的标志标线，如下图所示。如公交站客流量较大，宜加设信号控制。

---

[28]参考《城市道路交通规划设计规范》（GB50220-95）第 3.3.4 条、《北京快速公交地方标准》（DB11/T651.1-2009）第 5.7 条、《城市轨道交通工程项目建设标准》（建标 104-2008）第 55 条。

[29]轨道车站直通地面的出入口不宜少于 4 个，并不应少于 2 个。车站宜设置双向出入口，其宽度：大型枢纽站不应小于 4m，其他站不小于 2.5m。设计客流量应乘以 1.1～1.4 超高峰系数。

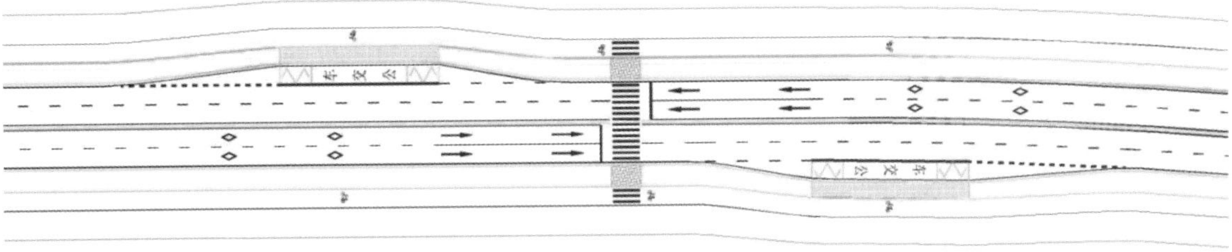

图 11.2.3 行人过街设施与公交站结合设置平面布局示意

11.2.4 公交车站立体过街设施应与周边建筑结合设置，其宽度根据客流量确定。立体过街设施出入口不宜占用人行道通行空间，特殊困难处，人行道通行空间至少应保留 1.5m 宽度，并在出入口留预留人流集散空间。设置立体过街设施时应同时设置相关隔离设施避免乘客横穿机动车道。

11.2.5 路侧式常规公交车站和快速公交车站与自行车道相邻时，应设置人行横道，方便行人进出车站，并采用背后绕行的方式设置自行车道；受条件限制不能设置绕行的，应在外侧机动车道施划自行车优先标志。

图 11.2.5 自行车道与公交站结合正例（左，有机非分隔带；右，无机非分隔带）

11.3 通道及站台宽度

11.3.1 轨道车站步行通道、人行楼梯的宽度应与通行能力互相匹配，宜根据预测的通行量计算，并应符合相关设计规定[30]。

11.3.2 快速公交车站应根据车站类型确定最小宽度，路中式快速公交车站最小宽度不小于 5m，路侧式快速公交车站最小宽度不小于 3m。

11.3.3 常规公交车站站台宽度不宜小于 2.5m，当条件受限时，站台宽度不应小于 2.0m，高度宜为 0.15m～0.2m。

11.4 标识系统

11.4.1 公共交通设施的标识系统是步行和自行车标识系统的一部分，主要可分为导向标识、安全标志、位置标志和无障碍标志等。标识设置应适合行人观察，易于识别，具体要求应符合 6.4 节的规定。

11.4.2 导向标识包括站外导向标识和站内导向标志。导向标识设置应符合以下规定：

1) 站外导向标识主要作用为指示车站位置和距离。各类公共交通设施周边均应设置站外导向标志，轨道交通/快速公交系统站外导向标志应包括箭头和轨道交通/快速公交车站位置标志；宜包括线路名称及线路标志色和车站名称。标志宜设置在人流密集的地点如建筑物出入口、商业设施附近、道路交叉口等附近。
2) 轨道车站周边的站外导向标识设置范围为 500m 左右，在车站周边 200m 范围内导向标志应设夜间照明设施。快速公交车站为 300m 左右，常规公交车站为 200m 左右。在此范围内的站外导向标识应连续设置，并在车站出入口醒目位置设置车站位置标志。
3) 轨道交通和快速公交系统站内应设置站内导向标志。进站导向标志应设置在乘客通往站台通行区域的相应位置；出站导向标志应设置在站台通往出入口通行区域的相应位置。当通行行程大于 30m 时，可重复设置。

---

[30]参考《城市轨道交通技术规范》(GB50490-2009)第 7.3.5 条，《地铁设计规范》(GB50157-2003)第 8.7.1 条，轨道车站步行通道、人行楼梯宽度双向通行不小于 2.4m，单向通行不小于 1.7m。当宽度大于 3.6m 时，应设置中间扶手。

11.4.3 安全标志用于表达特定安全信息，包括禁止标志、警告标志、提示标志和消防安全标志。安全标志的图形符号、标志形状、颜色和设置要求应符合相关标准规定[31]。

11.4.4 位置标志用于标明服务设施或服务功能所在位置，包括车站位置标志、客运服务设施位置标志、站台站名位置标志。位置标志应符合以下规定：

1) 车站位置标志应设置在车站出入口的醒目位置；
2) 客运服务设施位置标志应设置在自动售票机、自动查询机、自动充值机、卫生间、乘客服务中心、升降机、警务室、公共电话等服务设施的上方或附近位置；
3) 站台站名标志应根据站台形式和结构设置在站台的上方、侧墙、站柱等位置。

11.4.5 无障碍标志用于为轮椅使用者、视觉障碍者提供导向、位置、综合信息服务。包括无障碍设施导向标志、无障碍设施位置标志和视觉障碍者标志。无障碍标志设置应符合以下规定：

1) 无障碍设施导向标志应设置在通往无障碍设施的通行区域的相应位置；
2) 无障碍设施位置标志应设置在无障碍设施的上方等相应位置；
3) 车站出入口至站台候车处应连续铺设用于引导视觉障碍者步行的盲道；合理设置行进盲道和提升盲道。同类公共交通设施的视觉障碍者专用标志的位置应尽可能一致，以便于视觉障碍者掌握设置规则，便于发现和使用此标志。

---

[31]参考《安全标志》（GB2894-2008）、《消防安全标志》（GB13495-1992）、《消防安全标志设置要求》（GB15630-1995）中的相关规定。

12 步行和自行车与机动车交通的协调

12.1 规划设计原则

12.1.1 步行和自行车交通应与机动车交通合理分离，降低人车之间相互干扰，实现各自网络化运行，确保安全有序。同时，应对步行和自行车交通网络和机动车交通网络进行合理衔接，满足不同出行方式之间转换的需求。

12.1.2 城市道路应明确步行和自行车交通与机动车交通的优先级，重视机动车道辅路、交叉口、路侧停车、地块及建筑物机动车出入口等人车冲突区的交通组织，并积极探索交通稳静化措施的本地化应用。

12.2 与机动车道的协调

12.2.1 辅路上的自行车道应与机动车道实施物理隔离，全线隔离确有困难时，应在靠近交叉口的辅路路段实行机非物理隔离。

图 12.2.1 机动车道路辅路机非物理隔离反例与正例

12.2.2 道路空间不足时，应优先保证人行道和自行车道宽度以及机非物理隔离。可在保证道路横断面各分区最小宽度以及道路绿地率要求的前提下采取弹性设计，并依照下列次序缩减：

1）中央隔离带及机动车道；
2）绿化带；
3）建筑前区；
4）公交站台或出租车等候点处的设施带；
5）公交站台以外的设施带。

12.2.3 对于现有步行和自行车空间不足的道路，鼓励通过道路改造削减机动车停车位、缩减机动车道或减小交叉口路缘石转弯半径，以优先保障步行和自行车交通系统空间。

12.3 与机动车停车的协调

12.3.1 严禁机动车停车侵占步行和自行车交通系统空间，特别是人行道、自行车道和建筑前区。

12.3.2 在公共停车设施严重缺乏地区、不得不设置路侧停车泊位时，道路横断面宜按照车行道→停车带→机非隔离带→自行车道的顺序依次布置。

图 12.3.2 路侧停车泊位设置正例

12.3.3 在单幅路道路的车行道上设置路内停车，应视道路通行条件、车行道宽度等，对路内停车泊位与自行车道进行协调设计。可设置分时段性停车泊位，通过泊位标识规定自行车流量高峰时段禁止停车，其他时段允许停车。

图 12.3.3 路内分时段性停车泊位正例

12.3.4 对于辅路设置路侧停车泊位或旧城等停车泊位不足且道路资源受限的，可将停车带结合机非隔离带布置。

图 12.3.4 路侧停车泊位结合机非隔离带布置正例

12.3.5 当自行车停车设施不足时，可将机动车路侧停车泊位改造为自行车停车区域。

图 12.3.5 路侧停车带设置自行车停车设施正例

12.4 与机动车出入口的协调

12.4.1 机动车出入口处应保持人行道路面水平连续，并为机动车设置起坡过街带，并注意排涝措施的配套。

图 12.4.1 机动车出入口设计反例与正例

12.4.2 机动车出入口处的人行道应沿机动车行驶轨迹外侧设置阻车桩。

12.5 稳静化措施

12.5.1 在城市核心商业区和政务区、居住区、高等院校的内部，以及医院、中小学等公共建筑的出入口处，应探索采用稳静化措施，以降低机动车车速，限制车流，减少交通事故，保证行人安全。

12.5.2 应因地制宜选择稳静化措施，如减速带、减速拱、槽化岛、行车道收窄、路口收窄、抬高人行横道、道路中心线偏移、共享街道等。

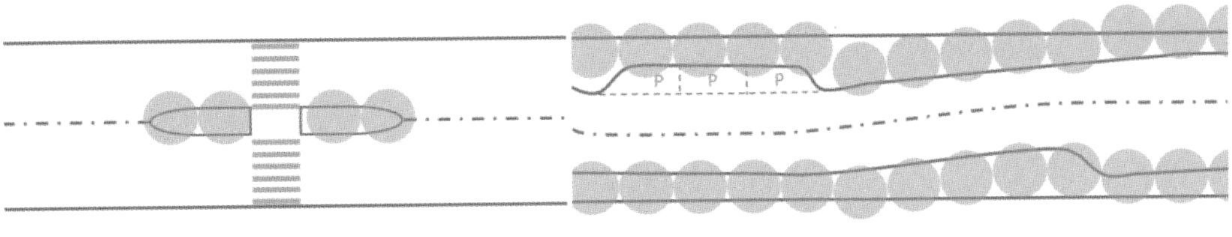

图 12.5.2－1 交通稳静化措施示意

(左，槽化岛；右，结合路侧停车泊位的道路中心线偏移)

图 12.5.2-2 交通稳静化措施正例（左，减速带；右，减速拱）

图 12.5.2-3 交通稳静化措施正例（左，路口收窄；右，共享街道）

12.5.3 稳静化措施应配合相应的标识和照明设施，保证良好的昼夜可视性。

13 其他要求

13.1 无障碍设计

13.1.1 步行和自行车交通系统的设计应满足《无障碍设计规范》（GB50763-2012）的要求。

13.1.2 在坡道和梯道两侧必须设置连贯的扶手。重点区域应设无障碍双层扶手[32]。

13.1.3 人行道路面的盲道铺装应尽量平顺，避免不必要的转折。

13.1.4 交叉口和建筑出入口处的人行道应设置缘石坡道，并有盲道提示设施。

13.1.5 要求满足轮椅通行需求的人行天桥及地道宜设置坡道，坡道的坡度不应大于 1:12，当设置坡道有困难时，应设置无障碍电梯。

13.1.6 轨道车站和快速公交车站设置直梯用于运送乘客时，应满足坐轮椅者和盲人使用。无障碍电梯地面入口平台与站外广场地面若有高差时，应设置轮椅坡道。

13.1.7 公共交通系统的步行设施应符合无障碍交通的要求。公共交通枢纽出入口宜设无障碍入口和盲文触摸信息牌，可设置声音提示等信息装置；从周边步行设施至公交站台候车处应连续铺设用于引导视觉障碍者步行的盲道；应合理设置行进盲道和提示盲道。

13.2 步行助动设施

13.2.1 位于机场、火车站、汽车站、码头等客流集中地区的轨道车站，宜设置垂直电梯。当出入口的提升高度大于 12m，应设置垂直电梯。

13.2.2 轨道车站出入口的提升高度超过 6m 时，应设上行自动扶梯；超过 12m 时应考虑上、下均设自动扶梯。站厅与站台间应设上行自动扶梯，高差超过 6m 时，上、下行均应设自动扶梯。

13.2.3 轨道车站两台相对布置的自动扶梯工作点间距不得小于 16m；自动扶梯与人行楼梯相对布置时，自动扶梯工作点至楼梯第一级踏步的间距不得

[32]具体要求参见《无障碍设计规范》（GB50763-2012）第 3.8 节的相关规定。

小于 12m。当两台自动扶梯平行设置时，应设置备用自动扶梯或楼梯，其楼梯宽度不宜小于 1.8m。

13.2.4 重点步行片区、大型交通枢纽站内宜设置自动步道，以辅助步行、提高舒适度和便捷度。

13.2.5 山地城市人流量和高差均较大的路段，可设置单侧自动扶梯。人流量特别大的，宜设置双向电梯。

13.3 运营维护

13.3.1 行人和骑车者对于通行条件的敏感程度要高于机动车，因此步行和自行车设施的维护标准应高于机动车道。应制定运营维护机制、责任分工表以及相关技术导则和标准，并在日常工作中保持部门协调。

13.3.2 应对步行道和自行车道开展日常检视维护，以保障日常和特殊天气条件下的出行安全。检视维护应包括：路面毁损、道路侵权行为、毁损的市政和排水设施、街道家具、交通信号和标志标线、护栏与安全岛、人行天桥和人行地道、专用路桥梁及隧道、绿植管理、自行车停车设施等。

图 13.3.2 步行道与自行车道运营维护反例与正例

13.3.3 应及时清扫步行道和自行车道上的泥沙、石子、掉落树枝和杂物，以保障步行和骑行环境的安全、舒适。在冰雪天气，应优先进行冰雪清除。

13.3.4 应保障和维护排涝设施，避免内涝和井盖丢失等对行人和自行车出行的危害。

图 13.3.4 排涝设施维护正例

13.3.5 在大型展事、赛事等特殊时期，应在行人决策点设置醒目的临时信号、标志及人工引导，并与安保计划协调实施。

13.3.6 当步行和自行车设施受道路施工或周边地块施工的影响时，应优先保证行人和自行车的安全通行。当确需取消原有人行道或自行车道时，应提供绕道及相应指示标志，并采取清洁、防滑、设置护栏等安全措施。施工结束后，应及时对步行和自行车设施进行全面恢复。

图 13.3.6 施工时保证行人和自行车安全通行反例与正例

附录1：城市步行和自行车交通系统规划编制大纲

第一部分 规划编制大纲

注：本编制大纲是步行和自行车交通系统规划编制的基本要求，各城市可在此大纲基础上，根据自身的特点、条件和发展阶段，结合自身实际情况对规划内容与编制结构进行适当调整。

1. 规划背景
   1.1 规划依据
   1.2 规划原则
   1.3 规划范围
   1.4 规划年限
   1.5 技术路线
2. 现状分析与问题识别
   2.1 城市与交通基本概况
   2.2 步行和自行车交通系统现状
   2.3 步行和自行车交通系统主要问题
3. 国内外城市相关经验与启示
   3.1 案例经验借鉴
   3.2 总结与启示
4. 步行和自行车交通发展战略
   4.1 既有规划解读与分析
   4.2 发展目标与功能定位
   4.3 需求特征与发展策略
5. 步行交通系统规划方案
   5.1 步行交通设施网络规划
   5.2 步行交通空间规划
   5.3 步行交通环境规划
   5.4 步行交通与其他交通方式的衔接与协调规划
6. 自行车交通系统规划方案
   6.1 自行车交通设施网络规划
   6.2 自行车交通空间规划
   6.3 自行车交通环境规划
   6.4 自行车交通与其他交通方式的衔接与协调规划
   6.5 公共自行车系统规划（此项内容不针对所有城市）

7. 步行和自行车交通系统设计指引
7.1 步行交通设施规划建设标准
7.2 自行车交通设施规划建设标准
7.3 步行和自行车交通与公共交通衔接设计
7.4 步行和自行车交通与机动车交通协调设计
7.5 交通稳静化设计
8. 近期实施计划
8.1 近期建设项目选择原则
8.2 步行交通近期建设详细方案
8.3 自行车交通近期建设详细方案
8.4 交通稳静化近期建设详细方案
8.5 近期建设实施保障机制
9. 附件
9.1 近期建设任务列表
9.2 规划附图

第二部分 关于规划编制大纲的说明

1. 规划背景

1.1 规划依据

城市步行和自行车交通系统规划编制，必须以下列为编制依据：

1）国家相关法律法规、标准规范；

2）城市相关政策法规；

3）城市总体规划、综合交通体系规划及其他相关规划。

1.2 规划原则

城市步行和自行车交通系统规划的编制应遵循以下基本原则：

1）和城市综合交通体系相衔接。规划应与城市整体交通发展战略相协调，使得各类交通方式有效衔接。

2）与各类相关规划相协调。规划应以城市总体规划为依据，与已编制的各片区控制性详细规划等其他规划相协调。同时，规划应明确对在其之后编制的控制性详细规划和其他相关规划的要求。

3）立足本地实际，体现城市特色。规划的各个阶段均应紧密联系当地实际情况，对其他城市的经验做法应认真分析适用性。

4）注重实施落实。规划编制应重点关注实施层面的内容，形成切实可行的步行和自行车交通系统实施计划，推动示范性的建设项目。

1.3 规划范围

规划的范围原则上应与总体规划、综合交通体系规划等上位规划保持一致，规划以中心城区或者重点规划建设片区为主。

1.4 规划年限

规划期限应当与城市总体规划或综合交通体系规划相一致。

1.5 技术路线

确定城市步行和自行车交通系统规划编制技术路线。

2. 现状分析与问题识别

2.1 城市与交通基本概况

应掌握城市土地使用情况、城市布局形态、人口及就业岗位分布、气候和地形等城市概况，以及交通出行特征与规律、交通设施建设等方面的基本情况。

2.2 步行和自行车交通系统现状

应采取科学调查方法（如“公共生活-公共空间”调研方法），掌握步行和自行车交通基础设施、系统运行、使用者感受与意愿的现状，分析步行和自行车交通发展条件及存在的问题。

1） 步行和自行车交通基础设施现状

全面掌握步行和自行车交通基础设施建设水平、空间分布等情况，同时掌握机动车交通设施、公共交通设施等其他方面的情况。

2） 步行和自行车交通系统运行现状

调查步行和自行车分担率、步行和自行车流量分布，掌握城市交通运行特征、居民出行特征、交通事故特征等方面现状。

3） 步行和自行车交通系统使用者感受与意愿现状

调查步行和自行车交通系统使用者对于步行、环境、设施等多方面因素的感受及意愿，为规划方案提供参考依据。

4） 步行和自行车交通发展条件分析

分析发展步行和自行车交通的有利和不利条件，从城市自身的实际情况出发，提出城市发展步行和自行车交通的优势、劣势、挑战和机遇。

2.3 步行和自行车交通系统主要问题

总结归纳步行和自行车交通系统存在的主要问题，作为规划方案中考虑解决的主要对象，同时也作为近期建设的主要改善目标。

3. 国内外城市相关经验与启示

3.1 案例经验借鉴

根据城市实际情况，研究国内外城市发展步行和自行车交通系统的经验做法。

3.2 总结与启示

从国内外城市的经验做法中总结对本城市有借鉴价值的要点，指导本城市步行和自行车交通系统的规划布局。

4. 步行和自行车交通发展战略

4.1 既有规划解读与分析

深入解读城市总体规划、综合交通体系规划等上位规划，分析和总结上位规划的要求和目标，确保步行和自行车交通规划与城市总体规划、综合交通体系规划内容相互衔接、协调一致。

分析控制性详细规划及其他各专项规划，协调各规划与步行和自行车交通系统的关系。

4.2 发展目标与功能定位

根据城市实际情况，明确步行和自行车交通系统在城市综合交通体系中的地位、发展方向，提出规划年步行和自行车分担率及设施水平目标。

明确规划年步行和自行车交通系统应承担的功能，方案制定中的需求特征分析、发展策略制定、网络布局方案等内容，都应以功能定位为基础。

4.3 需求特征与发展策略

步行和自行车交通系统规划方案不能仅仅依靠预测量作为评判方案优劣的条件，应该将是否实现既定的功能作为判断方案优劣的首要标准。步行和自行车交通系统的需求目前没有成熟的方法，需求分析应以特征分析为主，定量预测可根据实际情况开展。

发展策略的制定要以实现步行和自行车交通系统功能定位为远期目标，以改善和解决城市现状步行和自行车交通系统存在的突出问题为近期目标，以体现城市特点为发展方向。

5. 步行交通系统规划方案

5.1 步行交通设施网络规划

明确步行分区布局，并进行步行道等级划分，提出不同分区之间的步行特征差异和发展策略差异，形成层次明晰的步行交通网络系统。分区分级的方法、内容和要求可参考《导则》相关章节。

应将具备步行通行功能的绿道纳入步行交通网络中作为步行专用路处理。

确定行人过街设施的类型、布局。确定立体过街设施的布局、规划设计要求。确定城市立体步行系统等其他特色过街设施的布局。

5.2 步行交通空间规划

在步行交通设施分区分级的基础上，进行道路断面的重新优化，优先保证步行通行区有效宽度、连续性，明确步行道的隔离方式。优化设计行人过街设施（包括路口和路段）和交叉口渠化方案。

5.3 步行交通环境规划

优化步行道的通行和休憩环境，如铺装、绿化和指示标识设施等。优化步行道上的街道家具、建筑前区空间和整体街道界面品质。

5.4 步行交通与其他交通方式的衔接与协调规划

以行人优先的原则，优化步行系统与公共交通系统的衔接。优化设计路侧停车、地块及建筑物机动车出入口，加强步行交通系统与机动车交通的协调。有条件的城市可开展交通稳静化设计。

6. 自行车交通系统规划方案

6.1 自行车交通设施网络规划

根据城市实际情况，确定自行车交通分区布局并进行自行车道等级划分，明确城市不同分区间自行车交通特征差异和发展策略差异，形成层次明晰的自行车交通网络系统。分区分级的方法、内容和要求可参考《导则》相关章节。

将具备自行车通行功能的城市绿道纳入自行车交通网络中作为自行车专用路处理。

确定自行车停车设施的配建标准、布局原则。确定城市其他特色自行车交通设施的布局。

6.2 自行车交通空间规划

在自行车交通设施分区分级的基础上，进行道路断面的重新优化，明确自行车道的宽度和隔离方式。优化设计自行车过街设施（包括路口和路段）和交叉口渠化方案。

6.3 自行车交通环境规划

优化自行车道的通行环境，如铺装、绿化和指示标识设施等内容。

6.4 自行车交通与其他交通方式的衔接与协调规划

加强自行车交通系统与公共交通的衔接，优化设计路侧停车、地块及建筑物机动车出入口等，加强自行车交通系统与机动车交通的协调。有条件的城市可开展交通稳静化设计。

6.5 公共自行车系统规划

明确公共自行车系统的系统组成以及租赁点布局、设施规模和设置形式等内容，并对运营管理提出建议。

7. 步行和自行车交通系统设计指引

7.1 步行交通设施规划建设标准

在各个城市自身步行分区分级的基础上，明确不同分区、不同等级步行交通设施的规划建设标准，结合重要或典型的分区和步行道提出示范区、示范段、示范点，制定规划设计方案，为同类型的步行交通设施建设提供示范。步行交通设施规划建设标准推荐涵盖的主要控制要素如下表所示。

表 1：步行交通设施规划建设标准

主要控制要素	步行专用路	步行 I 类区			步行 II 类	...
		一级步行	二级步行	...	...	...
人行道宽度						
绿化带宽度						
设施带宽度						
隔离形式						
过街设施设置间距						
过街设施形式						
交叉口转角路缘石转弯半径						
路面铺装设置						
街道家具布置						
绿化设置						
指示标识设置						
街道界面控制						

7.2 自行车交通设施规划建设标准

在各个城市自身自行车交通分区分级的基础上，明确不同分区、不同等级自行车交通设施的规划建设标准，结合重要或典型的分区和自行车道提出示范区、示范段、示范点，制定规划设计方案，为同类型的自行车交通设施提供示范。自行车交通设施规划建设标准推荐涵盖的主要控制要素如下表所示。

表 2：自行车交通设施规划建设标准

主要控制要素	自行车专用路	自行车 I 类区			自行车 II 类	...
		一级自行车	二级自行车	...	...	...
自行车道宽度						
隔离形式						
自行车过街带						

7.3 步行和自行车交通与公共交通衔接设计

明确各类公共交通站点与步行和自行车交通接驳衔接要点，包括：轨道车站的行人出入口设计、车站周边的行人过街设施设计、通道和站台宽度要求、公交站点周边行人标识系统设计等。

7.4 步行和自行车交通与机动车交通协调设计

以行人优先为原则，明确步行和自行车交通与机动车交通的协调设计要点，包括：机动车道辅路设非机动车道的处理、路侧机动车停车泊位的设置形式、机动车出入口的设置形式等。

7.5 交通稳静化设计

可在城市核心商业区和政务区、居住区、高等院校的内部，以及医院、中小学等公共建筑的出入口处，采用稳静化措施，全面保障行人的安全和优先通行条件，降低机动车车速，限制车流，减少交通事故。主要措施包括：减速带、减速拱、槽化岛、行车道收窄、路口收窄、抬高人行横道（抬高交叉口）、道路中心线偏移、共享街道等。

8. 近期实施计划

8.1 近期建设项目选择原则

综合考虑城市步行和自行车交通系统存在的问题、现状实施条件和城市建设计划等因素，确定近期建设项目，一般以2-3年为宜，可根据实施情况，进行近期计划的滚动编制。优先选择能够突出解决现状问题、保障行人优先示范效应明显的项目作为近期实施项目。

8.2 步行交通近期建设详细方案

制定步行交通系统的详细设计方案，提出明确的建设标准，协调与其他交通方式的关系，达到可以切实指导工程实施的深度。

8.3 自行车交通近期建设详细方案

制定自行车交通系统的详细设计方案，提出明确的建设标准，协调与其他交通方式的关系，达到可以指导工程实施的深度。

8.4 交通稳静化近期建设详细方案

明确稳静化措施的类型，以及详细设计方案，达到可以指导工程实施的深度。

8.5 近期建设实施保障机制

根据各城市实践，制定切实可行的近期实施保障和监督机制，保证各个项目按期推进。

9. 附件

9.1 近期建设任务列表

近期建设任务可参照下表格式，逐年列出项目计划，明确项目名称、项目内容、主要工程量和责任单位等。

列表应对步行和自行车交通系统的新建项目、改建项目和综合项目分别列出相应的计划。新建项目和改建项目是为改善步行和自行车交通单独立项的专项项目，综合项目是指结合城市轨道交通建设、绿道建设、河道整治工作以及其他工作同步开展的步行和自行车交通系统建设项目。

表 3 新建项目计划表

年份	项目名称		项目内容	主要工程量		投资估算（万元）	责任单位
				长度（km）	面积（m^2）		
20XX	1						
	2						
	3						
	…						
20XX							

表 4 改建项目计划表

年份	项目名称		项目内容	主要工程量		投资估算（万元）	责任单位
				长度（km）	面积（m^2）		
20XX	1						
	2						
	3						
	…						
20XX							

表 5 综合项目计划表

年份	项目名称		项目内容	主要工程量注 1		投资估算注 2	责任单位
				长度（km）	面积（m^2）		
20XX	1						
	2						
	3						
	…						
20XX							

注 1：主要工程量指综合项目中步行和自行车交通系统的工程量，如果无法准确区分开，可以是整个项目的工程量，但是应该在表格中予以注明。

注 2：投资估算指综合项目中步行和自行车交通系统的投资情况，如果无法准确区分开，可以是整个项目的投资估算，但是应该在表格中予以注明。

9.2 规划附图

规划图纸应包括现状图、分析图和规划图。图纸的内容、图例应当清晰、准确，图纸比例适当。规划图集应按现状图、分析图、规划图的顺序排列。以下图纸内容为基本要求，各城市可根据实际情况，使用更多的图纸来表达规划成果。

主要现状图、规划图如下：

1) 现状城市用地图
2) 现状城市道路交通网络图
3) 现状步行和自行车交通设施布局图
4) 城市现状交通运行现状图（主要路段机动车交通量、车速情况；步行、自行车交通量情况等）
5) 规划城市用地、城市空间结构图
6) 综合交通体系规划图
7) 步行和自行车交通规划分区、网络分级图
8) 步行和自行车交通系统规划布局图（包括步行和自行车网络、行人过街设施布局、自行车停车场布局、公共自行车租赁点布局等，根据实际情况确定图纸数量和图纸内容）
9) 代表性片区步行和自行车交通系统详细设计方案图（根据实际情况确定图纸数量，可以步行、自行车交通系统分别出图。需要包含步行和自行车规划控制的主要要素，例如典型道路断面、隔离形式、过街设施、轨道车站、公交站点、环境设施等，用于指导本片区及同类片区的方案设计）
10) 近期实施项目分布图
11) 近期实施项目方案图（根据实际情况，近期实施项目的类型和数量，确定图纸数量）

附录 2：建筑控制线和贴线率的计算规则[33]

1. 贴线率的计算公式

贴线率(P) = 街墙立面线长度(B)/ 建筑控制线长度(L)×100%

2. 街墙立面线长度的计算规则

1）当建筑为底层架空的形式，且架空高度小于等于 10m 时，架空部分的宽度 L1 可计入街墙立面线的有效长度，即该建筑的街墙立面线长度为 L2，如图 1 所示。

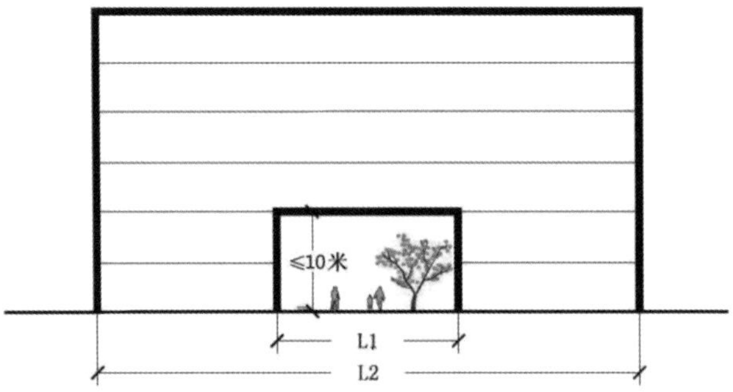

图 1

2）当建筑为骑楼的形式时，骑楼建筑轮廓投影线可计入街墙立面线的有效长度，如图 2 所示。

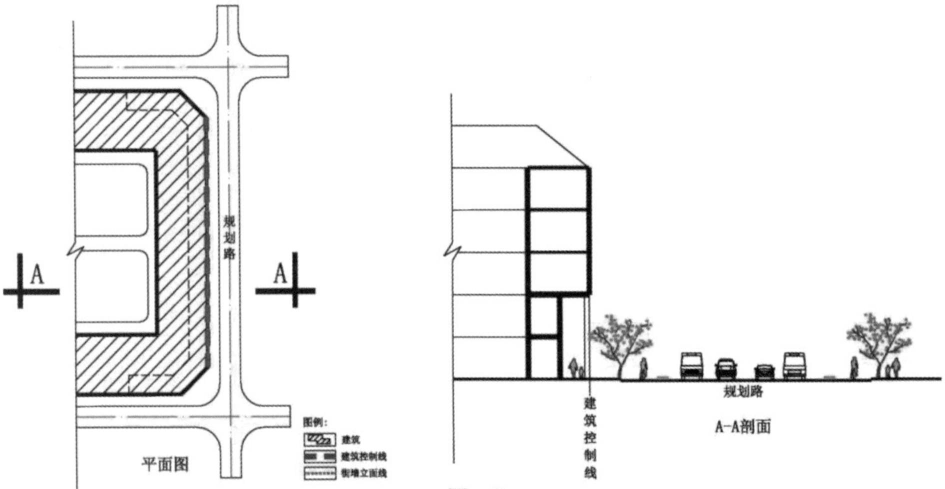

图 2

3）当建筑外墙面有凹进变化的形式时，若建筑外墙面凹进深度小于等于 2m，可计入街墙立面线的有效长度，如图 3 所示。

4）围墙不计入街墙立面线的有效长度。

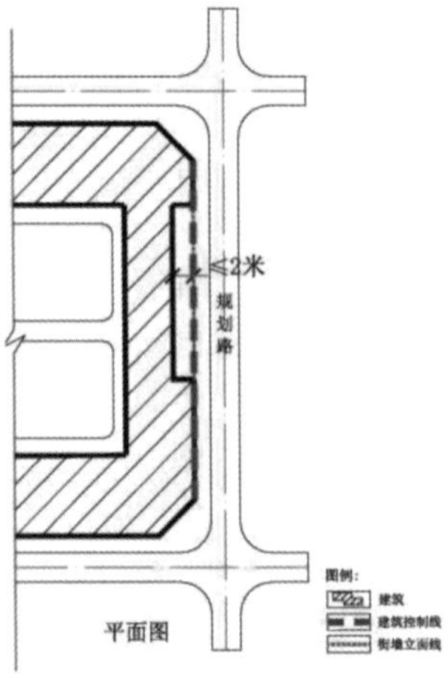

图 3

---

[33]主要内容节选自《上海市控制性详细规划技术准则》（2011）附录。

3. 建筑控制线和贴线率的表达

建筑控制线与贴线率的表达方式，如图 4 所示：

某街坊平面，经二路和纬二路属于需要重点控制街道风貌的界面，D 地块为不包括公共绿地和广场用地的其它用地性质的保留用地，按本街坊所在控制性详细规划的规定：

A 地块临 C 地块贴线率 P1 和 P2

A、B 两地块沿经二路贴线率 P3

B 地块沿纬二路贴线率 P4

B 地块沿经二路与纬二路的转角处贴线率 P5

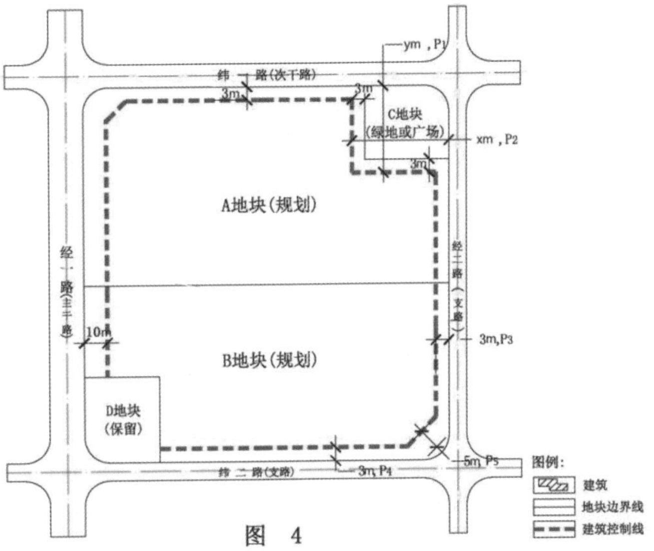

图 4

4. 贴线率的计算规则

当一段建筑控制线和贴线率涉及一幅或多幅地块时，各地块沿该段建筑控制线的建筑均应满足该段建筑控制线和贴线率的要求，如图 5 所示：

A 地块内建筑沿经二路的街墙立面线长度 Ba3，应符合以下要求：

Ba3/L21×100% ≥P3

临 C 地块的街墙立面线长度 Ba1 和 Ba2，应符合以下要求：

Ba1/L3×100% ≥P2

Ba2/L4×100% ≥P1

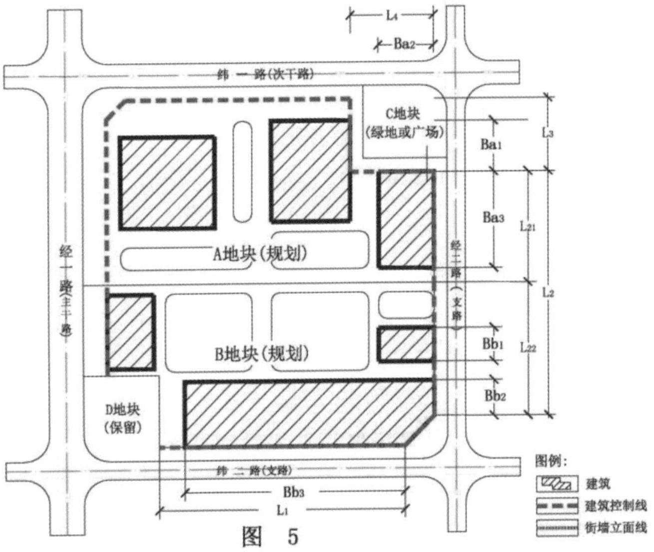

图 5

B 地块内建筑沿经二路的街墙立面线长度，即 Bb1 与 Bb2 之和，应符合以下要求：

(Bb1+Bb2)/L22×100% ≥P3

B 地块内建筑沿纬二路的街墙立面线长度，即 Bb3，应符合以下要求：

Bb3/L1×100% ≥P4

附录3：本导则用词说明

为便于在执行本标准条文时区别对待，对要求严格程度不同的用词，本导则说明如下：

1）表示很严格，非这样做不可的：正面词采用“必须”，反面词采用“严禁”。

2）表示严格，在正常情况下均应这样做的：正面词采用“应”，反面词采用“不应”或“不得”。

3）表示允许稍有选择，在条件许可时首先应这样做的：正面词采用“宜”，反面词采用“不宜”；表示有选择，在一定条件下可以这样做的，采用“可”。

4）条文中指明应按其他有关标准执行时的写法为：“应符合……规定”或“应按……执行”。